AF633314

निरुक्तम्

निरुक्तम्

NIRUKTAṀ

निघण्टुभाष्यम्

श्रीमन्महामुनिवर्य्ययास्काचार्य्यप्रणीतम्

खण्डविषयसूच्योपेतम्

BKP

BHARATIYA KALA PRAKASHAN

DELHI (INDIA)

संस्करण : 2005

© प्रकाशक

इस पुस्तक के सभी अधिकार प्रकाशक के पास सुरक्षित हैं। इसका कोई भी हिस्सा प्रकाशक की अनुमति के बिना नहीं छप सकता है।

प्रकाशक : **सी०पी० गौतम**

भारतीय कला प्रकाशन

3421-ए, नारंग कलोनी, त्रीनगर, दिल्ली-110035

फोन : (O) 30967505, 27393083; (R) 27522129

ISBN : 81-8090-074-6

लेजर टाईप सेटिंग :

ए-वन ग्राफिक्स

जे०डी०-18सी, द्वितीय तल, पीतमपुरा, दिल्ली-88

फोन : 55640278, मो०: 9811167357

मुद्रक : बीडीएच प्रिंटर्स द्वारा सलासर इमेजिंग सिस्टम,

दिल्ली-35

अथ प्रथमादि-चतुर्दशाध्यायानां विषयसूची

अथ नैगमकाण्डम्

---

१. वह प्रथम चरण निरुक्त का है।

२. यह भी विषय निरक्त में है।

३. यहां अ० से निघण्टु का अध्याय और खं० से निघण्टु का खण्ड समझना चाहिए।

4. निघण्टु के दूसरे खण्ड से तीसरे खण्ड तक समझना चाहिए

१. यहां प्रथम अङ्क निघण्टु का अध्याय, दूसरा अङ्क खण्ड का, तीसरा उसी खण्ड के शब्द से चौथे शब्द तक का है।

---

२. यह निरुक्त के विषय हैं चतुर्थ पाद के आगे संख्याक्षरों में अन्तिम संख्या उसी शब्द की है जो शब्द साथ में लिखा है।

ओ३म्

अथ निरुक्ते पूर्वषट्कप्रारम्भः

अथ प्रथमाध्यायः

तत्र प्रथमः पादः।।

ओ३म्।। समाम्नायः समाम्नातः स व्याख्यातव्यस्तमिमं समाम्नाथं निघण्टव इत्याचक्षते। निघण्टवः कस्मान्निगमा इमे भवन्ति। छन्दोभ्यः समाहृत्य समाहृत्य समाम्नातास्ते निगन्तव एव सन्तो निगमनान्निघण्टव उच्यन्त इत्यौपमन्यवोऽपि वा हननादेव स्युः समाहता भवन्ति यद्वा समाहृता भवन्ति।

तद्यान्येतानि चत्वारि पदजातानि नामाख्याते चोपसर्गनिपाताश्च तानीमानि भवन्ति। तत्रैतन्नामाख्यातयोर्लक्षण्वं प्रदिशन्ति भावप्रधानमाख्यातं सत्त्वप्रधानानि नामानि। तद्यत्रोभे भावप्रधाने भवतः पूर्वापरीभूतं भावमाख्यातेनाचष्टे व्रजति पचतीत्युपक्रमभृत्यपवर्गपर्यन्तं मूर्त्तं सत्त्वभूतं सत्त्वनामभिर्व्रज्या पक्तिरित्यद इति सत्त्वानामुपदेशो गौरश्वः पुरुषो हस्तीति भवतीति भावस्यास्ते शेते व्रजति तिष्ठतीति।। इन्द्रियनित्यं वचनमौदुम्बरायणः।।१।

तत्र चतुष्ट्वं नोपपद्यते युगपदुत्पन्नानां वा शब्दानामितरेतरोपदेशः शास्त्रकृतो योगश्च। व्याप्तिमत्त्वात्तु शब्दस्याणीयस्त्वाच्च शब्देन संज्ञाकरणं व्यवहारार्थं लोके तेषां मनुष्यवद्देवताभिधानं पुरुषविद्यानित्यत्वात्कर्मसम्पत्तिर्मन्त्रो वेदे।।

षड् भावविकारा भवन्तीति वार्ष्यायणिर्जायतेऽस्ति विपरिणमते वर्धतेऽपक्षीयते विनश्यतीति। जायत इति पूर्वभावस्यादिमाचष्टे नापरभावमाचष्टे न प्रतिषेधत्यस्तीत्युत्पन्नस्य सत्त्वस्यावधारणं विपरिणमत इत्यपच्यवमानस्य तत्त्वाद्विकारं वर्धत इति स्वाङ्गाभ्युच्चयं सांयौगिकानां वार्थानां वर्धते विजयेनेति वा वर्धते शरीरेणेति वाऽपक्षीयत इत्येतेनैव व्याख्यातः प्रतिलोमं विनश्यतीत्यपरभावस्यादिमाचष्टे न पूर्वभावमाचष्टे न प्रतिषेधति।।२।।

अतोऽन्ये भाविकारा एतेषामेव विकारा भवन्तीति ह स्माह ते यथावचनमभ्यूहितव्या:।।

न निर्बद्धा उपसर्गा अर्थान्निराहुरिति शाकटायनो नामाख्यातयोस्तु कर्मोपसंयोगद्योतका भवन्त्युच्चावचा: पदार्था भवन्तीति गार्ग्यस्तद्य एषु पदार्थ: प्राहुरिमे तं नामाख्यातयोरर्थविकरणम्। आ इत्यर्वागर्थे परेत्येतस्य प्रातिलोम्यमभीत्याभिमुख्यं प्रतीत्येतम्य प्रातिलोम्यमति सु इत्यभिपूजितार्थे निर्दुरित्येतयो: प्रातिलोम्यं न्यवेति विनिग्रहार्थीया उदित्त्येत्तयो: प्रातिलोम्यं समित्येकीभावं व्यपेत्येतस्य प्रातिलोम्यमन्विति सादृश्यापरभावमयीति संसर्गमुपेत्युपजनं परीति सर्वतोभावमयीमधीत्युपरिभावमैश्वर्यं वैवमुच्चावचनार्थान् प्राहुरूतउपेक्षितव्या:।।३।।

इति प्रथमाध्यायस्य प्रथम पाद:।।

अथ द्वितीय: पाद:।।

अथ निपाता उच्चावचेष्वर्थेषु निपतन्त्यप्युपमार्थे ऽपि कर्मोपसंग्रहार्थेऽपि **पदपूरणा:।।**

तेषामेते चत्वार उपमार्थे भवन्तीति। इवेति भाषायां चान्वध्यायं **चाग्निरिवेन्द्रइवेति नेति** प्रतिषेधार्थीयो भाषायामुभयमन्वध्यायं **नेन्द्रं देवममंसतेति** (ऋ० १०/८६/१) प्रतिषेधार्थीय: पुरस्तादुपाचारस्तस्य यत्प्रतिषेधति। **दुर्मदासो न सुराय।** मित्युपमार्थीय उपरिष्टादुपाचारस्तस्य येनोपमिमीते। चिदित्येषोऽनेककर्माचार्यश्चिदिदं ब्रूयादिति पूजायाम् (आचार्य: कस्मादाचार्य आचारं ग्राहयत्याचिनोत्यर्थानाचिनोति बुद्धिमिति वा)। दधि चिदित्युपमार्थे। कुल्माषांश्चिदाहरेत्यवकुत्सिते। (कुल्माषा: कुलेषु सीदन्ति)। नु इत्येषोऽनेककर्मेदं नु करिष्यतीति हेत्वपदेशे। कथं नु करिष्यतीत्यनुपृष्ठे नन्वेतदकार्षीदिति चाथाप्युपमार्थे भवति।।

वृक्षस्य नु ते पुरुहूत वया:।। ऋ० ६/२४/३।।

वृक्षस्येव ते पुरुहूत शाखा वया: शाखा वेतेर्वातायना भवन्ति शाखा खशया: शक्नोतेर्वा।।

अथ यस्यागमादर्थपृथक्त्वमह विज्ञायते नत्वौद्देशिकमिव विग्रहेण पृथक्त्वात्स-

कर्मोपसंग्रहः। चेति समुच्चयार्थ उभाभ्यां सम्प्रयुज्यतेऽहं **च त्वं च वृत्रहन्निति** (ऋ० ८।६२।११)। एनस्मिन्नेवार्थे **देवेभ्यश्च पितृभ्य एत्याकारः** येति विचारणार्थे। **हन्ताहं पृथिवीमिमां निदधानीह वेह वे** (ऋ० १०।११९।९) त्यथापि समुच्चयार्थे भवति।।४।।१।।

वायुर्वा त्वा मनुर्वा त्वेति (य० ९।७)। अह इति च ह इति विनिग्रहार्थीयौ पूर्वेण संप्रयुज्येते । अयमहेदं करोत्वयमिदं ह करिष्यितीदं न करिष्यतीति। अथाप्युकार एतस्मिन्नेवार्थ उत्तरेण। मृषेमे वदन्ति सत्यमु ते वदन्तीत्यथापि पदपुरणा **इदमु तदु**।। हीत्येषोऽनेककर्मेदं हि करिष्यतीति हेत्वपदेशे कथं हि करिष्यतीत्यनुपृष्ठे कथं हि व्याकरिष्यतीत्पयूयायाम्।। किलेति विद्याप्रकर्ष एवे किलेत्यथापि न ननु इत्येताभ्यां सम्प्रयुज्येतऽनुपृष्टे न किलैवं ननु किलैवम्।। मेति प्रतिषेधे मा कार्षीर्मा हार्षीरिति च।। खल्विति च खलु कृत्वा खलु कृतमथापि पदपूरण एवं खलु तद् बभूवेति।। शश्वदिति विचिकित्सार्थीयो भाषायां शश्वदेवमित्यनुपृष्ट एवं शश्वदित्यस्वयं पृष्टे।। नूनमिति विचिकित्सार्थीयो भाषायामुभयमन्वध्यायं विचिकित्सार्थीयश्च पदपूरणश्च। अगस्त्य इन्द्राय हविर्निरुप्य मरुद्भ्यः सम्प्रदित्साञ्चकार स इन्द्र एत्य परिदेवयाञ्चक्रे।।५।।२।।

इति प्रथमाध्यायस्य द्वितीयः पादः

अथ तृतीयः पादः

न नूनमस्ति नो श्वः कस्तद्वेद यदद्भुतम्। अन्यस्य चित्तमभि
सञ्चरेण्यमुताधीतं वि नश्यति।।ऋ० १।१७०।१।।

न नूनमस्त्यद्यतनं नो एव श्वस्तनमद्यास्मिन्द्यवि। द्युरित्यह्नोर्नामधेयं द्योतत इति सतः। श्व उपाशंसनीयः कालो ह्यो हीनः कालः। कस्तद्वेद यदद्भुतम्। कस्तद्वेद यदभूतमिदमपीतरदद्भुतमभूतमिवान्यस्य चित्तमभिसञ्चरेण्यमभि-सञ्चार्यन्यो नानेयश्चित्तं चेततेरुताधीतं विनश्यतीत्यप्याध्यातं विनश्यत्याध्यात-मभिप्रेतम्। अथापि पदपूरणः।।६।।२।।

नूनं सा ते प्रति वरं जरित्रे दुहीयदिन्द्र दक्षिणा मघोनी। शिक्षा स्तोतृभ्यो माति धग्भगो नो बृहद्वदेम विदथे सुवीराः।। ऋ० २।११।२१।।

सा ते प्रतिदुग्धां वरं जरित्रे। वरो वरयितव्यो भवति। जरिता गरिता। दक्षिणा मघोनी मघवती मघमिति धननामधेयं मंहतेर्दानकर्मणो दक्षिणा दक्षतेः समर्धयतिकर्मणो व्यृद्धं समर्धयतीत्यपि वा प्रदक्षिणागमनाद् दिशमभिप्रेत्य दिग्घस्तप्रकृतिर्दक्षिणो हस्तो दक्षतेरुत्साहकर्मणो ददाशतेर्वा स्याद् दानकर्मणो हस्तो हन्तेः प्राशुर्हनने। देहि स्तोतृभ्यः कामान्मास्मानतिदंहीर्मास्मानतिहाय दा भगो नोऽस्तु। बृहद्वदेम स्वे वेदन भगो। भजतेर्बृहदिति महतो नामधेयं परिवृढं भवति। वीरवन्तः कल्याणवीरा वा वीरो वीग्यत्यमित्रान्वेतेर्वा स्याद्गतिकर्मणो वीग्यतेर्वा।। सीमिति परिग्रहार्थीयो वा पदपूरणो वा।।

प्र सीमादित्यो असृजत्।। ऋ० २।२८।४।।

प्रासृजदिति वा प्रासृजत्सर्वत इति वा। वि सीमतः सुरुचो वेन आवरिति च। (य० १३।३) व्यवृणोत्सर्वत आदित्यः सुरुच आदित्यरश्मः सुरोचनात्। अपि वा सीमेत्येतदनर्थकमुपबधमाददीत पञ्चमीकर्मणां सीम्नः सीमतः सीमातः मर्यादातः। सीमा मर्यादा विभीव्यति देशाविति।। त्व इति विनिग्रहार्थीयं सर्वनामानुदात्तमर्धनामेत्येके।।७।।२।।

ऋचां त्वः पोषमास्ते पुपुष्वान्गायत्रं त्वो गायति शक्वरीषु। ब्रह्म त्वो वदति जातविद्यां यज्ञस्य मात्रां वि मिमीत उ त्वः।। ऋ० १०।७१।११।।

इत्यस्विक्कर्मणां विनियोगमाचष्टे। ऋचामेकः पोषमास्ते पुपुष्वान्होतर्गर्चनी। गायत्रमेको गायति शक्करीषूद्गाता। गायत्रं गायतेः स्तुतिकर्मणः शक्कर्य ऋचः शक्नोतेस्तद्यदाभिर्वृत्रमशकवन्तुं तच्छक्वरीणां शक्वरीत्वमिति विज्ञायते। ब्रह्मैको जाते जाते विधां वदति ब्रह्मा सर्वविद्यः सर्वं वेदितुमर्हति। ब्रह्म परिवृढः श्रुततो ब्रह्मा परिवृढं सर्वतः। यज्ञस्य मात्रां विमिमीत एकोऽध्वर्युरध्वर्युरध्वर्यग्वरं युनक्त्यध्वरस्य नेताध्वरं कामयत इति वापि वाधीयाने युरुपबन्धोऽध्वर इति यज्ञनाम ध्वरतिर्हिंसाकर्मा तत्प्रतिषेधः।। निपात इत्येके

तत्कथमनुदात्तप्रकृति नाम स्याद् दृष्टव्ययं तु भवत्युत त्वं सख्ये स्थिरपीतमाहुरिति द्वितीयायामुतो त्वस्मै तन्वं विसस्त्र इति चतुर्थ्यामथापि प्रथमाबहुवचने।।८।।३।।

अक्षण्वन्तः कर्णवन्तः सख्यायो मनोजवेष्वसमा बभूवुः। आदुघ्नास उपकक्षास उ त्वे ह्रदा इव स्नात्वा उ त्वे ददृश्रे।।ऋ० १०।७१।७।।

अक्षिमन्तः कर्णवन्तः सखायोऽक्षि चष्टेरनक्तेरित्याग्रायणास्तस्मादेते व्यक्ततरे इव भवत इति ह विज्ञायते। कर्णः कृन्तते र्निकृत्तद्वारो भवत्यृच्छतेरित्याग्रायण ऋच्छन्तीव खे उदगन्तामिति ह विज्ञायते। मनसां प्रजवेष्वसमा बभूवुरास्यदघ्ना अपर उपकक्षदघ्ना अपरे। आस्यमस्यतेरास्यन्दत एनदन्नमिति वा। दघ्नं दघ्यतेः स्रवतिकर्मणो दास्यतेर्वा स्याद्विदस्ततरं भवति। प्रस्नेया ह्रदा इवैके ददृशिरे प्रस्नेयाः स्नानार्हा ह्रदो ह्रदतेः शब्दकर्मणो ह्लादतेर्वास्याच्छीतीभावकर्मणः। अथापि समुच्चयार्थे भवति **पर्याया इव त्वदाश्विनमाश्विनं च पर्यायाश्चेति।।**

अथ ये प्रवृतेऽर्थेऽमिताक्षरेषु गन्थेषु वाक्यपूरणा आगच्छन्ति पदपूरणास्ते मिताक्षरेष्वनर्थकाः कमीमिद्विति।।९।।४।।

निष्टवक्त्रासश्चिदिन्नरो भूरिं तोकावृकादिव।
विभ्यस्यन्तोऽववाशिरे शिशिरं जीवनाय कम्।।

शिशिरं जीवनाय। शिशिरं शृणातेः शम्नातेर्वा।।

एमै नं सृजता सुते।। ऋ० १।९।२।।

आसृजतैनं सुते।

तमिद्वर्धन्तु नो गिरः।। ऋ० ९।६१।१४।।

तं वर्धयन्तु नो गिरः स्तुतयो गिरो गृणातेः।।

अयमु ते समतसि।। ऋ० १।३०।४।।

अयं ते समतसि। इवोऽपि दृश्यते। सु विदुरिव। विज्ञायेते इव।।

अथापि नेत्येषु इदित्येतेन सम्प्रयुज्यते।।१०।।५।।

हविर्भिरेके स्वरितः सचन्ते सुन्वन्त एके सवनेषु सोमान्।
शचीर्मदन्त उत दक्षिणाभिर्नेज्जिह्मायन्त्यो नरकं पताम।।

नरकं न्यरकं नीचैर्गमनं नास्मिन्रमणं स्थानमल्पमप्यस्तीति वा। अथापि न चेत्येष इदित्येतेन सम्प्रयुज्यतेऽनुपृष्टे। न चेत्सुरां पिबन्तीति। सुरा सुनोतेः। एवमुच्चावचेष्वर्थेषु निपतन्ति। त उपेक्षितव्याः॥११॥६॥

इति प्रथमाऽध्यायस्य तृतीयः पादः॥

अथ चतुर्थः पादः

इतीमानि चत्वारि पदजातान्यनुक्रान्तानि नामाख्याते चोपसर्गनिपाताश्च तत्र नामान्याख्यातजानीति शाकटायनो नैरुक्तसमयश्च। न सर्वाणीति गार्ग्यो वैयाकरणानां चैके। तद्यत्र स्वरसंस्कारौ समर्थौ प्रादेशिकेन गुणोनान्वितौ स्यातां संविज्ञातानि तानि यथा गौरश्वः पुरुषो हस्तीति। अथ चेत्सर्वाण्याख्यातजानि नामानि स्युर्यः कश्च तत्कर्म कुर्यात्सर्वं तत्सत्त्वं तथाचक्षीरन्यः कश्चाध्वानमश्नुवीताश्वः स वचनीयः स्याद्यत्किञ्चितृन्द्यातृणं तदथापि चेत्सर्वाण्याख्यातजानि नामानि स्युर्यावद्भिर्भावैः सम्प्रयुज्यते तावद्भयो नामधेयप्रतिलम्भः स्यात्तत्रैवं स्थूणा दरशया वा सञ्जनी च स्यात्॥१२॥१॥

अथापि य एषां न्यायवान्कार्मनामिकः संस्कारो यथा चापि प्रतीतार्थानि स्युस्तथैनान्याचक्षरिन्पुरुषं पुरिशय इत्याचक्षीरन्नष्टेत्यश्वं तर्दनमिति तृणम्। अथापि निष्पन्नेऽभिव्याहारेऽभिविचारयन्ति प्रथनात्पृथिवीत्याहुः क एनामप्रथयिष्यत्किमाधारश्चेति। अथानन्वितेऽर्थेऽप्रादेशिके विकारे पदेभ्यः पदेतरार्धान्त्सञ्चस्कार शाकटायन एनेः कारितं च यकारादि चान्तकरणमस्तेः शुद्धं च सकारादिं च। अथापि सत्वपूर्वो भाव इत्याहुरपरस्माद्भावात्पूर्वस्य प्रदेशो नोपपद्यत इति। तदेतन्नोपपद्यते॥१३॥२॥

यथो हि नु वा एतत्तद्यत्र स्वरसंस्कारौ समर्थौ प्रादेशिकेन गुणेनान्वितौ स्यातां सर्वे प्रादेशिकमित्येवं सत्यनुपालम्भ एष भवति। गथो एतद्यः कश्च तत्कर्म कुर्यात्सर्वे तत्सत्वः तथाचक्षीरन्निति पश्यामः समानकर्मणां नामधेयप्रतिलम्भमेकेषां नैकेषां यथा तक्षा परिव्राजको जीवनो भूमिज इत्येतेनैवोत्तरः प्रत्युक्तः। यथो एतद्यथा चापि प्रतीतार्थानि स्युस्तथैन्याचक्षीरन्निति सन्त्यल्पप्रयोगाः कृतोऽप्यैकपदिका यथाव्रततिर्दमूना जाट्व आट्णारो जागरूको दर्विहोमीति।

यथो एतिन्नष्यन्नेऽभिव्यहारेऽभिविचारयन्तीति भवति हि निष्पन्नेऽभिव्याहारे योगपरीष्टिः प्रथनात्पृथिवीत्याहुः क एनामप्रथयिष्यत्किमाधारश्चेत्यथ वै दर्शनेन पृथुरप्रथिता चेदप्यन्यैरथाप्येवं सर्व एव दृष्टप्रवादा उपालभ्यन्ते। यथो एतत्पदेभ्यः पदेतरार्धान्तसञ्चस्कारेति योनऽन्वितेऽर्थे सञ्चस्कार स तेन गर्ह्यः सेषा पुरुषगर्हा न शास्त्रगर्हा इति। यथो एतदपरस्माद्भावात्पूर्वस्य प्रदेशो नोपपद्यत इति पश्यामः पूर्वोत्पन्नानां सत्त्वानामपरस्माद्भावान्नामधेय-प्रतिलम्भमेकेषां नैकेषां यथा बिल्वादो लम्बचूडक इति। बिल्वं भरणाद्वा भेदनाद्वा)।।१४।।३।।

इति प्रथमाध्यायस्य चतुर्थः पादः॥

अथ पञ्चमः पादः

अथापीदमन्तरेण मन्त्रेष्वर्थप्रत्ययो न विद्यतेऽर्थमप्रत्ययो नात्यन्तं स्वरसंस्कारोद्देशस्तदिदं विद्यास्थानं व्याकरणस्य कार्त्स्न्यं स्वार्थसाधकं च। यदि मन्त्रार्थप्रत्ययायानर्थकं भवतीति कौत्सोऽनर्थका हि मन्त्रास्तदेतेनोपेक्षितव्यम्। नियतवाचो युक्तयो नियतानुपूर्व्या भवन्त्यथापि ब्राह्मणेन रूपसम्पन्ना विधीयन्ते। **उरु प्रथस्वेति प्रथयति** (श० १।१।६।८)। प्रोहाणीति प्रोहत्यथाप्यनुपपन्नार्था **भवन्त्योषधे त्रायस्वैनम्** (य० ४।१।६।१५)। **स्वधिते मैनं हिंसी** (य० ४।१।६।१५) रित्याह हिंसन्। अथापि विप्रतिषिद्धार्थां भवन्ति।

एकं एव रुद्रोऽवतस्थे न द्वितीयः।
असंङ्ख्याता सहस्राणिय रुद्रा अधि भूम्याम्।।य० १६।५४॥
अशत्रुरिन्द्र जज्ञिषे॥ ऋ० १०।१३३।२॥
शतं सेना अजयत्साकमिन्द्र इति॥ ऋ० १०।१०३।१॥

अथापि जानन्तं सम्प्रेष्यत्यग्नये समिध्यमानायानुब्रूही (श० १।३।२।३)त्यथाप्याहादितिः **सर्वमित्यदितिर्द्यौरदितिरन्तरिक्षमिति** (ऋ० १।८९।१०)। तदुपरिष्ट द् य व्यास्यामः। अथाप्यविस्पष्टार्था भवन्त्यम्यग्या-दृश्मित्जारयायि काणुकेति।।१५।।१।।

अर्थवन्तः शब्दसामान्यादेतद्वै यज्ञस्य समृद्धं यद्रूपसमृद्धं यत्कर्म

क्रियमाणमृग्यजुर्वाभिवदत्तीति च ब्राह्मणम्। **क्रीळन्तौ पुत्रैर्नप्तृभिरिति।** यथो एतन्नियतवाचो युक्तयो नियतानुपूर्व्या भवन्तीति लौकिकेष्वप्येतद्यथेन्द्राग्नी पितापुत्राविति। यथा एतद् ब्राह्मणेन रूपसम्पन्ना विधीयन्त इत्युदितानुवादः स भवति। यथो एतदनुपपन्नार्था भवन्तीत्याम्नायववचनादहिंसा प्रतीयेत। यथो एतद्विप्रतिषिद्धार्था भवन्तीति लौकिकेष्वप्येतद्यथा सपत्नोऽयं ब्राह्मणोऽनमित्रो राजेमि। यथो एतज्जानन्तं सम्प्रेष्यतीति जानन्तमभिवादयते जानते मधुपर्कं प्रोहेति। यथो एतददितिः सर्वमिति लौकिकेष्वप्येतंद्यथा सर्वरसा अनुप्राप्ताः पानीयिमिति। यथो एतदविस्पष्टार्था भवन्तीति नैष स्थारणोरपराधो यदेनमन्धा न पश्यति पुरुषापराधः स भवति यथा जानपदीषु विद्यातः पुरुषविशेषो भवति पारोवर्यवित्सु तु खलु वेदितृषु भूयो विद्यः प्रशस्यो भवति।।१६।।२।।

इति प्रथमाध्यायस्य पञ्चमः पदाः।।

अथ षष्ठः पादः

अथापीदमन्तरेण पदविभागो न विद्यते।

अवसाय पद्वते रुद्र मृळेति।। ऋ० १०।१६९।१।।

पद्वदवसं गावः पथ्यदनमवतेर्गत्यर्थस्यासो नामकरणस्तस्मान्नावगृह्णन्ति।

अवसायाश्वानिति।। ऋ० १।१०४।१।।

स्यतिरुपसृष्टो विमोचने तस्मादवगृह्णन्ति।

दूतो निर्ऋत्या इदमाजगामेति।। ऋ० १०।१६५।१।।

पञ्चम्यर्थप्रेक्षा वा षष्ठ्यर्थप्रेक्षा वाकारान्तम्।

परो निर्ऋत्या आ चक्ष्वेतिं।। ऋ० १०।१६४।१।।

चतुर्थ्यर्थप्रेक्षैकारान्तम्।। परः सन्निकर्षः संहिता (पा० १।४।१०९) पद-प्रकृतिः संहिता पदप्रकृतीनि सर्वचरणानां पार्षदानि।।

अथापि याज्ञे दैवतेन बहवः प्रदेशा भवन्ति तदेतेनोपेक्षितव्यं ते चेद् ब्रूयुलिंङ्गज्ञा अत्र स्म इति।

इन्द्र न त्वा शवसा देवता वायुं पृणन्तीति।। ऋ० ६।४।७।।

वायुलिङ्गं चेन्द्रलिङ्गं चाग्नेये मन्त्रे।

अग्निरिव मन्यो त्विषितः सहस्वेति॥ ऋ० १०।८४।२॥

तथाग्निर्मान्यवे मन्त्रे त्विषितो ज्वलिस्त्वषिरित्यप्यस्य दीप्तिर्नाम भवति।। अथापि ज्ञानप्रशंसा भवत्यज्ञाननिन्दा च।।१७।।१।।

स्थाणुरयं भारहारः किलाभूदधीत्य वेदं न विजानाति योऽर्थम्।
योऽर्थज्ञ इत्सकलं भद्रमश्नुते न नाकमेति ज्ञानविधूतपाप्मा॥
यद्गृहीतमेविज्ञातं निगदेनैव शब्द्यते।
अनग्नाविव शुष्कैधो न तु ज्वलेति कर्हिचित्॥

स्थाणुस्तिष्ठतेरर्थोऽर्तेरणस्थो वा।।१८।।२।।

उत त्वः पश्यन्न ददर्श वाचमुत त्वः शृण्वन्न शृणोत्येनाम्।
उतो त्वस्मै तन्वं१ विसस्रे जायेव पत्य उशती सुवासाः॥
ऋ० १०।७१।४॥

अप्येकः पश्यन्न पश्यति वाचमपि च शृण्वन्न शृणोत्येनामित्य-विद्वांसमाहार्धम्। अव्यैकस्मै तन्वं विसस्र इति स्वमात्मानं विवृणुते। ज्ञान प्रकाशनमर्थस्याहानया वाचोपमोत्तमया वाचा। जायेव पत्ये कामयमाना सुवासा ऋतुकालेषु सुवासाः कल्याणवासाः कामयमाना ऋतुकालेषु यथा स एनां पश्यति स शृणोतीत्यर्थज्ञ प्रशंसा। तस्योत्तरा भूयसे निर्वचनाय।।१९।।३।।

उत त्वं सख्ये स्थिरपीतमाहुर्नैनं हिन्वन्त्यपि वाजिनेषु। अधेन्वा चरति माययैष वाचं शुश्रुवाँ अफलामपुष्पाम्॥ ऋ० १०।७१।५॥

अप्येकं वाक्सख्ये स्थिरपीतमाहू रममाणे विपीतार्थे देवसख्ये रमणीये स्थान इति वा विज्ञातार्थे यन्नाप्नुवन्ति वाग्ज्ञेयेषु बलवत्स्वप्यधेन्वा ह्येष चरति माययावाक्प्रतिरुपया नाऽस्मै कामान् दुग्धे वारदोह्यान्देवमनुष्यस्थानेषु यो वाचं श्रुतवान्भवत्यफलामपुष्पामित्यफला स्मा अपुष्पा वाग्भवतीति वा किञ्चत्पुष्पफलेति वार्थं वाः पुष्पफलमाह। यज्ञदैवते पुष्पफले देवताध्यात्मे वा।।

साक्षात्कृतधर्माण ऋषयो बभूबुस्तेऽवरेभ्योऽसाक्षात्कृतधमस्य उपदेशेन मन्त्रान्त्सम्प्रादुरुपदेशाय ग्लायन्तोऽवरे बिल्मग्रहणायेमं ग्रन्थं समाम्नासिषुर्वेदं

च वेदाङ्गानि च। (बिल्मं भिल्मं भासनमिति वा)। एतावन्तः समानकर्माणो धातवः। (धातुर्दधातेः)। एतावन्त्यस्य सत्त्वस्य नामधेयान्येतावतामर्थानामिदमभिधानम्। नैघण्टुकमिदं देवतानामप्रधान्येनेदमिति। तद्यदन्यदेवते मन्त्रे निपतति नैघण्टुकं तत्॥

अश्वं न त्वा वीरवन्तम्॥ ऋ० १।२७।१॥

अश्वमिव त्वां वालावन्तं वाला दंशवारणार्था भवन्ति दंशो दशतेः।

मृगो न भीमः कुचरो गिरिष्ठाः॥ ऋ० १।१५४।२॥

मृग इव भीमः कुचरो गिरिष्ठाः। मृगो मार्ष्टेर्गतिकर्मणो भीमो बिभ्यत्यस्मादभीष्मोऽप्येतस्मादेव। कुचर इति चरतिकर्म कुत्सितमथ चेद्देवताभिधानं क्वायं न चरतीति। गिरिष्ठा गिरिस्थायी गिरिः पर्वतः समुद्गीर्णो भवति पर्ववान्पर्वतः पर्व पुनः पृणातेः प्रीणातेर्वार्धमासपर्व देवानस्मिन्प्रीणन्तीति तत्प्रकृतीरत्सन्धिसमामान्यान्मेघस्थायी मेघोऽपि गिरिरेतस्मादेव॥ तद्यानि नामानि प्राधान्यस्तुतीनां देवतानां तद्दैवतमित्याचक्षते तदुपरिष्टाद् व्याख्यास्यामो नैघण्टुकानि नैगमानीह ॥२०॥४॥

इति प्रथमाऽध्यायस्य षष्ठः पादः॥

समाप्तश्चायमध्यायः॥

ओ३म्

अथ द्वितीयाऽध्यायारम्भः

तत्र प्रथमः पादः।।

अथ निर्वचनम्। तद्येषु पदेषु स्वरसंस्कारौ समर्थौ प्रादेशिकेन गुणेनान्वितौ स्यातां तथा तानि निर्ब्रूयादथानन्वितेर्थेऽप्रादेशिके विकारेऽर्थनित्यः परीक्षेत केनचिद्वृत्तिसामान्येनाविद्यमाने सामान्येऽप्यक्षरवर्णसामान्यान्निर्बूयान्नत्वेव न निर्ब्रूयान्न संस्कारमाद्रियते विषयवत्यो हि वृत्तयो भवन्ति। यथार्थं विभक्तीः सन्नमयेत्प्रत्तमवत्तमिति धात्वादी एव शिष्येते। अथाप्यस्तेर्निवृत्तिस्थानेष्वादिलोपो भवति स्तः सन्तीत्यथाप्यन्तलोपो भवति गत्वागतमित्यथाप्युपधालोपो भवति जग्मतुर्जग्मुरित्यथाप्युपद्याविकारो भवति राजा दण्डीत्यथापि वर्णलोपो भवति तत्त्वा यामीत्यथापि द्विवर्णलोपास्तृच इत्यथाप्यादिविपर्ययो भवति ज्योतिर्घनो बिन्दुर्वाट्य इत्यथाप्याद्यन्तविपर्ययो भवति स्तोका रज्जुः सिकतास्तार्क्वित्य-थाप्यन्तव्यापत्तिर्भवति।।१।।

आघो मेघो नाधो गाधो वधूर्मध्विति। अथापि वर्णोपजन आस्थद् द्वारो भरूजेति। तद्यत्र स्वरादनन्तरान्तस्थान्तर्धा तु भवति तद् द्विप्रकृतीनां स्थानमिति प्रदिशन्ति तत्र सिद्धायामनुपपद्यमानायामितरयोपपिपादयिषेत्तत्राप्येकेऽल्प-निष्पत्तयोभवन्ति तद्यथैतदूतिर्मृदुः पृथुः पृषतः कुणारुमित्यथापि भाषिकेभ्यो धातुभ्यो नैगमाः कृतो भाष्यन्ते दमूनाः क्षेत्रसाधा इत्यथापि नैगमेभ्यो भाषिका उष्णं घृतमिति। अथापि प्रकृतय एवैकेषु भाष्यन्ते विकृतय एकेषु। शवतिर्गतिकर्मा कम्बोजेष्वेव भाष्यते। (कम्बोजाः कम्बलभोजाः कमनीयभोजा वा कम्बलः कमनीयो भवति)। विकारमस्यार्येषु भाषन्ते शव इति। दातिर्लवनार्थे प्राच्येषु दात्रमुदीच्यैषु। एवमेकपदानि निर्ब्रूयात्।।

अथ तद्धितसमासेष्वेकपर्वसु च पूर्वे पूर्वमपरमपरं प्रविभज्य निर्ब्रूयाद्

दण्ड्यः पुरुषोदण्डपुरुषो दण्डमर्हतीति वा दण्डेन सम्पद्यत इति वा दण्डो ददतेर्धारयतिकर्मणोऽक्रूरो ददते मणिमित्यभिभाषन्ते दमनादित्यौपमन्यवो दण्डमस्याकर्षतेति गर्हायाम्। कक्ष्या रज्जुरश्वस्य कक्षं सेवते कक्षो गाहतेः क्स इति नामकरणः ख्यातेर्वानर्थकोऽभ्यासः किमस्मिन्ख्यानमिति कषतेर्वा तत्सामान्यान्मनुष्यकक्षो बाहुमूलसामान्यादश्वस्य॥२॥

राज्ञः पुरुषो राजपुरुषो राजा राजतेः पुरुषः पुरिषादः पुरिशयः पूरयतेर्वा भूरयत्वन्तरित्यन्तरपुरुषमभिप्रेत्य।

यस्मात्परं नापरमस्ति किञ्चिद्यस्मान्नाणीयो न ज्यायोऽस्ति कश्चित्। वृक्ष इव स्तब्धो दिवि तिष्ठत्येकस्तेनेदं पूर्णं पुरुषेण सर्वम्॥ तैत्ति० आ० प्र० १०॥

इत्यपि निगमो भवति। विश्वकद्राकर्षो वीति चकद्र इति श्वगतौ भाष्यते द्रातीति गतिकुत्सना कद्रातीति द्रातिकुत्सना चकद्राति कद्राजीति सतोऽनर्थकोऽभ्यासस्तदस्मिन्नस्तीति विश्वकद्रः। कल्याणवर्णरूपः कल्याण-वर्णस्येवास्य रूपं कल्याणं कमनीयं भवति वर्णो वृणोति रूपं रोचतेः। एवं तद्धितसमासान्निर्ब्रूयात्। नैकपदानि निर्ब्रूयान्नावैयाकरणाय नानुपसन्नायानिदंविदे वा। नित्यं ह्यविज्ञातुर्विज्ञानेऽसूयोपसन्नाय तु निर्ब्रूयाद्यो वाऽलं विज्ञातुं स्यान्मेघाविने तपस्विने वा॥३॥

विद्या ह वै ब्राह्मणमा जगाम गोपाय मा शेवधिष्टेऽहमस्मि।
असूयकायानृजवेऽयताय न मा ब्रूया वीर्यवती तथा स्याम्॥

य आतृणात्त्यवितथेन कर्णावदुःखं कुर्वन्नमृतं सम्प्रयच्छन्। तं
मन्येत पितरं मातरं च तस्मै न द्रुह्येत्कतमच्चनाह॥

अध्यापिता ये गुरुं नाद्रियन्ते विप्रा वाचा मनसा कर्मणा वा।
यथैव ते न गुरोर्भोजनीयास्तथैव तान्न भुनक्ति श्रुतं तत्॥

यमेव विद्याः शुचिमप्रमत्तं मेधाविनं ब्रह्मचर्योपपन्नम्। यस्तेन
द्रुह्येत्कतमच्चनाहं तस्मै मा ब्रूया निधिपाय ब्रह्मन्॥

इति । निधिः शेवधिरिति॥४॥

इति द्वितीयाध्यायस्य प्रथमः पादः

अथ द्वितीयः पादः

अथातोऽनुक्रमिष्यामः। गौरिति पृथिव्या नामधेयं यद्दूरं गता भवति यच्चास्यां भूतानि गच्छन्ति गातेर्वौकारो नामकरणः। अथापि पशुनामेह भवत्येस्मादेव। अथाप्यस्यां तद्धितेन कृत्स्नवन्निगमा भवन्ति। **गोभिः श्रीणीत मत्सरम्** (ऋ० ९/४६।५) इति पयसः।

मत्सरः सोमो मन्दतेस्तृप्तिकर्मणो मत्सर इति लोभनामाभिमत्त एनेन धनं भवति। पयः पिबतेर्वा प्यायतेर्वा। क्षीरं क्षरतेर्घसेर्वेरो नामकरण उशीरमिति यथा। **अंशुं दुहन्तो अध्यासते गवि** (ऋ० १०/९४।९) इत्यधिषवण चर्मणः। अंशुः शमष्टमात्रो भवत्वननाय शं भवतीति वा। चर्म चरतेर्वोच्चृत्तं भवतीति वा। अथापि चर्म च श्लेष्मा च। **गोभिः सन्नद्धो असि वीलयस्व** (ऋ० ६।४७।२७) इति रथस्तुतौ। अथापि स्नाव च श्लेष्मा च। **गोभिः सन्नद्धा पतति प्रसूता** (ऋ० ६।७५।११) इतीपुस्तुतौ। ज्यापि गौरुच्यते गव्या चेत्ताद्धितमथ चेन्न गव्या गमयतीषूनिति॥५॥१॥

वृक्षे वृक्षे नियतामीमयद्गौस्ततो वयः प्र पतान्पूरुषादः॥ ऋ० १०।२७।२२॥

वृक्षे वृक्षे धनुषि धनुषि वृक्षो व्रश्चनाद्वृत्वा क्षां तिष्ठतीति वा। क्षा क्षियतेर्निवासकर्मणः। नियतामीमयद्गौः शब्दं करोति मीमयतिः शब्दकर्मा। ततो वयः प्रपतन्ति पुरुषानदनाय। विरति शकुनिनाम वेतेर्गतिकर्मणः। अथापीषुनामेह भवत्येतास्मादेव। आदित्योऽपि गौरुच्यते॥

उतादः परुषे गवि॥ ऋ०।६।५६।३॥

पर्ववति भास्वतीत्यौपमन्यवः। अथाप्यस्यैको रश्मिश्चन्द्रमसं प्रति दीप्यते तदेवेनोपेक्षितव्यमादित्यतोऽस्य दीप्तिर्भवतीति। **सुषुम्नः सूर्यरश्मिश्चन्द्रमा गन्धर्व** (ऋ० १८।४०) इत्यपि निगमो भवति। सोऽपि गौरुच्यते। अत्राह गोरमन्वतेति तदुपरिष्टाद् व्याख्यास्यामः। सर्वेऽपि रश्मयो गाव उच्यते॥६॥२॥

ता वां वास्तून्युश्मसि गमध्यै यत्र गावो भूरिशृङ्गा अयासः। अत्राह तदुरुगायस्य वृष्णेः परमं पदमवभाति भूरि॥ऋ० १।१५४।६॥

तानि वां वास्तूनि कामयामहे गमनाय यत्र गावो भूरिशृङ्गा बहुशृङ्गा भूरीति बहुनो नामधेयम्प्रभवतीति सतः शृङ्गं शृणतेर्वा शम्नातेर्वा शरणायोद्गतमिति वा शिरसो निर्गतमिति वायासोऽयनाः। तत्र तदुरुगायस्य विष्णोर्महागतेः परमं पदं परार्ध्यस्थमवभाति भूरि। पादः पद्यतेस्तन्निधानात्पदं पशुपादप्रकृतिः प्रभागपादः प्रभागपादसामान्यादितराणि पदानि। एवमन्येषामापि सत्त्वानां सन्देहा विद्यन्ते तानि चेत्समानकर्म्माणि समाननिर्वचनानि नानाकर्माणि चेन्नानानिर्वचनानि यथार्थं निर्वक्तव्यानि। इतीमान्येकविंशतिः पृथिवीनामधेयान्यनुक्रान्तानि। तत्र निर्ऋतिर्निरमणादृच्छतेः कृच्छ्रापत्तिरितरा वा पृथिव्या सन्दिह्यते तयोर्विभागस्तस्या एषा भवति।।७।।३।।

य ईं चकार न सो अस्य वेद य ईं ददर्श हिरुगिन्नु तस्मात्। स मातुर्योना परिवीतो अन्तर्बहुप्रजा निर्ऋतिमा विवेश।। ऋ० १।१६४।३२।।

बहुप्रजाः कृच्छ्रमापद्यत इति परिव्राजकावर्षकर्मेति नैरुक्ता य ईं चकारेति करोतिकिरती सन्दिग्धौ वर्षकर्मणा न सोऽस्य वेद मध्यमः स एवास्य वेद मध्यमो यो ददर्शादित्योऽपहितं स मातुर्योनौ मातान्तरिक्षं निर्मीयन्तेऽस्मिन्भूतानि योनिरन्तरिक्षं महानवयवः परिवीतो वायुनायमपीतरो योनिरेतस्मादेव परियुतो भवति। बहुप्रजा भूमिमापद्यते वर्षकर्मणा। शाकपूणिः सङ्कल्पयाञ्चक्रे सर्वा देवता जानानीति* तस्मै देवतोभ्यालिङ्गा प्रादुर्बभूव तां न जज्ञे। तां पप्रच्छ विविदिषाणि त्वेति। सास्मा एतामृचमादिदेशैषा मद्देवतेति।।८।।४।।

अयं स शिङ्क्ते येन गौरभीवृता मिमाति मायुं ध्वंसनावधि श्रिता। सा चित्तिभिर्नि हि चकार मर्त्यं विद्युद्भवन्ती प्रति वव्रिमौहत।। ऋ० १।।१६४।।२९।।

अयं य शब्दायते येन गौरभिप्रवृत्तां मिमाति मायुं शब्दं करोति मायुमिवादित्यमिति वा वागेषा माध्यमिका ध्वंसने मेघेऽधिश्रिता सा चित्तिभिः कर्मभिर्नीचैर्निकरोति मर्त्यं विद्युद्भवन्ति प्रत्यूहते वव्रिम्। वव्रिरिति रूपनाम वृणोतीति सतः। वर्षेणा प्रच्छाद्य पृथिवीं तत्पुनरादत्ते।।९।।५।।

इति द्वितीयाध्यास्य द्वितीय पादः।।

---

*जानामिति पुस्तकान्तरे।

अथ तृतीयः पादः

हिरण्यनामान्युत्तराणि पञ्चदश। हिरण्यं कस्माद्ध्रियत आयम्यमानमिति वा ह्रियतेजनाज्जनमिति वा हितरमणं भवतीति वा हृदयरमणं भवतीति वा हर्यतेर्वा स्यात्प्रेप्साकर्मणः।।

अन्तरिक्षनामान्युत्तराणि षोडशं। अन्तरिक्षं कस्मादन्तरा क्षान्तं भवत्यन्तरेमे इति वा शरीरेष्वन्तरक्षयमिति वा। तत्र समुद्र इत्येतत्पार्थिवेन समुद्रेण सन्दिह्यते। समुद्रः कस्म त्समुद्रवन्त्यस्मादापः समभिद्रवन्त्येनमापः सम्मोदन्तेऽस्मिन्भूतानि समुदको भवति समुनत्तीति वा। तयोर्विभागः। तत्रेतिहासमाचक्षतेदेवापिश्चार्ष्टिंषेणः शन्तनुश्च कौरव्यौ भ्रातरौ बमुवतुः स शन्तनुः कनीयानभिषेचयाञ्चक्रे देवापिस्तपः प्रतिपेदे। ततः शन्तनोराज्ये द्वादश वर्षाणि देवो न ववर्ष तमूचुर्ब्राह्मणा अधर्मस्त्वया चरितो ज्येष्ठं भ्रातरमन्तरित्याभिषेचितं तस्मात्ते देवो न वर्षतीति। स शन्तनुर्देवापि शिशिक्ष राज्येन तमुवाच देवापिःपुरोहितस्तेऽसानि याजयानि च त्वेति। तत्यैतद्वर्षकामसूक्तम्। तस्यैषा भवति।।१०।।१।।

आर्ष्टिषेणो होत्रमृषिर्निषीदन्देवापिर्देवसुमतिं चिकित्वान्। स उत्तरस्मादधरं समुद्रमपो दिव्या असृजद्वर्ष्या अभि॥ ऋ० १०।९८।५॥

आर्ष्टिषेणे ऋष्टिषेणस्य पुत्र इषितसेनस्येति वा। सेना सेश्वरा समानगतिर्वा पुत्रः पुरु त्रायते निपणाद्वा पुं नरकं ततस्त्रायत इति वा। होत्रमृषिर्निषदिन्नृषिर्दर्शनात्रुतोमान्ददर्शेत्यौपमन्यवस्तद्यदेनाँस्तपस्यमानान्ब्रह्म स्वयम्भ्वभ्यानर्षत्त ऋषयोऽभवंस्तदृषीणामृषित्वमिति विज्ञायते। देवापिर्देवानमपत्या स्तुत्या च प्रदानेन च देवसुमतिं देवानां कल्याणीं मति चिकित्वाँश्चेतनवान्। स उत्तरस्मादधरं समुद्रमुत्तर उद्धततरो भवत्यधरोऽधोरः अधो न धावतीत्यूर्ध्वगतिः प्रतिषिद्धा। तस्योत्तरा भूयसे निर्वचनाय।।११।।२।।

यद्देवापिः शन्तनवे पुरोहितो होत्राय वृतः कृपयन्न दीधेत्। देवश्रुतं वृष्टिवनिं रराणो बृहस्पतिर्वाचमस्मा अयच्छत्॥ ऋ० १०।९८।७॥

शन्तनुः शं तनोऽस्त्विवति वा शमस्मै तन्वा अस्त्विवति वा। पुरोहितः एनं

दधति। होत्राय वृतः कृपायमाणोऽन्वध्याद् देवश्रुतं देवा एनं शृण्वन्ति वृष्टिवनिं वृष्टियाचिनं रराणो रातिरभ्यस्तो बृहस्पतिर्ब्रह्मासीत्सोऽस्मै वाचमयच्छद् बृहदुपव्याख्यातम्।।१२।।३।।

इति द्वितीयाध्यायस्य तृतीयः पादः।।

अथ चतुर्थः पादः

साधारणान्युत्तराणि षड् दिवश्चादित्यस्य च। यानि त्वस्य प्राधान्येनोपरिष्टात्तानि व्याख्यास्यामः। आदित्यः कस्मादादत्ते रसानादत्ते भासं ज्योतिषामादीप्तो भासेति वादितेः पुत्र इति वा। अल्पप्रयोगं त्वस्यैतदार्चाभ्याम्नाये सूक्तभाक् सूर्य्यमादितेयमदितेः पुत्रम्। एवमन्यासामपि देवतानामादित्यप्रवादाः स्तुतयो भवन्ति तद्यथैतन्मित्रस्य वरुणास्यार्यम्णो दक्षस्य भगस्यांशस्येत्यथापि मित्रावरुणयोः।

आदित्या दानुनस्पती।। ऋ० १।१३६।३।।

दानपती। अथापि मित्रस्यैकस्य।

प्र स मित्र मर्तो अस्तु प्रयस्वान्यस्त आदित्य शिक्षत्ति व्रतेन।। ऋ० ३।५९।२।।

इत्यपि निगमो भवत्यथापि वरुणास्यैकस्य।

अथा वयमादित्य व्रते तव।। ऋ० १।२४।१५।।

व्रतमिति कर्म्मनाम निवृतिकर्म वारयतीति सत इदमपीतरद् व्रतमेतवेस्मादेव वृणोतीति सतोऽन्नमपि व्रतमुच्यते यदावृणोति शरीरम्।।१३।।१।।

स्वरादित्यो भवति सु अरणः सु इरणाः स्वृतो रसान्त्स्वृतो भासं ज्योतिषां स्वृतो भासेति वैतेन द्यौर्व्याख्याता। पृश्निरादित्यो भवति प्राश्नुत एनं वर्ण इति नैरुक्ताः संस्प्रष्टा रसान्त्संस्प्रष्टा भासं ज्योतिषां संस्पृष्टो भासेति वाथ द्यौः संस्पृष्टा ज्योतिर्भिः पुण्यकृद्भिश्च। नाक आदित्यो भवति नेता रसानां नेता भासां ज्योतिषां प्रणयोऽथ द्यौः कमिति सुखनाम तत्प्रतिषिद्धं प्रतिषिध्येत।।

न वा अमुं लोकं जग्मुषे किं च नाकम्॥

ना वा अमुं लोकं गतवते किं चनासुखं पुण्यकृतो ह्येव तत्र गच्छन्ति॥

गौरादित्यो भवति गमयति रसान् अच्छत्यन्तरिक्षेऽथ द्यौर्यत्पृथिव्या अधिदूरं गता भवति यच्चास्यां ज्योतींषि गच्छन्ति। विष्टवादित्यो भवत्याविष्टो रासानाविष्टो भासं ज्योतिषामाविष्टो भासेति वाथ द्यौराविष्टा ज्योतिर्भिः पुण्यकृद्भिश्च। नम आदित्यो भवति नेता रसानां नेता भासां ज्योतिषां प्रणयोऽपि वा। भन एव स्याद्विपरीतो न न भारतीति वैतेन द्यौर्व्याख्याता॥१४॥२॥

इति द्वितीयाऽध्यायस्य चतुर्थः पादः॥

अथ पञ्चमः पादः

रश्मिनामान्युत्तराणि पञ्चदश। रश्मिर्यनात्तेषामादितः साधारणानि पञ्चाश्वरश्मिभिः॥

दिङ्नामान्युतराण्यष्टौ। दिशः कस्माद् दिशतेरासदनादपि वाभ्यशनात्। तत्र काष्ठा इत्येतदनेकस्यापि सत्त्वस्य नाम भवति काष्ठा दिशो भवन्ति क्रान्त्वा स्थिता भवन्ति काष्ठा उपदिशो भवन्तीतरेतरं क्रान्त्वा स्थिता भवन्त्यादित्योऽपि काष्ठोच्यते क्रान्त्वा स्थितो भवत्याज्यन्तोऽपि कोष्ठोच्यते क्रान्त्वा स्थितो भवत्याऽऽपोऽपि काष्ठा उच्यन्ते क्रान्त्वा स्थिता भवन्तीति स्थावराणाम्॥१५॥१॥

अतिष्ठन्तीनामनिवेशनानां काष्ठानां मध्ये निहितं शरीरम्। वृत्रस्य निण्यं वि चरन्त्यापो दीर्घं तम आ शयदिन्द्रशत्रुः ऋ० १।३२।१०॥

अतिष्ठन्तीनामानिविशमानानामित्यस्थावराणां काष्ठानां मध्ये निहितं शरीरं मेघः। शरीरं श्रृणातेः शम्नातेर्वा। वृत्रस्य निण्यं निर्णामं विचरन्ति विज्ञानन्त्याप इति दीर्घ द्राघतेस्तमस्तनोतेराशयदाशेतेरिन्द्रशत्रुरिन्द्रोऽस्य शमयिता वा शातयिता वा तस्मात् इन्द्रशत्रुः। तस्को वृत्रो मघ इति नैरुक्तास्त्वाष्ट्रोऽसुर इत्यैतिहासिका अपां च ज्योतिषश्च मिश्रीभावकर्मणो वर्षकर्म जायते तत्रोपमार्थेन युद्धवर्णा भवन्त्यहिवत्तु खलु मन्त्रवर्णा ब्राह्मणवादाश्च विवृध्या शरीरस्य स्त्रोतांसि निवारयांचकार तस्मिन्हते प्रसस्यन्दिर आपस्तदभिवादिन्येषरर्भवति॥१६॥२॥

दासपत्नीरहिंगोपा अतिष्ठन्निरुद्धा आपः पणिनेव गावः। अपां बिलमपिहितं यदासीद्वृत्रं जघन्वाँ अप तद्ववार॥ ऋ० १।१३२।११॥

दासपत्नीर्दासाधिपत्न्यो दासो दस्यतेरुपदासयति कर्म्माण्यहिगोपा अतिष्ठन्नहिना गुप्ताः। अहिरयनादेत्यन्तरिक्षेऽयमपीतरोऽहिरेतस्मादेव निर्ह्रसितोपसर्ग आहन्तीति। निरुद्धा आपः पणिनेव गावः। पणिर्वणिग्भवति पणिः पणनाद्वणिक् पराय नेनेक्ति। अपां बिलमपिहितं यदासीत्। बिलं भरं भवति बिभर्तेर्वृत्रं जघ्निवानपववार। तद्वृत्रो वृणोतेर्वा वर्धतेर्वा वर्धतेर्वा। यदवृणोत्तद्वृत्रस्य वृत्रत्वमिति विज्ञायते। यदवर्त्तत तद्वृत्रस्य वृत्रत्वमिति विज्ञायते। यदवर्धत तद्वृत्रस्य वृत्रत्वमिति विज्ञायते।।१७।।३।।

इति द्वितीयाऽध्यास्य पञ्चमः पादः॥

अथ षष्ठः पादः

रात्रिनामान्युत्तराणि त्रयोविंशतिः। रात्रिः कस्मात्प्ररमयति भूतानि नक्तंचारीण्युपरमयतीतराणि ध्रुवीकरोति रातेर्वा स्याद् दानकर्मणः प्रदीयन्तेऽस्यामावश्यायाः।।

उषो नामान्युत्तराणि षोडश। उषाः कस्मादुच्छतीति सत्या रात्रेरपरः कालस्तस्या एषा भवति।।१८।।१।।

इदं श्रेष्ठं ज्योतिषां ज्योतिरागाच्चित्रः प्रकेतो अजनिष्ट विभ्वा। यथा प्रसूता सवितुः सवाँय एवा रात्र्युषसे योनिमारैक्॥ ऋ० १।११३।१॥

इदं श्रेष्ठं ज्योतिषां ज्योतिरागमच्चित्रं प्रकेतनं प्रज्ञाततममजनिष्ट विभूततमं यथा प्रसूता सवितुः प्रसवाय रात्रिरादित्यस्यैवं रात्र्युषसे योनिमरिचत्स्थानम्। स्त्रीयोनिरभियुत एनां गर्भः। तस्या एषापरा भवति।।१९।।२।।

रुशद्वत्सा रुशती श्वेत्यागादारैगु कृष्णा सदनान्यस्याः। समानबन्धू अमृते अनूची द्यावा वर्णं चरत आमिनाने॥ ऋ० १।११३।२।

रुशद्वत्सा सूर्य्यवत्सा रुशदिति वर्णनाम रोचतेर्ज्वलतिकर्म्मणाः। सूर्य्यमस्या वत्समाह साहचर्याद्रसहरणाद्वा। रुशती श्वेत्यागात्। श्वेत्या श्वेततरेरिचत्कृष्णा सदनान्यस्याः कृष्णवर्णा रात्रिः कृष्णं कृष्यतेर्निकृष्टो वर्णः। अथैने संस्तौति समानबन्धू समानबन्धने अमृते अमरणाधर्माणावनूची अनूच्यावितीतरेरमभिप्रेत्य द्यावा वर्णं चरतस्ते एव द्यावौ द्योतनादपि वा द्यावा चरतस्तया सह चरत इति स्यादामिनाने आमिन्वाने अन्योन्यस्याध्यात्मं कुर्वाणे।। अहर्नामान्युत्तराणि द्वादश। अहः कस्मादुपाहरन्त्यस्मिन् कर्माणि। तस्यैष निपातो भवति वैश्वानरीयायामृचि:।।२०।३।।

अह॑श्च कृ॒ष्णमह॒रर्ज्जु॑नं च॒ वि व॑र्तेते॒ रज॑सी वेद्याभि॑ः। वै॒श्वा॒न॒रो जाय॑मानो॒ न राजावा॑तिर॒ज्ज्योति॑षाग्निस्तमां॑सि।। ऋ० ६।९।१।।

अहश्च कृष्णं रात्रिः शुक्लं चाहरर्जुनं विवर्तते रजसी वेद्याभिर्वेदितव्याभिः प्रवृत्तिर्भिश्वानरो पायमान इवोद्यन्नादित्यः सर्वेषां ज्योतिषां राजावाहन्नग्निर्ज्योतिषा तमांसि।।

मेघनामान्युत्तराणि त्रिंशत्। मेघः कस्मान्मेहतीति सतः। आ उपर उपल इत्येताभ्यां साधारणानि पर्वतनामभिः। उपर उपलो मेघो भवत्युपरमन्तेऽस्मिन्नभ्राण्युपस्ता आप इति वा। तेषामेषा भवति।।२१।।४।।

दे॒वा॒नां माने॑ प्रथ॒मा अ॑तिष्ठन्कृ॒न्तत्रा॑देषामुप॑रा॒ उदा॑यन्। त्रय॑स्तपन्ति पृ॒थ॒वीम॑नूपा द्वा बृबू॑कं॒ वहतः पुरीषम्।। ऋ० १०।२७।२३।।

देवानां निर्माणे प्रथमा अतिष्ठन्माध्यमिका देवगणाः। प्रथम इति मुख्यनाम प्रतमो भवति। कृन्तत्रमन्तरिक्षं विकर्तनं मेघानां विकर्त्तनेन मेघानामुदकं जायते। त्रयस्तपन्ति पृथिवीमनूपाः। पर्जन्यो वायुरादित्यः शीतोष्णवर्षेरोषधीः पाचयन्त्यनूपा अनुवपन्ति लोकान्त्स्वेन स्वेन कर्म्मण। अयमपीतरोऽनूप एतस्मादेवानूप्यत उदकेनापि वान्वाबिति स्थाद्यथा प्रागिति तस्यानूप इति स्याद्यथा प्राचीनमिति। द्वा बृबूकं वहतः पुरीषम्। वाय्वादित्या उदकं बृबूकमित्युदकनाम ब्रवीतेर्वा शब्दकर्मणो भ्रंशतेर्वा पुरीपम् पृणाते पूरयतेर्वाः।।२२।।५।।

इति द्वितीयाध्यायस्य षष्ठः पादः॥

अथ सप्तमः पादः

वाङ्नामान्युत्तराणि सप्तपञ्चाशत्। वाक्करमाद्वचतेः। तत्र सरस्वतीत्येतस्य नदीवद् देवतावच्च निगमा भवन्ति तद्यद् देवतावदुपरिष्टात्तद् व्याख्यास्यामः। अथैतन्नदीवत्।।२३।।१।।

इयं शुष्मेभिर्बिसखा इवारुजत्सानु गिरीणां तविषेभिरूर्मिभिः।
पारावतघ्नीमवसे सुवृक्तिभिः सरस्वतीमा विवासेम धीतिभिः।।
ऋ० ६।६१।२।।

इयं शुष्मेभिः शोषणैः शुष्ममिति बलनाम शोषयतीति सतो बिसं बिस्यतेर्भेदनकर्मणो व्द्धिकर्म्मणो वा सानु समुच्छ्रितं भवति समुन्नुन्नमिति वा महद्भिरूर्मिभिः पारावतघ्नीं पारावारघातिनीं पारं परं भवत्यवारमवरमवनाय सुप्रवृत्ताभिः शोभनाभिः स्तुतिभिः सरस्वतीं नदीं कर्मभिः परिचरेम।।

उदकनामान्युत्तराण्येकशतम्। उदके कस्मादुनत्तीति सतः।।

नदीनामान्युत्तराणि सप्तत्रिंशत्। नद्यः कस्मान्नदना इमा भवन्ति शब्दवत्यः। बहुलमासां नैघण्टुकं वृत्तमाश्चर्यमिव प्राधान्येन। तत्रेतिहासमाचक्षते–विश्वामित्र ऋषिः सुदासः पैजवनस्य पुरोहितो बभूव (विश्वामित्रः सर्वमित्रः सर्वं संसृतं सुदाः कल्याण-दानः पैजवनः पिजवनस्य पुत्रः पिजवनः पुनः स्पर्धनीयजवो वा मिश्रीभागतिर्वा) स वित्तं गृहीत्वा विपाट्छुतुद्र्योः सम्भेदमाययावनुययुरितरे। स विश्वामित्रो नदीस्तुष्टाव गाधा भवतेत्यापि द्विवदपि बहुवत्तद्यद् द्विवदुपरिष्टात्तद् व्याख्यास्यामोऽथैतद् बहुवत्।।२४।।२।।

रमेध्वं मे वचसे सोम्याय ऋतावरीरुप मुहूर्तमेवैः प्रसिन्धुमच्छा
बृहती मनीषावस्युरह्वे कुशिकस्य सूनुः।। ऋ० ३।३३।५।।

उपरमध्वं मे वचसे सोम्याय सोमसम्पादिन ऋतावरीर्ऋतवत्य ऋतमित्युद-कनाम प्रत्यृतं भवति मुर्हूत्तमेवैरयनैरवनैर्वा। मुहूर्तो मुहुर्ऋतुर्गतेर्गतिकर्मणो मूहुर्मूढ इव कालो यावदभीक्ष्णं चेति। अभीक्षणमभीक्षणं भवति क्षणः क्षणोतेः प्रक्ष्णुतः कालः। कालः कालयतेर्गतिकर्म्मणाः। प्राभिह्वयामि सिन्धुं बृहत्वा महत्या मनीपया मनस ईषया स्तुत्या प्रज्ञया वावनाय कुशिकस्य सूनुः। कुशिको राजा बभूव क्रोशतेः शब्दकर्म्मणः क्रंशतेर्वा स्यात्प्रकाशयति-कर्म्मणाः साधुविक्रोशयितार्थानाममिति वा नद्यः प्रत्यूचुः।।२५।।३।।

इन्द्रो अस्माँ अरदद्वज्रबाहुरपाहन्वृत्रं परिधिं नदीनाम्। देवोऽन-यत्सविता सुपाणिस्तस्य वयं प्रसवे याम उर्वीः ऋ० ३॥३३॥६॥

इन्द्रो अस्मानरदद्वज्रबाहू रदतिः खनतिकर्मापाहन्वृत्रं परिधिं नदीनामिति व्याख्यातम्। देवोऽनयत्सविता सुपाणिः कल्याणपाणिः पाणिः पणायतेः पूजाकर्मणः प्रगृह्य पाणी देवान्पूजयन्ति। तस्य वयं प्रसवे याम उर्वीः। उर्व्य ऊर्णोतर्वृणोतेरित्यौर्णवाभः। प्रत्याख्यायान्तत आशुश्रुवुः॥२६॥४॥

आ ते कारो शृणवामा वचांसि ययाथ दूरादनेसा रथेन। नि ते नंसै पीप्यानेव योषा मर्यायेव कन्या शश्वचैते॥ ऋ० ३॥३३॥१०॥

आशृणवाम ते कारो वचनानि याहि दूरादनसा च रथेन च निनमाम ते पायमामनेव योषा पुत्रं मर्य्यायेव कन्या परिष्वजनाय निनमा इति वा॥

अश्वनामान्युत्तराणि षड्विंशतिः। तेषामष्टा उत्तराणि बहुवत्। अश्वः कस्मादश्नुतेऽध्वानं महाशनो भवतीति वा। तत्र दधिक्रा इत्येद् दधत्क्रामतीति वा दधत्क्रन्दतीति वा दधदाकारी भवतीति वा। तस्याश्ववद् देवतावच्च निगमा भवन्ति तद्यद् देवतावदुपरिष्टात्तद् व्याख्यास्यामोऽथैतदश्ववत्॥२७॥५॥

उत स्य वाजी क्षिपणिं तुरण्यति ग्रीवायां बद्धो अपिकक्ष आसनि। क्रतुं दधिक्रा अनु संतवीत्वत्पथामङ्कांस्यन्वापनीफणत्॥ ऋ० ४।४०।४॥

अपि स वाजी वेजनवान्क्षेपणमनु तूर्णमश्नुतेऽध्वानं ग्रीवायां बद्धो ग्रीवा गिरतेर्वा गृणातेर्वा गृह्णातेर्वापिकक्ष आसनीति व्याख्यातम्। क्रतुं दधिक्राः कर्म्म वा प्रज्ञां वा अनुसन्तवीत्वत्। तनोतेः पूर्वया प्रकृत्या निगमः। पथामङ्कांसि पथां कुटिलानि पन्थाः पततेर्वा पद्यतेर्वा पन्थतेर्वाङ्कोऽञ्चतेरापनीफणादिति फणतेश्चर्करीतवृत्तम्॥

दशोत्तराण्यादिष्टोपयोजनानीत्याचक्षते साहचर्यज्ञानाय॥

ज्वलतिकर्म्माण उत्तरे धातव एकादश॥

तावन्त्येवोत्तराणि ज्लवतो नामधेयानि॥२८॥६॥

इति द्वितीयाध्याऽयस्य सप्तमः पादः॥

समाप्तश्चायमध्यायः॥

ओ३म्

ओऽम्अत्र तृतीयाऽध्यायारम्भः

तत्र प्रथमः पादः

कर्मनामान्युत्तराणि षड्विंशतिः। कर्म कस्मात्क्रियत इति सतः॥

अपत्यनामान्युत्तराणि पञ्चदश। अपत्यं कस्मादपततं भवति नानेन पततीति वा। तद्यथा जनयितुः प्रजैवमर्थीये ऋचा उदाहरिष्यामः॥१॥

परिषद्यं ह्यरणस्य रेक्णो नित्यस्य रायः पतयः स्याम। न शेषो अग्ने अन्यजातमस्त्यचेतानस्य मा पथो विदुक्षः॥ ऋ० ७।४।७॥

परिहर्तव्यं हि नोपसर्तव्यमरणस्य रेक्णोऽरणोऽपार्णो भवति रेक्ण इति धननाम रिच्यते प्रयतः। नित्यस्य रायः पतयः स्याम पित्र्यस्येव धनस्य। न शेषो अग्ने अन्यजातमस्ति। शेष इत्यपत्यनाम शिष्यते प्रयतोऽचेतयमानस्य तत्प्रमतस्य भवति मा नः पथो विदूदुष इति । तस्योत्तरा भूयसे निर्वचनाय॥२॥

नहि ग्रभायारणः सुशेवोऽन्योदर्यो मनसा मन्तवा उ। अधा चिदोकः पुनरित्स एत्या नो वाज्यभीषाळेतु नव्यः॥ ऋ० ७।४।८॥

नहि ग्रहीतव्योऽरणः सुसुखतमोऽप्यन्योदर्यो मनसापि न मन्तव्यो ममायं पुत्र इत्यथ स ओकः पुनरेव तदेति यत आगतो भवत्योक इति निवासनामोच्यते। ऐतु नो वाजी वेजनवानभिषहमाणः सपत्नान्नवजातः स एव पुत्र इति॥ अथैतां दुहितृदायाद्य उदाहरन्ति पुत्रदायाद्य इत्येके॥३॥

शासद्वह्निर्दुहितुर्नप्त्यं गाद्विद्वां ऋतस्य दीधितिं सपर्यन्। पिता यत्र दुहितुः सेकमृञ्जन्त्सं शग्म्येन मनसा दधन्वे॥ ऋ० ३।३१।१॥

प्रशास्ति वोढा सन्तानकर्म्मणो दुहितः पुत्रभावम्। दुहिता दुर्हिता दूरे हिता दोग्धेर्वा। नाप्तारमुपागमद् दौहित्रं पौत्रमिति। विद्वान्प्रजननयज्ञस्य रेतसो

वाङ्गादङ्गसत्सम्भूतस्य हृदयादधिजातस्य मातरि प्रत्यृतस्य विधानं पूजयन्। अविशेषेण मिथुनाः पुत्रा दायादा इति तदेतदृक्श्लोकाभ्यामभ्युक्तम्।

अङ्गादङ्गात्सम्भवसि हृदयादधिजायसे।

आत्मा वै पुत्रनामासि स जीव शरदः शतम् इति। श० १४।९।४।२६॥

अविशेषेणं पुत्राणां दायो भवति धर्मतः।

मिथुनानां विसर्गादौ मनुः स्वायम्भुवोऽब्रवीत्॥

न दुहितर इत्येके। तस्मात्पुमान्दायादोऽदायादा स्त्रीति विज्ञायते। तस्मात्स्त्रियं जातां परायन्ति न पुमांसमिति च। स्त्रीणां दानविक्रयातिसर्गा विद्यन्ते न पुंसः। पुंसोऽपीत्येके शौनः शेपेदर्शनात्। अभ्रातृमती वाद इत्यपरम्॥

अमूर्या यन्ति जामयः सर्वा लोहितवाससः।

अभ्रातर इव योषास्तिष्ठन्ति हतवर्त्मनः॥ अथर्व० १।१७।१॥

अभातृका इव योषास्तिष्ठन्ति सन्तानकर्मणे पिण्डदानाय हतवर्त्मान इत्यभ्रातृकाया अनिर्वाह औपमिकः। तस्योत्तरा भूयसे निर्वचनाय॥४॥

अभ्रातेव पुंस एति प्रतीची गर्तारुगिव सनये धनानाम्। जायेव पत्य उशती सुवासा उषा हस्रेव नि रिणीते अप्सः॥ ऋ० १।१२४।७॥

अभ्रातृकेव पुंसः पितृनेत्यभिमुखी सन्तानकर्मणे पिण्डदानाय न पतिं गर्तारोहिणीव धनलाभाय दाक्षिणाजी। गर्तः सभास्थाणुर्गृणातेः सत्यसङ्गरो भवति तं तत्र याऽपुत्रा याऽपतिका सा रोहति तां तत्राक्षैराघ्नन्ति सा रिक्थे लभते। श्मशानसञ्चयोऽपि गर्त उच्यते गुरुतेरपगूर्णो भवति। श्मशानं श्मशयनं शरीरं शरीरं शृणातेः शम्नातेर्वा। श्मश्रु लोम श्मनि श्रितं भवति । लोम लुनातेर्वा लीयतेर्वा। नोपरस्याविष्कुर्याद्यदुपरस्याविष्कुर्याद्गर्त्तेष्ठाः स्यात्प्रमायुको यजमान इत्यापि निगमो भवति। रथोऽपि गर्त उच्यते गृणातेः स्तुतिकर्मणाः स्तुततमं यानम्॥

आ रोहथो वरुण मित्र गर्तम्॥ ऋ० ५।६२।८॥

इत्यपि निगमो भवति। जायेव पत्ये कामयमाना सुवासा ऋतुकालेषूषा हसनेव दन्तान्विवृणुते रूपाणीति चत स्त्र उपमाः। नाभ्रात्रीमुपयच्छेत तोकं ह्यस्य तद्भवीतत्यभ्रातृकाया उपयमनप्रतिषेधः प्रत्यक्षः पितुश्च पुत्रभावः। पिता यत्र दुहितुरप्रत्ताया रेतः सेकं प्रार्जयति सन्दधात्यात्मानं सङ्गमेन मनसेति। अथैतां जाम्या रिक्थप्रतिषेध उदाहरन्ति ज्येष्ठं पुत्रिकाया इत्येके।।५।।

न जामये तान्वों रिक्थमारैक्चकार गर्भं सनितुर्निधानम्। यदी मातरो जनयन्त वह्निमन्यः कर्ता सुकृतोरन्य ऋन्धन्।। ऋ० ३।३१।२।।

न जामये भगिन्यै। जामिरन्येऽस्यां जनयन्ति जामपत्यं जमतेर्बा स्याद्-' गतिकर्मणो निर्गमनप्राया भवति। तान्व आत्मजः पुत्रो रिक्थं प्रारिचत्प्रादा- च्चकारैनां गर्भनिधानीं सनितर्हुस्तग्राहस्य यदिह मातरोऽजनयन्त वह्नि पुन्नमवह्निं च स्त्रियमन्यतरः सन्तानकर्ता भवति पुमान् दायादोऽन्यतरोऽर्धयित्वा जामिः प्रदीयते परस्मै।।६।।

इति तृतीयाध्यायस्य प्रथमः पादः।।

अथ द्वितीयः पादः

मनुष्यनामान्युत्तराणि यञ्चविंशतिः। मनुष्याः कस्मान्मत्वा कर्माणि सीव्यन्ति मनस्यमानेन सृष्टा मनस्यतिः पुनर्मनस्वीभावे मनोरपत्यं मनुष्यो वा तत्र पञ्चजना इत्येतस्य निगमा भवन्ति।।७।।१।।

तदुद्य वाचः प्रथमं मंसीय येनासुराँ अभिदेवा असाम। ऊर्जाद उत येज्ञियासः पञ्चजना मम होत्रं जुषध्वम्।। ऋ० १०।५४।३।।

तदद्य वाचः मरमं मंसीय येनासुरानभिभवेम देवाः। असुरा असुरता स्थानेष्वस्ताः स्थानेभ्य इति वापि वासुरिति प्राणानामास्तः शरीरे भवति तेन तद्वन्तः। **सोर्देवानसृजत तत्सुराणां सुरत्वमसोरसुरानसृजत तदसुराणाम- सुरत्वमिति** विज्ञायते ऊर्जाद उत यज्ञियासः। अन्नादाश्च यज्ञियाश्चोर्गित्य- न्नामोर्जयतीति सतः पक्वं सुप्रवृक्णमिति वा। पञ्चजना मम होत्रं जुषध्वम्। गन्धर्वाः पितरो देवा असुरा रक्षांसीत्येके चत्वारो वर्णा निषादः पञ्चम इत्यौपमन्यवः। निषादः कस्मान्निषदानो भवति निषणमस्मिन्पापकमिति नैरुक्ताः।।

यत्पाञ्चजन्यया विशा॥ ऋ० ८।६३।७॥

पञ्चजनीनया विशा पञ्चपृक्ता सङ्ख्या स्त्रीपुन्नपुंसकेष्वविशिष्टा।

बाहुनामान्युत्तराणि द्वादश। बाहु कस्मात्प्रबाधत आभ्यां कर्माणि॥

अङ्गुलिनामान्युत्तराणि द्वाविंशतिः। अङ्गुलयः कस्मादग्रगामिन्यो भवन्तीति वाग्रगालिन्यो भवन्तीति वाग्रकारिण्यो भवन्तीति वाग्रसारिण्यो भवन्तीति वाङ्कना भवन्तीति वाञ्चना भवन्तीति वापि वाभ्यञ्चनादेव स्युः। तासामेषा भवति॥८।२॥

दशावनिभ्यो दशकक्ष्येभ्यो दशयोक्त्रेभ्यो दशयोजनेभ्यः। दशाभीशुभ्यो अर्चताजरेभ्यो दश धुरो दश युक्ता वहद्भ्यः॥ ऋ० १०।९४।७॥

अवनयोऽङ्गुलयो भवन्त्यवन्ति कर्माणि कक्ष्याः प्रकाशयन्ति कर्माणि योक्त्राणि योजनानीति व्याख्यातमभीशवोऽभ्यश्नुवते कर्माणि। दश धुरो दश युक्ता वहद्भ्यः। धूर्धूर्वतेर्वधकर्मण इयमपीतरा धूरेतस्मादव विहन्ति वहं धारयतेर्वा॥

कान्तिकर्माण उत्तरे धातवोऽष्टादश॥

अन्ननामान्युत्तराण्यष्टाविंशतिः। अन्नं कस्मादानतं भूतेभ्योऽत्तेर्वा॥

अत्तिकर्माण उत्तरे धातवो दश॥

बलनामान्युत्तराण्यष्टाविंशतिः। बलं कस्माद् बलं भरं भवति बिभर्तेः॥

धननामान्युत्तराण्यष्टाविंशतिरेव। धनं कस्माद्धिनोतीति सतः॥

गोनामान्युत्तराणि नव॥

क्रुध्यतिकर्माण उत्तरे धातवो दश॥

क्रोधनामान्युत्तराण्येकादश॥

गतिकर्माण उत्तरे धातवो द्वाविंशशतम्॥

क्षिप्रनामान्युत्तराणि षड्विंशतिः। क्षिप्रं कस्मात्सङ्क्षिप्तो विकर्षः॥

अन्तिकनामान्युत्तराण्येकादशः। अन्तिकं कस्मादानीतं भवति॥

सङ्ग्रामनामान्युत्तराणि षट्चत्वारिंशत्। सङ्ग्रामः कस्मात्सङ्गमनाद्वा सङ्गरणाद्वासङ्गतौ ग्रामाविति वा। तत्र खल इत्येतस्य निगमा भवन्ति।।९।।३।।

अभीइदमेकमेको अस्मि निष्षाळभी द्वा किमुत्रयः करन्ति। खले न पर्षान्प्रति हन्मि भूरि किं मा निन्दन्ति शत्रवोऽनिन्द्राः।। ऋ० १०।४८।७।।

अभिभवामीदमेकमेकोऽस्मि निःषहमाणः सपत्नानाभिभवामि द्वौ किं मा त्रयः कुर्वन्ति। एक इता संख्या द्वौ द्रुततरा संख्या त्रयस्तीर्णतमा संख्या चत्वारश्चलिततमा संख्याष्टावश्नोतेर्नव न वननीया नावाप्ता वा दश दस्ता दृष्टार्था वा विंशतिर्द्विर्दशतः शर्त दशदशतः सहस्रं सहस्वदयुनं नियुतं प्रयुतं तत्तदभ्यस्तमम्बुदो मेघो भवत्यरणमम्बु तद्दोऽम्बुदोम्बुमद्धातीति वाम्बुमद्भवतीति वा स यथा महान्बहुर्भवति वर्षस्तदिवार्बुदम्। खलेन पर्षान्प्रतिहन्मि भूरि। खल इव पर्षान्प्रति हन्मि भूरि। खल इति सङ्ग्रामनाम खलतेर्वा स्खलते-र्वायमपीतरः खल एतस्मादेव समास्कन्नो भवति। किं मा निन्दन्ति शत्रवोऽनिन्द्राः। य इन्द्रं नि विविदुरिन्द्रो ह्यहमस्म्यनिन्द्रा इतर इति वा।।

व्याप्तिकर्माण उत्तरे धातवो दश। तत्र द्वे नाम्नी आक्षाण आश्नुवान आपान आप्नुवानः।।

वधकर्माण उत्तरे धातवस्त्रयस्त्रिंशत्। तत्र वियात इत्येतद्वियातयत इति वियातयेति वा।।

आखण्डल प्र हूयसे।। ऋ० ८।१७।१२।।

आखण्डयितः खण्डं खण्डयतेः। तडिदित्यन्तिकवधयोः संसृष्टकर्म ताडयतीति सतः।।१०।।४।।

त्वया वयं सुवृधा ब्रह्मणस्पते स्पार्हा वसु मनुष्या ददीमहि। या नो दूरे तडितो या अरातयोऽभिसन्ति जम्भया ता अनप्नसः।। ऋ० २/२३/९।।

त्वया वयं सुवर्द्धयित्रा ब्रह्मणस्पते स्पृहणीयानि वसूनि मनुष्येभ्य आददीमहि याश्च नो दूरे तलितो याश्चान्तिवेऽगतयोऽदानकर्माणो वा दानप्रज्ञा वा जम्भयता

अनप्नसोऽप्न इति रूपनामाप्नोतीति सतः। विद्युत्तडिद्भवतीति शाकपूणिः सा ह्यवताडयति दूराश्च दृश्यतेऽपि त्विदमन्तिकनामैवाभिप्रेतं स्यात्।।

दूरे चित्सन्तळिदिवाति रोचसे।। ऋ० १।९४।७।।

दूरेऽपि सन्नन्तिक इव सन्दृश्यस इति।।

वज्रनामान्युत्तराण्यष्टादश। वज्रः कस्माद्वर्जयतीति सतस्तत्र कुत्स इत्येतत्कृन्ततेऋषिः कुत्सो भवति कर्त्ता स्तोमानामित्यौपमन्यवोऽत्राप्यस्य बधकर्मैव भवति तत्सख इन्द्रः शुष्णां जघानेति।।

ऐश्वर्यकर्माण उत्तरे धातवश्चत्वारः।।

ईश्वरनामान्युत्तराणि चत्वारि। तत्रेन इत्येतत्सनित ऐश्वर्येणेति वा सनितम-नेनैश्वर्यमिति वा।।११।।५।।

यत्रा सुपर्णा अमृतस्य भागमनिमेषं विदथाभिस्वरन्ति। इनो विश्वस्य भुवनस्य गोपाः समाधीरः पाकमत्राविवेश।। ऋ० १।१६४।२१।।

यत्र सुपर्णाः सुपतना आदित्यरश्मयोऽमृतस्य भागमुदकस्यानिमिषन्तो वेदनेनाभिस्वरतीति वाभिप्रयन्तीति वेश्वरः सर्वेषां भूतानां गोपायितादित्यः स मा धीरः पाकमत्राविवेशेति धीरो धीमान्पाकः पक्तव्यो भवति विपक्वप्रज्ञ आदित्य इत्युपनिषद्वर्णो भवतीत्यधिदैवतम्। अथाध्यात्मं यत्र सुपर्णाः सुपतनानीन्द्रियाण्यमृतस्य भांग ज्ञानस्यानिमिषन्तो वेदनेनाभिस्वरन्तीति वाभि-प्रयन्तीति वेश्वरः सर्वेषामिन्द्रियाणां गोपायितात्मा स मा धीरः पाकमत्राविवेशेति धीरो धीमान्पाकः पक्तव्यो भवति विपक्वप्रज्ञ आत्मेत्यात्मगतिमाचष्टे।।१२।।६।।

इति तृतीयाऽध्यायस्य द्वितीयः पादः।।

अथ तृतीयः पादः।।

बहुनामान्युत्तराणि द्वादश। बहु कस्मात्प्रभवतीति सतः।।

ह्रस्वनामान्युत्तराण्येकादश। ह्रस्वो ह्रसते:।।

महन्नामान्युत्तराणि पञ्चविंशतिः। महान्कस्मान्मानेनान्याञ्जहातीति शाकपूणिर्महीनयो भवतीति वा। तत्र ववक्षिथ विवक्षस इत्येते वक्तेर्वा वहतेर्वा साऽभ्यासात्।।

गृहनामान्युत्तराणि द्वाविंशतिः गृहाः कस्माद् गृह्णन्तीति सताम्।।

परिचरणकर्माण उत्तरे धातवो दश।

सुखनामान्युत्तराणि विंशतिः। सुखं कस्मात्सुहितं खेभ्यः खं पुनः खनतेः।।

रूपनामान्युत्तराणि षोडश। रूपं रोचतेः।।

प्रशस्यनामान्युत्तराणि दश।।

प्रज्ञानामान्युत्तराण्येकादश।।

सत्यनामान्युत्तराणि षट्। सत्यं कस्मात्सत्सु तायते सत्प्रभयं भवतीति वा।

अष्टा उत्तराणि पदानि पश्यतीकर्माण उत्तरे धातवश्चायविप्रभृतीनि च नामान्यामिश्राणि।

नवोत्तराणि पदानि सर्वपदसमास्नानाय।।

अथात उपमाः। यदतत्तसदृशमिति गार्ग्यस्तदासाकर्म। ज्यायसा वा गुणेन प्रख्याततमेन वा कनीयांसं वा प्रख्यातं वोपमिमीतेऽथापि कनीयसा ज्यायांसम् ।।१३।।१।।

तनूत्यजेव तस्करा वनर्गू रशनाभिर्दशभिरभ्यधीताम्।। ऋ० १०।४।६।।

तनूत्वक्तनूत्यक्त वनर्गू वनगामिनावग्निमन्थनौ बाहू तस्कराभ्यामुपमिमीते। तस्करस्तत्करो भवति यत्पापकमिति नैरुक्तास्तनोतेर्वा स्यात्सन्ततकर्मा भवत्यहोरात्रकर्मा वा। रशनाभिर्दशभिरभ्यधीताम्। अभ्यधीतामित्यभ्यधाताम्। ज्यायांस्तत्र गुणोऽभिप्रेतः।।१४।।२।।

कुह स्विद्दोषा कुह वस्तोरश्विना कुहाभिपित्वं करतः कुहोषतुः। को वां शयुत्रा विधवेव देवरं मर्यं न योषा कृणुते सधस्थ आ।। ऋ० १०।४०।२।।

क स्विद्रात्रौ भवथः क्व दिवा क्वाभिप्राप्तिं कुरुथ क्व वसथः को वां शयने विधवेव देवरम्। देवरः कस्माद् द्वितीयो वर उच्यते। विधवा विधातृका भवति विधवनाद्वा विधावनाद्वेति चर्मशिरा अपि वा धव इति मनुष्यनाम तद्वियोगाद्विधवा। देवरो दीव्यतिकर्मा। मर्यो मनुष्यो मरणधर्मा। योपा यौतेराकुरुते सहस्थाने। अथ निपाताः पुरस्तादेव व्याख्याताः। यथोति कर्मोपमा॥

यथा वातो यथा वनं यथा समुद्र एजंति॥ ऋ० ५।७८।८॥

भ्राजन्तो अग्नयो यथा॥ ऋ० १।५०।३॥

आत्मा यक्ष्मस्य नश्यति पुरा जीवगृभो यथा॥
ऋ० १०।९७।११॥

आत्माऽततेर्वाप्तेर्वापि वाप्त इव स्याद्यावद् व्याप्तिभूत इति॥

अग्निर्न ये भ्राजसा रुक्मवक्षसः॥ ऋ० १०।७८।२॥

अग्निरिव मे मरुतो भ्राजमाना रोचिष्णूरस्का भ्राजस्वन्तो रुक्मवक्षसः॥१५॥३॥

चतुरश्चिद्ददमानाद्बिभीयादा निधातोः।
न दुरुक्ताये स्पृहयेत्॥ ऋ० १।४१।९॥

चतुराऽक्षान्धारयत इति तद्यथा कितवाद् बिभीयादेवमेव दुरुक्ताद् बिभीयान्न दुरुक्ताय स्पृहयेत् कदाचित्॥ आ इत्याकार उपसर्गः पुरस्तादेव व्यख्यातोऽप्युपमार्थे दृश्यते॥

जार आ भगम्॥ ऋ० १०।११।६॥

जार इव भगमादित्योऽत्र जार उच्यते रात्रेर्जरयिता स एव भासाम्। तथापि निगमो भवति स्वसुर्जारःशृणोतु न इत्युपसमस्य स्वसारमाह साहचर्याद्रसहरणाद्वापि त्वयं मनुष्यजार एवाभिप्रेतः स्यात्स्त्रीभगस्तथा स्याद्भजतेः। मेष इति भूतोपमा॥

मेषो भूतो३भि यन्नयः॥ ऋ० ८।२।४०॥

मेषो मिषतेस्तथा पशुः पश्यतेः। अग्निरिति रूपोपमा॥

हिरण्यरूपः स हिरण्यसन्दृगपां नपात्सेदु हिरण्यवर्णः।। ऋ० २।३५।१०।।

हिरण्यवर्णस्येवास्य रूपम्।। था इति च।

तं प्रत्नथा पूर्वथा विश्वथेमथा।। ऋ० ५।४४।१।।

प्रत्न इव पूर्व इव विश्व इवेम इवेत्ययमेततरोऽमुष्मादसावस्ततरोऽस्मादमुथायथासाविति व्याख्यातम्। वदिति सिद्धोपमा। ब्राह्मवद्वृषलबत्। ब्राह्मणा इव वृषला इवेति। वृषलो वृषशीलों भवति वृषाशीलो वा।।६।।४।।

प्रियमेधवदेत्रिवज्जातवेदो विरूपवत्।
अङ्गिरस्वन्महिव्रत प्रस्कण्यस्य श्रुधी हवम्।। ऋ० १।४५।३।।

प्रियमेधः प्रिया अस्य मेधा यर्थेतेषामृषीणामेवं प्रस्कण्वस्य शृणु ह्वानम्। प्रस्कण्वः कण्वस्य पुत्रः कण्वप्रभवो यथा प्राग्रम्। अर्चिषि भृगुः सम्बभूव भृगुर्भृज्यमानो न देहेऽङ्गारेष्वङ्गिग (अङ्गारा अङ्कना अञ्चना) अत्रैव तृतीयमृच्छेतत्यूचुस्तस्मादत्रिर्न त्रय इति विखननाद्वैखानसौ भरणाद्भारद्वाजी विरुपो नानारूपो महिव्रतो महाव्रत इति।।१७।।५।।

इति तृतीयाऽध्यायस्य तृतीयः पादः।।

अथ चतुर्थः पादः।।

अथ लुप्तोपमान्यर्थोपम नीत्याचक्षते सिंहो व्याघ्र इति पूजायां श्वा काक इति कुत्सायाम् काक इति शब्दानुकृतिरतदिदं शकुनिषु बहुलम्। न शब्दानुकृतिर्विद्यत इत्यौपमन्यवः। काकोऽपकालयितव्यो भवति। तित्तिरस्तरणात्तिलमात्रचित्र इति वा। कपिञ्जलः कपिरिव जीर्णः कपिरिव जवत ईषत्पिङ्गलो वा कमनीयं शब्दं पिञ्जयतीति वा। श्वाशुयायी शवतेर्वा स्याद् गतिकर्मणः श्वसितेर्वा। सिंहः सहनाद्धिसेर्वा स्याद्विपरीतस्य सम्पूर्वस्य वा हन्तेः संहाय हन्तीति वा। व्याघ्रो व्याघ्राणाद् व्यादाय हन्तीति वा।।१८।।१।।

अर्चतिकर्माण उत्तरे धातवश्चतुश्चत्वारिंशत्।।

मेधाविनामान्युत्तराणि चतुर्विंशतिः। मेधावी कस्मान्मेधया तद्बान्भवति मेधा मतौ धीयते।।

स्तोतृनामान्युत्तराणि त्रयोदश। स्तोता स्तवनात्॥

यज्ञनामान्युत्तराणि पञ्चदश। यज्ञः कस्मात्प्रत्ख्यातं यज्ञतिकर्मेति नैरुक्ता याञ्चो भवतीति वा यजुरुन्नो भवतीति वा बहुकृष्णाजिन इत्यौपमन्यवो यजूंष्येनं नयन्तीति वा॥

ऋत्विङ्नामान्युत्तराण्यष्टौ। ऋत्विक् कस्मादीरण ऋग्यष्टा भवतीति शाकपूणिर्ऋतुयाजी भवतीति वा॥

याञ्चकर्माण उत्तरे धातवः सप्तदश॥

दानकर्माण उत्तरे धातवो दश॥

अध्येषणकर्माण उत्तरे धातवश्चत्वारः॥

स्वपिति सस्तीति द्वौ स्वपितिकर्माणौ॥

कूपनामान्युत्तराणि चतुर्दश। कूपः कस्मात्कुपानं भवति कुप्यतेर्वा॥

स्तेननामान्युत्तराणि चतुर्दशैव। स्तेनः कस्मात्संस्त्यनमस्मिन्पापकमिति नैरुक्ताः॥

निर्णीतान्तार्हितनामधेयान्युत्तराणि षट्। निर्णीतं कस्मान्निर्निक्तं भवति॥

दूरनामान्युत्तराणि पञ्च । दूरं कस्माद् द्रुतं भवति दुरयं वा॥

पुराणनामान्युत्तराणि षट्। पुराणं कस्मात्पुरा नवं भवति॥

नवनामान्युत्तराणि षडेव। नवं कस्मादानीतं भवति॥१९॥२॥

द्विश उत्तराणि नामानि। प्रपित्वेऽभीक इत्यासन्नस्य प्रपित्वे प्राप्तेऽभीकेऽभ्यक्ते॥

आपित्वं नः प्रपित्वे तूयमा गहि॥ ऋ० ८।४।३॥

अभीके चिदुलोककृदित्यपि निगमौ भवतः॥ दभ्रमर्भकमित्यप्यल्पस्य। दभ्रं दभ्नोतेः सुदम्भं भवत्यर्भकमवहृतं भवति।

उपोप मे परा मृश मा मे दुभ्राणि मन्यथाः॥ ऋ० १।१२६।७॥

नमो महद्भ्यो नमो अर्भकेभ्य इत्यपि निगमौ भवतः॥ तिरः सत इति प्राप्तस्य तिरस्तीर्णं भवति सतः संसृतं भवति।

तिरश्चिदर्यया परिं वर्तिर्यातमदाभ्या॥ ऋ० ५।७५।७॥

पात्रेव भिन्दन्त्सत एति रक्षस इत्यपि निगमौ भवतः॥ त्वो नेम इत्यर्धस्य त्वोऽपततो नेमोऽपनीतः। अर्धो हरतेर्विपरीताद्धारयतेर्वा स्यादुद्धृतं भवत्युध्नोतेर्वा स्यादृद्धतमो विभागः।

पीयंति त्वो अनु त्वो गृणाति॥ ऋ० १।१४७।२॥

नेमे देवा नेमेऽसुरा इत्यपि निगमौ भवतः। ऋक्षाः स्तृभिरिति नक्षत्राणाम्। नक्षत्राणि नक्षतेर्गतिकर्मणो नेमानि क्षत्राणीति च ब्राह्मणमृक्षा उदीर्णानीव ख्यायन्ते। स्त्रिभिः स्तीर्णानीव ख्यायते।

अमी य ऋक्षा निहितास उच्चा॥ ऋ० १।२४।१०॥

पश्यन्तो द्यामिव स्तृभिरित्यपि निगमौ भवतः॥ वम्रीभिरुपजिह्विका इति सीमिकानां वम्र्यो वमनात्सीमिका स्यमनादुपजिह्विका उपजिघ्रयः।

वम्रीभिः पुत्रमग्रवो अदानम्॥ ऋ० ४।१९।९॥

यदत्त्युपजिह्विका यद्वम्रो अतिसर्पति॥ ऋ० ८।१०२।२१॥

इत्यपि निगमौ भवतः॥ ऊर्दरं कृदरमित्यावनस्योर्दरमुद्रीर्णं भवत्यूर्जे दीर्णे वा। तमूर्दरं न पृणता यवेनेत्यापि निगमो भवति। तमूर्दरमिव पूरयति यवेन। कृदरं कृतदरं भवति। समिद्धो अञ्जनकृदरं मतीनामित्यपि निगमो भवति ॥२०॥३॥

रम्भः पिनाकमिति दण्डस्य। रम्भ आरभन्त एनम्। आ त्वा रम्भं न जिव्रयो ररम्भेत्यपि निगमो भवत्यारभामहे त्वा जीर्णा इव दण्डम्। पिनाकं प्रतिपिनष्ट्येनेन। कृत्तिवासाः पिनाकहस्तोऽवततधन्वेत्यपि निगमो भवति। मेना ग्ना इति स्त्रीणां स्त्रियः स्त्यायतेरपत्रपणकर्मणो मेना मानयन्त्येना ग्ना गच्छन्त्येनाः॥

अमेनाँश्चिज्जनिवतश्चकर्थ॥ ऋ० ५।३१।२॥

ग्नास्त्वाकृन्तन्नपमोऽतन्वत (मै० सं०१।१।४) इत्यपि निगमौ भवतः शेषो बैतस इति पुंस्प्रजननस्य शेषः शपतेः स्पृशतिकर्मणो बैतसो वितस्तं भवति।

यस्मामुशन्तः प्रहराम शेपम्॥ ऋ० १०।८५।३७॥

त्रिः रस्म माह्नःश्नथयो (ऋ०१०।९५।५) इत्यपि निगमौ भवतः॥ अथैने इत्युपदेशस्य। **अया ते अग्ने समिधा विधेय** (ऋ० ४।४।१५) इति स्त्रियाः। **एना वो अग्निम्** (ऋ० ७।१६।१) इति नपुंसकस्य। **एना पत्या तन्वं संसृजस्य** (ऋ० १०।८५।२७) इति पुंसः। सिषक्तु सचत इति सेवमानस्य।

स नः सिषक्तु यस्तुरः॥ ऋ० १।१८।२॥

स नः सेवता। यस्तुरः।

सचस्वा नः स्वस्तये॥ ऋ० १।१।९॥

सेवस्य नः स्वस्तये । स्वस्तीत्यविनाशिनामास्तिरभिपूजितः स्वस्तीति। भ्यसते रेजत इति भयवेपनयोः॥

यस्य शुष्माद्रोदसी अभ्यसेताम्॥ ऋ० २।१२।१॥

रेजते अग्ने पृथिवी मखेभ्यः (ऋ० ६।६६।९) इत्यपि निगमौ भवतः॥ द्यावापृथिवीनामधेयान्युत्तराणि चतुर्विंशतिः! तयोरेषा भवति॥२१।४॥

कतरा पूर्वा कतरापरायोः कुथा जाते कवयः को विवेद।
विश्वं त्मनो बिभृतो यद्ध नाम वि वर्तेते अहनी चक्रियेव॥
ऋ० १।१८५।१॥

कतरा पूर्वा कतरा परैनयोः कथं जाते कवयः क एने विजानाति सर्वमात्मना बिभृतो यद्धैनयोः कर्म विवर्तेते चैनयोरहनी अहोरात्रे यक्रयुक्ते इवेति द्यावापृथिव्योर्महिमानमाचष्टे॥२२।५॥

इति तृतीयाऽध्यास्य चतुर्थः पादः॥

तृतीयाध्यापश्च समाप्तः॥

ओ३म्

अथ चतुर्थाध्यायारम्भः।।

तत्र प्रथमः पादः।।

एकार्थमनेकशब्दमित्येतदुक्तम्। अथ यान्यनेकार्थान्येकशब्दानि तान्यतोऽनुक्रमिष्यामोऽनवगतसंस्कारांश्च निगमान्। तदैकपदिकमित्याचक्षते।।

जहा जघानेत्यर्थः।।१।।

को नु मर्या अमिथितः सखा सखायमब्रवीत्।

जहा को अस्मदीषते।। ऋ० ८।४५।३७।।

मर्या इति मनुष्यनाम मर्यादामिधानं वा स्यात्। मर्यादा मर्यैरादीयते मर्यादा मर्यादिनोर्विभागः। मेथतिराक्रोशकर्मा। अपापकं जघान कमहं जातु कोऽस्मद्भीतेः पलायते। निधापाश्या भवति यन्निधीयते। पाश्या पाशसमूहः। पाशः पाशयतेर्विपाशनात्।।२।।

वयः सुपर्णा उपे सेदुरिन्द्रं प्रियमेधा ऋषयो नाधमानाः। अप ध्वान्तमूर्णुहि पूर्धि चक्षुर्मुमुग्ध्यस्मान्निधयेव बद्धान्।। ऋ० १०।७३।११।।

वयो वेर्बहुवचनं सुपर्णाः सुपतना आदित्यरश्मय उपसेदुरिन्द्रं याचमानाः। अपोर्णुह्याध्वस्तं चक्षुः। चक्षुः ख्यातेर्वा चष्टेर्वा। पूर्धि पूरय देहीति वा मुञ्चास्मान्पाशैरिव बद्धान्।।३।।

पार्श्वतः श्रोणितः शितामतः।। यजुः२१।४३।।

पार्श्व पर्शुमयङ्गं भवति। पर्शु स्पृशतेः संस्पृष्टा पृष्ठदेशम्। पृष्ठं स्पृशतेः संस्पृष्टमङ्गैः। अङ्गमङ्गनादञ्चनाद्वा। श्रोणिः। श्रोणातेर्गतिचलाकर्मणः श्रोणिश्चलतीव गच्छतः दोः शिताम भवति दोर्द्रवतेः। योनिः शितामेति शाकपूणिर्विषितो भवति। श्यामतो मेदस्त इति तैटीकिः। श्यामं श्यायतेः। यकृद्यथा कथा च

कृत्यते। शितिमांसतो मेदस्त इति गालवः। शिति श्यतेर्मांसं माननं वा मानसं वा मनोऽस्मिन्त्सीदतीति वा मेदो मेद्यतेः॥३॥

यदिंन्द्र चित्र मेहनास्ति त्वादांतमद्रिवः।
राधस्तन्नों विदद्वस उभयाहुस्त्या भंर॥ ऋ० ५।३९।१॥

यदिन्द्र चित्रं चायनीयं मंहनीयं धनमस्ति। यन्म इह नास्तीति वा त्रीणि मध्यमानि पदानि। त्वया नस्तद् दातव्यमद्रिवन्। **आद्रिरादृणात्येनेनापि वात्तेः स्यात्ते सोमाद** इति ह विज्ञायते। राध इति धननाम राध्नुवन्त्येनेन। तन्नत्त्वं वित्तधनोभाभ्यां हस्ताभ्यामाहर। उभौ समुब्धौ भवतः। दमूना दममना वा दानमना वा दान्तमना वापि वा दम इति गृहनाम तन्मनाः स्यान्मना मनोतेः॥४॥

जुष्टो दमूंना अतिंथिर्दुरोण इमं नों यज्ञमुपं
याहि विद्वान्। विश्वां अग्ने अभियुजों विहत्या
शत्रूयतामा भंरा भोजंनानि॥ ऋ० ५।४।५॥

अतिथिरभ्यतितो गृहान्भवत्यभ्येति तिथिषु परकुलानीति वा परगृहाणीति वा दुरोण इति गृहनाम दुरवा भवन्ति दुस्तर्पाः। इमं नो यज्ञमुपयाहि विद्वान्त्सर्वा अग्ने अभियुजो हित्य शत्रूयतामाभर भोजनानि। विहत्यान्येषां बलानि शत्रूणां भवनादाहर भोजनानीति वा धनानीति वा। मूषो मूषिका इत्यर्थः। मूषिकाः पुनर्मुष्णातेमूषोऽप्येतस्मादेव॥५॥

से मां तपन्त्युभितः सपत्नीरिव पर्शवः।
मूषो न शिश्ना व्यंदन्ति माध्यं स्तोतारं ते शत-
क्रतो ! वित्तं में अस्य रोंदसी॥ ऋ० १।१०५।८॥

सन्तपन्ति मामभितः सपत्न्य इवेमाः पर्शवः कूपपर्शवो भूषिका इवास्नातानि सूत्राणि व्यदन्ति। स्वाङ्गाभिधानं वा स्याच्छिश्नानि व्यदन्तीति। सन्तपन्ति माध्यः। कामाः स्तोतारं ते शतक्रतो !। वित्तं मे अस्य रोदसी। जानीतं मेऽस्य द्यावापृथिव्याविति। त्रितं कूपेऽवहितमेतत्सूक्तं प्रतिबभौ। तत्र ब्रह्मेतिहास-मिश्रमृङ्मिश्रं गाथामिश्रं भवति। त्रितस्तीर्णतमो मेधया बभूवापि वा सङ्ख्या-नामैवामिपेतं स्यवादेकतो द्वितस्त्रित इति त्रयो बभूवुः॥६॥

इषिरेण ते मनसा सुतस्य भक्षीमहि पित्र्यस्येव रायः। सोमराजन्प्र ण आयूंषि तारीरहानीव सूर्यो वासराणि॥ ऋ० ८।४८।७॥

ईषणेन वैषणेन वार्षणेन वा ते मनसा सुतस्य भक्षीमहि पित्र्यस्येव धनस्य प्रवर्द्धय च न आयूंषि सोमराजन् ! अहानीव सूर्य्यो वासराणि। वासराणि वेसराणि विवासनानि गमनानीति वा। कुरुतनेत्यनर्थका उपजना भवन्ति कर्त्तन हन्तन यातनेति। जठरमुदरं भवति जग्धमस्मिन्ध्रियते धीयते वा॥७॥

मरुत्वाँ इन्द्र वृषभो रणाय पिबा सोम-
मनुष्वधं मदाय। आसिञ्च स्वजठरे मध्व
ऊर्मिं त्वं राजासि प्रदिवः सुतानाम् ॥ ऋ० ३।४७।१॥

मरुत्वानिन्द्र ! मरुद्भिस्तद्वान्वृषभो वर्षितापां रणाय रमणीयाय संग्रामाय पिब सोममनुष्वधमन्वन्नं मदाय मदनीयाय जैत्रायासिञ्च स्वजठरे मधुन ऊर्मिम्। मधु सोममित्यौपमिकं माद्यतेः। इदमपीतरन्मध्वेतस्मादेव। त्वं राजासि पूर्वेष्वप्यहस्सु सुतानाम्॥८॥

इति चतुर्थाध्यायस्य प्रथमः पादः॥

अथ द्वितीयः पादः॥

तितउ परिपवनं भवति ततवद्वा तुन्नवद्वा तिलमात्रतुन्नमिति वा॥९॥१॥

सक्तुमिव तितउना पुनन्तो यत्र धीरा मनसा
वाचमक्रत। अत्रा सखायः सख्यानि जानते भद्रै-
षां लक्ष्मीर्निहिताधि वाचि॥ ऋ० १०।७१।२॥

सक्तुमिव परिपवनेन पुनन्तः। सक्तुः सचतेर्दुर्धावो भवति कसतेर्बा स्याद्विपरीतस्य विकसितो भवति। यत्र धीरा मनसा वाचमकृषत प्रज्ञानं धीराः प्रज्ञानवन्तो ध्यानवन्तः। तत्र सखायः सख्यः नि सञ्जानते। भद्रैषां लक्ष्मीर्निहिताधि वाचीति। भद्रं भगेन व्याख्यातं भजनीयं भूतानामभिद्रमणीयं भवद्रमयतीति वा भाजनवद्वा। लक्ष्मीर्लाभाद्वा लक्षणाद्वा लप्स्यनाद्वा लाञ्छनाद्वा

लपतेर्वा स्यात्प्रेप्साकर्मणो लग्यतेर्वा स्यादाश्लेषकर्मणो लज्जतेर्वा स्यादश्लाघाकर्मणः। शिप्रे इत्युपरिष्टाद् (६।१७) व्याख्यास्यामः॥१०॥२॥

तत्सूर्यस्यदेवत्वं तत्महित्वं मध्या कर्ताविंततं सं जभार। यदेदयुंक्तहरितः सधस्थादाद्रात्री वासस्तनुते सिमस्मै॥ ऋ० १।११५।४॥

तत्सूर्यस्य देवत्वं तन्महित्वं मध्ये यत्कर्मणां क्रियमाणानां विवतं संह्रियते यादसावयुंक्त हरणानादित्यरश्मीन्हरितोऽश्वानिति वाथ रात्री वासस्तनुते सिमस्मै वेसरमहरवयुवती सर्वस्मात्। अपि वोपमार्थे स्याद्रात्रीव इति वासस्तनुत इति। तथापि निगमो भवति॥

पुनः समव्यद्वितंतं वयन्ती॥ ऋ० २।३८।४॥

समनात्सीत्॥ ११॥३॥

इन्द्रेण सं हि दृक्षसे सञ्जग्मानो अविभ्युषा। मन्दू समानवर्चसा॥ ऋ० १।६।७॥

इन्द्रेण हि सन्दृश्यसे सङ्गच्छमानोऽबिभ्युषा गणेन। मन्दू मदिष्णू युवां स्थोऽपि वा मन्दुना तेनेति स्यात्समानवर्चसेत्येतेन व्याख्यातम्॥१२॥४॥

ईर्मान्तासः सिलिकमध्यमासः सं शूरणासो दिव्यासो अत्याः। हंसा इव श्रेणिशो यतन्ते यदाक्षिषुर्दिव्यमज्ममश्वाः॥ ऋ० १।१६३।१०॥

ईर्मान्ताः समीरितान्ताः सुसमीरितान्ताः पृथ्वन्ता वा। सिलिकमध्यमाः संसृतमध्यमाः शीर्षमध्यमा वा। अपि वा शिर आदित्यो भवति यदनुशेते सर्वाणि भूतानि मध्ये चेषां तिष्ठति। इदमपीतरच्छिर एतस्मादेव समाश्रितान्येतदिन्द्रियाणि भवन्ति। सं शूरणासो दिव्यासो अत्याः। शूरः शवतेगेतिकर्मणो दिव्या दिविजा अत्या अतनाः। हंसा इव श्रेणिशो यतन्ते। हंसा हन्तेहर्नन्त्यध्वानम्। श्रेणिश इति श्रेणिः श्रयतेः समाश्रिता भवन्ति। यदक्षिषुर्यदापन्दिव्यमज्ममजनिमाजिमश्वाः। अस्त्य। दित्यस्तुतिरश्वस्यादित्यादश्वो निस्तष्ट इति। **सूरादश्वं वसवो निरतष्ट** (ऋ० १।१६३।२) इत्यपि निगमो भवति॥१३॥५॥

कायमानो वना त्वं यन्मातृरजगन्नपः न तत्ते अग्ने प्रमृषे निवर्त्तनं यद्दूरे सन्निहाभवः॥ ऋ० ३।९।२॥

कायमानाश्चयामानः कामयमान इति वा। वनानि त्वं यन्मातॄरपोऽगम उपशाम्यन्। न तत्ते अग्ने। प्रमृष्यते निवर्त्तनं दूरे यत्सन्निहँ भवसि जायमानः।।

लोधं नयन्ति पशु मन्यमानाः।। ऋ० ३।५३।२३।।

लुब्धमृषिं नयन्ति पशुं मन्यमानाः।।

शीरं पावकशोचिषम्।। ऋ० ८।१०२।११।।

पावकदीप्तिम्। अनुशायिनमिति वाशिनमिति वा।।१४।।६।।

कनीनकेव विद्रधे नवे द्रुपदे अर्भके। बभ्रू यामेषु शोभेते।। ऋ० ४।३२।२३।।

कनीनके कन्यके। कन्या कमनीया भवति केये नेतव्येति वा कमनेनानीयत इति वा कनतेर्वा स्यात्कान्तिकर्मणः। कन्ययोरधिष्ठानप्रवचनानि सप्तभ्या एकवचनानीति शाकपूणिः। विद्धयोर्दारुपोद्वोर्दारु दृणातेर्वा द्रूणातेवा। तस्मादेव द्रु। नवे नवजाते अर्भक अवृद्धे। ते यथा तदधिष्ठानेषु शोभेते एवं बभ्रू यामेषु शोभेते। बम्भ्रोरश्वयोः संस्तवः। इदं च मेऽदादिदं च मेऽदादित्यृषिः प्रसङ्ख्यायाह।।

सुवास्त्वा आधि तुग्वनि।। ऋ० ८।१९।३७।।

सुवास्तुर्नदी। तुग्व तीर्थं भवति तूर्णमेतदायन्ति।।

कुविन्नंसन्ते मरुतः पुनर्नः।। ऋ० ७।५८।५।।

पुनर्नो नमन्ते मरुतः। नसत इत्युपरिष्टाद् (७।१७) व्याख्यास्यामः।।

ये ते मदा आहनसो विहायसस्तेभिरिन्द्र चोदय दातवे मघम्।। ऋ० १।७५।५।।

ये ते मदा आहननवन्तो वञ्चनवन्तस्तैरिन्द्रं चादेय दानाय मघम्।।१५।।७।।

उपो अदर्शि शुन्ध्युवो न वक्षो नोधाइवाविरकृत प्रियाणि। अमसन्न संसतो बोधयन्ती शश्वत्तमागात्पुनरेयुषीणाम्।। ऋ० १।१२४।४।।

उपादर्शि शुन्ध्युवः शुन्ध्युरादित्यो भवति शोधनात्तस्यैव वक्षो भासोऽध्यूढम्। इदमपीतरद्वक्ष एतस्मादेवाध्यूढं काये। शकुनिरपि शुन्ध्युरुच्यते शोधनादेवोदकचरो

भवति। आपोऽपि शुन्ध्युव उच्यन्ते शोधनादेव। नोधा ऋषिर्भवति नवनं दधाति स यथा स्तुत्या कामानाविष्कुरुत एवमुषा रूपाण्याविष्कुरुते। अद्मसदद्मान्न भवत्यद्मसादिनीति वान्नसानीति वा। सप्तमो बोधयन्ती शश्वत्तमागात्पुनरेयुषीणाम्। स्वपतो बोधयन्ती शाश्वतिकतमागात्पुनरागामिनीनाम्॥

ते वाशीमन्त इृष्मिणः॥ ऋ० १।८७।६॥

ईषणिन इति वैषणिन इति वार्षणिन इति वा। वाशीति वाङ्नाम वाश्यत इति सत्या:॥

शंसावाध्वर्यो प्रति मे गृणीहीन्द्राय वाहः कृणवाव जुष्टम्॥ ऋ० ३।५३।३॥

अभिवहनस्तुतिमभिषवणप्रवादां स्तुतिं मन्यन्त ऐन्द्री त्वेव शस्यते। परितक्म्येत्युपरिष्टाद् (११।२५) व्याख्यास्याम:॥१६॥८॥

इति चतुर्थाध्यायस्य द्वितीयः पादः॥

अथ तृतीयः पादः॥

सुविते सु इते सूते सुगते प्रजायामिति वा । **सुविते मा धा** (मै० सं० १।२।७) इत्यपि निगमो भवति। दयतिरनेककर्मा। **नवेन पूर्वं दयमानाः स्याम** (मै० सं० ४।१३।८) इत्युपदयाकर्मा। **य एक इद्विदयते वसु** (ऋ० १।८४।७) इति दानकर्मा वा विभागकर्मा वा। **दुर्वर्तुर्भीमो दयते वनानि** (ऋ० ६।६।५) इति दहतिकर्मा। दुर्वर्तुर्दुर्वार:। **विदद्वसुर्दयमानो वि शत्रून्** (ऋ० ३।३४।१) इति हिंसाकर्मा:॥

इमे सुता इन्दवः प्रातरित्वना सजोषसा पिबतमश्विना तान्। अहं हि वामूतये वन्दनाय मां वायसो दोषा दयमानो अबूबुधत्॥

दयमान इति। नू चिदिति निपातः पुराणनवयोर्नू चेति च॥

अद्या चिन्नू चित्तदपो नदीनाम्॥ ऋ० ६।३०।३॥

अद्य च पुरा च तदेव कर्म नदीनाम्॥

नू च पुरा च सदनं रयीणाम्॥ ऋ० १।९६।७॥

अद्य च पुरा च सदनं रयीणाम्। रयिरिति धननाम रातेर्दानकर्मणः॥१७॥१॥

विद्याम तस्य ते वयमकूपारस्य दावने॥ ऋ० ५।३९।२॥

विद्याम तस्य ते वयमकुपरणस्य दानस्य। आदित्योऽप्यकूपारो उच्यतेऽकूपारो भवति दूरपारः। समुद्रोऽप्यकूपार उच्यतेऽकूपारो भवति महापारः। कच्छपोऽप्यकूपार उच्यतेऽकूपारो न कूपमृच्छतीति। कच्छपः कच्छं पाति कच्छेन पातीति वा कच्छेन पिवतीति वा। कच्छः खच्छः खच्छदः। अयमपीतरो नदीकच्छ एतस्मादेव कमुदकं ते न छाद्यते॥

शिशीते शृङ्गे रक्षसे विनिक्षे॥ ऋ० ५।२।९॥

निश्यति शृङ्गे रक्षसो विनिक्षणाय। रक्षो रक्षितव्यमस्माद्रहसि क्षणोतीति वा रात्रौ नक्षत इति वा॥

अग्निः सुतुकः सुतुकेभिरश्वैः ऋ० १०।३।७॥

सुतुकनः सुतुकनैरिति वा सुप्रजाः सुप्रजोभिरिति वा॥

सुप्रायणा अस्मिन्यज्ञे वि श्रेयन्ताम्॥ यजु० १८।२५॥

सुप्रगमनाः १८॥२॥

देवा नो यथा सदमिद्वृधे असन्नप्रायुवो रक्षितारो दिवेदिवे॥ ऋ० १।८९।१॥

देवा नो यथा सदा बर्धनाय स्युगप्रायुवोऽपमाद्यन्तौ रक्षितारश्च हन्यहनि। च्यवन ऋषिर्भवति च्यावयिता स्तोमानाम्। च्यवानमित्यप्यस्य निगमा भवन्ति॥

युवं च्यवानं सनयं यथा रथं पुनर्युवानं चरथाप तक्षथुः॥ ऋ० १०।३९।४॥

युवां च्यवनं सनयं पुराणां यथा रथं पुनर्युवानं चरणाय ततक्षथुः। युवा प्रयौति कर्माणि। तक्षतिः करोतिकर्मा। रजो रजतेः ज्योती रज उच्यते। उदकं रज उच्यते। लोका रजास्युच्यन्ते। असृगहनी रजसी उच्येते। **रजांसि चित्रा विचरन्ति तन्यवः** ऋ० ५।६३।५) इत्यपि निगमो भवति। हरो

हरतेः। ज्योर्तिर उच्यते। लोका हरांस्युच्यन्ते। असृगहनी हरसी उच्येते। **प्रत्यग्ने हरसा हरः शृणीहि** (ऋ० १०।८७।२५) इत्यपि निगमो भवति॥

जुहुरे विचितयन्तः॥ ऋ० ५।१९।२॥

जुह्विरे विचेतयमानाः। व्यन्त इत्येषोऽनेककर्मा। **पदं देवस्य नमसा व्यन्तः॥** ऋ० ६।१।४) इति पश्यतिकर्मा। **वीहिशूर पुरोडाश** (ऋ० ३।४१।३। इति खादतिकर्मा॥

वीतं पातं पयस उस्त्रियायाः॥ ऋ० १।१५३।४॥

अश्नीतं पिबतं पयस उस्त्रियायाः। उस्त्रियेति गोनामोत्स्राविणोऽस्यां भोगा उस्त्रेति च॥

त्वामिन्द्र मतिभिः सुते सुनीथासो वसूयवः गोभिः क्राणा अनूषत॥

गोभिः कुर्वाणा अस्तोषत॥

आ तू षिञ्च हरिंमीं द्रोरुपस्थे वाशीभिस्तक्षताश्मन्मयीभिः॥ ऋ० १०।१०१।१०॥

आसिञ्च हरिं द्रोरुपस्थे द्रुममयस्य। हरिः सोमो हरितवर्णः। अयमपीतरो हरिरेतस्मादेव। वाशीभिश्तक्षताश्मन्मयीभिः। वाशीभिरश्ममयीभिरिति वा वाग्भिरिति वा॥

स शर्धदुर्यो विषुणस्य जन्तोर्मा शिश्नदेवा अपि गुर्ऋतं नः॥ ऋ० ७।२१।५॥

स उत्सहतां यो विषुणस्य जन्तोर्विषमस्य मा शिश्नदेवा अब्रह्मचर्याः (शिश्नं श्नथतेः) अपि गुर्ऋतं नः। सत्यं वा यज्ञं वा। १९॥३॥

आ घा ता गच्छानुत्तरा युगानि यत्र जामयः कृणवन्नजामि। उप बर्बृहि वृषभाय बाहुमन्यमिच्छस्व सुभगे पतिं मत्॥ ऋ० १०।१०।१०॥

आगमिष्यन्ति तान्युत्तराणि युगानि यत्र जामयः करिष्यन्त्यजामिकर्माणि।

जाम्यतिरेकनाम वालिशस्य वाऽसमानजातीयस्य वोपजनः। उपधेहि वृषभाय बाहुमन्यमिच्छस्व सुभागे पतिं मदिति व्याख्यातम्।।२०।।४।।

द्यौर्मे पिता जनिता नाभिरत्र बन्धुर्मे माता पृथिवी महीयम्। उत्तानयोश्चम्वोर्योनिरेन्तरत्रा पिता दुहितुर्गर्भमाधात्।। ऋ० १।१६४।३३।।

द्यौर्मे पिता पाता वा पालयिता वा जनयिता नाभिरत्र बन्धुर्मे माता पृथिवी महतीयम्। बन्धुः सम्बन्धनात्। नाभिः सन्नहनान्नाभ्या सन्नद्धा गर्भा जायन्त इत्याहुरेतस्मादेव ज्ञातीन्त्सनाभय इत्याचक्षते सबन्धव इति च। ज्ञातिः सञ्ज्ञानात्। उत्तानयोश्चम्वोर्योनिरन्तः। उत्तनि उत्ततान ऊर्ध्वतानो वा। तत्र पिता दुहितुर्गर्भ दधाति पर्जन्यः पृथिव्याः। शंयुः सुखयुः।।

अथा नः शं योररपो दधात।। ऋ० १०।१५।४।।

रपो रिप्रमिति पापनामनी भवतः। शमनं च रोगाणां यावनं च भयानाम्। अथापि शंयुर्बार्हस्पत्य उच्यते। **तच्छंयोरावृणीमहे गातुं यज्ञाय गातुं यज्ञपतये** (तै० सं० २।६।१०।२) इत्यपि निगमो भवति। गमनं यज्ञाय गमनं यज्ञपतये ।।२१।।५।।

इति चतुर्थाध्यायस्य तृतीयः पादः।।

अथ चतुर्थः पादः।।

अदितिरदीना देवमाता।।२२।।१।।

अदितिर्द्यौरदितिरन्तरिक्षमदितिर्माता स पिता स पुत्राः। विश्वे देवा अदितिः पञ्चजना अदितिर्जातमदितिर्जनित्वम्।। ऋ० १।८९।१०।।

इत्यदितेर्विभूतिमाचष्ट एनान्यदीनानीति वा।।

यमेरिरे भृगवः।। ऋ० १।१४३।४।।

एरिर इतीर्तिरुपसृष्टोऽभ्यस्तः।।२३।२।।

उत स्मैनं वस्त्रमथिंन तायुमनु क्रोशन्ति क्षितयो भरेषु। नीचायमानं जसुरिं न श्येनं श्रवश्चाच्छा पशुमच्च यूथम्॥ ऋ० ५।४।३८।५॥

अपि स्मैनं वस्त्रमथिमिव वस्त्रमाथिनम्। वस्त्रं वस्तेः। तायुरिति स्तेननाम संस्त्यानमस्मिन्पापकमिति नैरुक्तास्तस्यतेर्वा स्यात्। अनुक्रोशन्ति क्षितयः सङ्ग्रामेषु। भर इति संग्रामनामा भरतेर्वा हरतेर्वा नीचापमानम् नीचैरयमानम्। नीचैर्निचितं भवत्युच्चैरुचितं भवति॥

जस्तमिव श्येनम्। श्येनः शंसनीयं गच्छति। श्रवश्चाच्छा पशुमच्च यूथम्। श्रवश्चाऽपि पशुमश्च यूथम्। प्रशंसा च यूथं च धनं यूथं चेति वा। यूथं यौतेः समायुतं भवति।

इन्धा एनं जरते स्वाधीः॥ ऋ० १०।४५।१॥

गृणाति। मन्दी मन्दतेः स्तुतिकर्मणः॥

प्र मन्दिनें पितुमदर्चता वचः॥ ऋ० १।१०१।१॥

प्रार्चत मन्दिने पितुमद्वचः। गौर्व्याख्यातः (२।५-८)॥ २४॥३॥

अत्राह गोरंमन्वत नाम त्वेष्टुरपीच्यम्।
इत्था चन्द्रमंसो गृहे॥ ऋ० १।८४।१५॥

अत्र ह गोः सममंसतादित्यरश्मयः स्वं नामापीच्यमपगतमपचितम-पहितमन्तर्हितं वामुत्र चन्द्रमसो गृहे। (गातुर्व्याख्यातः (३।२१)। **गातुं कृणवन्नुषसो जनाय** (ऋ० ४।५१।१।) इत्यपि निगमो भवति। दंसयः कर्माणिा दंसयन्त्येनानि। **कृत्साय मन्मन्नह्यश्च दंसयः** (ऋ० १०।१३८।१) इत्यपि निगमो भवति॥

स तूताव नैनमश्नोत्यंहुतिः॥ ऋ० १।९४।२॥

स तुताव नैनमंहतिरश्नोति। अंहतिश्चांहश्चांहुश्चां हन्तेर्निरूढोपधाद्विपरीतात्॥

बृहंस्पते चयेस इत्पियांरुम्॥ ऋ० १।९०।५॥

बृहस्पते यच्चातयसि देवपीयुम्। पीयतिहिंसाकर्मा। वियुते द्यावापृथिव्यौ वियवनात्॥

समान्या वियुते दूरे अन्ते॥ ऋ० ३।५४।७॥

समानं सम्मानमात्रं भवति। मात्रा मानात्। दूरं व्याख्यातम्(३।१९)। अन्तोऽततेः। ऋथगिति पृथग्भावस्य प्रवचनं भवत्यथाप्यृध्नोत्यर्थे दृश्यते॥

ऋधगया ऋधगुताशमिष्ठाः॥ यजुः ८।२०॥

ऋध्नुवन्नयाक्षीर्ऋध्नुवन्नशमिष्ठा इति च। अस्या इति चास्येति योदात्तम्। प्रथमादेशेऽनुदात्तमन्वादेशे। तीव्रार्थतरमुदात्तमल्पीयोर्थतरमनुदात्तम्॥

अस्या ऊ षुण उप सातये भुवोऽहेळमानो ररिवाँ अजाश्व श्रवस्यतामजाश्व॥ ऋ० १।१३८।४॥

अस्यै नः सातय उपभवाहेलमानोऽकुध्यन्नरिवावातिरभ्यरतोऽजाश्वेति पूषणमाहाजाश्वाजा अजनाः। अथानुदात्तम्॥

दीर्घायुरस्या यः पतिर्जीवाति शरदः शतम्॥ ऋ० १०।८५।३९॥

दीर्घायुरस्या यः पतिर्जीवतु स शरदः शतम्। शरच्छृता अस्यामोषधयो भवन्ति शीर्णा आप इति वा। अस्येत्यस्या इत्येतेन व्याख्यातम्॥२५॥४॥

अस्य वामस्य पलितस्य होतुस्तस्य भ्राता मध्यमो मो अस्त्यश्नः। तृतीयो भ्राता घृतपृष्ठो अस्यात्रापश्यं विश्पतिं सप्तपुत्रम्॥ ऋ० १।१६४।१॥

अस्य वामस्य वननीयस्य पलितस्य पालयितुर्होतुर्ह्वातव्यस्य तस्य भ्राता मध्यमोऽसत्यशनः। भ्राता भरतेर्हरतिकर्मणो हरते भागं भर्तव्यो भवतीति वा। तृतीयो भ्राता घृतपृष्ठोऽस्यायमग्निः। तत्रापश्यं सर्वस्य पातारं वा पालयितारं वा विश्पतिं सप्तपुत्रमं सप्तमपुत्रं सर्पणपुत्रमिति वा। सप्त सृप्ता संख्या सप्तादित्यरश्मय इति वदन्ति॥२६॥३॥

सप्त युञ्जन्ति रथमेकचक्रमेको अश्वो वहति सप्तनामा। त्रिनाभि चक्रमजरमनर्वं यत्रेमा विश्वा भुवनाधि तस्थुः॥ ऋ० १।१६४।२॥

सप्त युञ्जन्ति रथमेकचक्रमेकचारिणम्। चक्रं चकतेर्वा चरतेर्वा क्रामतेर्वा। एकोऽश्वो बहति सप्तनामादित्यः सप्तास्मै रश्मयो रसानभिसन्नामयन्ति

सप्तैनमृषयः स्तुवन्तीति वा। इदमपीतरं नामैस्तामादेवाभिसन्नामात्। संवत्सरप्रधान उत्तरोऽर्धर्चः। त्रिनाभि चक्रं त्र्यृतुः संवत्सरो ग्रीष्मो वर्षा हेमन्त इति संवत्सरः संवसन्तेऽस्मिन् भूतानि। ग्रीष्मो ग्रस्यन्तेऽस्मिनसा वर्षा वर्षत्यासु पर्जन्यो हेमन्तो हिमवान्हिमं पुनर्हन्तेर्वा हिनोतेर्वा। अजरमजरणधर्माणमनर्वम-प्रत्यृतमन्यस्मिन्। यत्रेमानि सर्वाणि भूतान्यभिसन्तिष्ठन्ते तं संवत्सरं सर्वमात्राभिः स्तौति। **पञ्चारे चक्रं परिवर्त्तयाने** (ऋ० १।१६४।१३) इति पञ्चर्तुतया। **पञ्चर्तवः संवत्सरस्येति** च ब्रह्मणं **हेमन्तशिशिरयोः समासेन** (**ऐ० ब्रा० १।१।**)। **पळर आहुरर्पितम्** (ऋ० १।१६४।१२) इति षड्तुतया। अराः प्रत्यृता नाभौ। षट् पुनः सहते॥

द्वादशारं नहि तज्जराय॥ ऋ० १।१६४।११॥

द्वादश प्रधयश्चक्रमेकम्॥ ऋ० १।१६४।४८॥

इति मासानाम्। मासा मानात्। प्रधिः प्रहितो भवति॥

तस्मिन्त्साकं त्रिशता न शङ्क्वोऽर्पिताः षष्टिर्न चलाचलासः॥ ऋ० १।१६४।४८॥

षष्टिश्च ह वै त्रीणि च शतानि संवत्सरस्याहोरात्रा (गो० ब्रा० १।६।५) इति च ब्राह्मणं समासेन॥

सप्त शतानि विंशतिश्च तस्थुः ऋ० १।१६४।११॥

सप्त च वै शतानि विंशतिश्च संवत्सरस्याहोरात्रा (ऐ० ब्रा० २।१७) इति च ब्राह्मणं विभागेन॥२७॥६॥

इति चतुर्थाऽध्यायस्य चतुर्थः पादः॥

चतुर्थाऽध्यायश्च समाप्तः॥

ओ३म्

अथ पञ्चमाऽध्यायारम्भः।।

तत्र प्रथमः पादः।।

सस्निमविन्दुच्चरणो नदीनाम्।। ऋ० १०।१३९।।६।।

संस्नातं मेघम्।।

वाहिष्ठो वा हवानां स्तोमो दूतो हुवन्नरा।। ऋ० ८।२६।१६।।

वोढृतमो ह्वानानं स्तोमो दूतो हुवन्नरो नरा मनुष्या नृत्यन्ति कर्मसु।

दूतो जवतेर्वा वारयतेर्वा। **दूतो देवानामसि मर्त्यानाम्** (ऋ० १०।४।२) इत्यपि निगमो भवति। वावशानो वष्टेर्वा वाश्यतेर्वा। सप्त स्वस्हटररुशीवार्वशानः (ऋ० १०।५।५) इत्यपि निगमो भवति। वार्यं वृणो तेरथापि वरतमम्।।

तद्वार्यं वृणीमहे वरिष्ठं गोपयत्यम्।। ऋ० ८।२५।१३।।

तद्वार्य्यं वृणीमहे वर्षिष्ठं गोपायितव्यं गोपायितारो यूयं स्था युष्मभ्यमिति वा। अन्ध इत्यन्ननामाध्यानीयं भवति।।

आमत्रेभिः सिञ्चता मद्यमन्धः।। ऋ० २।१४।१।।

असिञ्चतामत्रैर्मदनीयमन्धः। अमत्रं पात्रममा अस्मिन्नदन्ति। अमा पुनरनिर्मितं भवति। पात्रं पानात्। तमोऽप्यन्ध उच्यते नास्मिन्ध्यानं भवति न दर्शनमन्धन्तम इत्यभिभाषन्ते। अयमपीतरोऽन्ध एतस्मादेव। **पश्यदक्षण्वान्न वि चेतदन्धः** (ऋ० १०।१६४।१६) इत्यपि निगमो भवति।।१।।

असंश्चन्ती भूरिधारे पयस्वती।। ऋ० ६।७०।२।।

असज्यमाने इति वाव्युदस्यन्त्याविति वा बहुधारे उदकवत्यौ। वनुष्यनिर्हन्ति-कर्मानवगतसंस्कारो भवति। **वनुयाम वनुष्यतः** (ऋ० ८।४०।७) इत्यपि निगमो भवति।।

दीर्घप्रयज्युमति यो वनुष्यति वयं जयेम पृतनासु दूढ्यः॥ ऋ० ७।८२।१॥

दीर्घप्रततयज्ञमभिजिघांसति यो वयं तं जयेम पृतनासु दूढ्यं दुर्धियं पापधियम्। पापः पातापेयानां पापात्यमानोऽवाङेव पततीति वा पापत्येतर्वा स्यात्॥

तरुष्यतिप्येवंकर्म्मा। **इन्द्रेण युंजा तरुषेम वृत्रम्** (ऋ० ७।४८।२) इत्यपि निगमो भवति॥

भन्दना भन्दतेः स्तुतिकर्मणः। **पुरुप्रियो भन्दते धामभिः कविः** (ऋ० ३।३।४) इत्यपि निगमो भवति। **स भन्दना उदियर्ति प्रजावतीः** (ऋ० ९।८६।४१) इति च॥

अन्येन मदाहनो याहि तूयम्॥ ऋ० १०।१०।८॥

अन्येन मदाहनो गच्छ क्षिप्रमाहंसीव भाषमाणेंत्यसभ्यभाषणादाहना इव भवत्येतस्मादाहनः स्यात्। ऋषिर्नदो भवति नदतेः स्तुतिकर्मणः॥

नदस्य मा रुधतः काम आ गंन्॥ ऋ० १।१७९।४॥

नदनस्य मा रुधतः काम आगमत्संरुद्धप्रजननस्य ब्रह्मचारिणा इत्यृषिपुत्र्या विलपितं वेदयन्ते॥२॥

न यस्य द्यावापृथिवी न धन्व नान्तरिक्षं नोद्रयः सोमो अक्षाः॥ ऋ० १०।८९।६॥

अंश्रोतेरित्येके॥

अनूपे गोमान्गोभिरक्षाः सोमो दुग्धाभिरक्षाः।

लोपाशः सिंह प्रत्यञ्चमत्साः॥ ऋ० ९।१०७।९॥

क्षियतिनिगमः पूर्वः क्षरतिनिगम उत्तर इत्येके। अनूपे गोमान्गोभिर्यदा क्षियत्यथ सोमो दुग्धाभ्यः क्षरति। सर्वे क्षियति निगमा इति शाकपूणिः॥

श्वात्रमिति क्षिप्रनामाशु अतनं भवति॥

स पतत्रीत्वरं स्था जगद्यच्छ्वात्रमग्निरकृणोज्जातवेदाः।। ऋ० १०।८८।४।।

सं पतत्रि चेत्वरं स्थावरं जङ्गमं च यत्तत्क्षिप्रमग्निरकरोज्जातवेदाः। ऊतिरवनात्। **आ त्वा रथं यथोतये** (ऋ० ८।६८।१) इत्यपि निगमो भवति। हासमाने इत्युपरिष्टाद् (९।३९) व्याख्यास्यामः।।

वम्रकः पड्भिरुप सर्पदिन्द्रम्।। ऋ० १०।९९।१२।।

पानैरिति वा स्पाशनैरिति वा स्पर्शनैरिति वा।।

ससं न पक्वमविदच्छुचन्तम्।। ऋ० १०।७९।३।।

स्वपनमेतन्माध्यमिकं ज्योतिरनित्यदर्शनं तदिवाविदज्जाज्वल्यमानम्।।

द्विता च सत्ता स्वधया च शम्भुः ऋ० ३।१७।५।

द्वैधं सत्त मध्यमे च स्थान उत्तमे च। शम्भुः सुखभूः।।

मृगं न व्रा मृगयन्ते।। ऋ० ८।२।६।।

मृगमिव व्रात्याः प्रैषाः।।३।।

वराहो मेघो भवति वराहारः। **वरमाहारमाहार्षीरिति** च ब्राह्मणम्। **विध्यद्वराहं तिरो अद्रिमस्ता** (ऋ० १।६१।७) इत्यपि निगमो भवति। अयमपीतरो वराह एतस्मादेव। वृहति मूलानि वरंवरं मूलं वृहतीति वा। **वराहमिन्द्र एमुषम्** (ऋ० ८।७७।१०) इत्यपि निगमो भवति। अङ्गिरसोऽपि वराहा उच्यन्ते।।

ब्रह्मणस्पतिर्वृषभिर्वराहैः ऋ० १०।६७।७।।

अथाप्येते माध्यमिका देवगणा वराहव उच्यन्ते।।

पश्यन्हिरण्यचक्रानयोदंष्ट्रान्विधावतो वराहून्।। ऋ० १।८८।५।।

स्वसराण्यहानि भवन्ति स्वयं सारीण्यपि वा स्वरादित्यो भवति स एनानि सारयति। **उस्रा इव स्वसराणि** (ऋ० १।३।८) इत्यपि निगमो भवति।। शर्य्या अङ्गुलयो भवन्ति। शर्या इषवः शरमय्यः। शरःशृणातेः।

शर्याभिर्न भरमाणो गभस्तयोः (ऋ० ९।११०।५) इत्यपि निगमो भवति।। अर्को देवो भवति यदेनमर्चन्ति। अर्को मन्त्रो भवति यदनेनार्चन्ति। अकर्ममन्नं भवत्यर्चति भूतानि। अर्को वृक्षो भवति सवृत्तः कटुकिम्ना।।४।।

गायन्ति त्वा गायत्रिणोऽर्चन्त्यर्कमर्किणः।
ब्रह्माणस्त्वा शतक्रत उद्वंशमिव येमिरे॥ ऋ० १।१०।१॥

गायन्ति त्वा गायत्रिणः प्रार्चन्ति तेऽर्कमर्किणो ब्राह्मणास्त्वा शतक्रत उद्येमिरे वंशमिव। वंशो वनशयो भवति ननवाच्छ्रूयत इति वा। पवी रथनेमिर्भवति यद्विपुनाति भूमिम्।।

उत पव्या रथानामद्रिं भिन्दन्त्योजसा॥ ऋ० ५।५२।९॥

तं मरुतः क्षुरपविना व्ययुपरित्यपि निगमौ भवतः। वक्षो व्याख्यातम् (४।१६)। धन्वान्तरिक्षं धन्वन्त्यस्मादापः। **तिरोधन्वातिरोचते** (ऋ० १०।१८७।२) इत्यपि निगमो भवति। सिनमन्नं भवति सिनाति भूतानि। **येन स्या सिनं भरथः सखिभ्यः** (ऋ० ३।६२।१) इत्यपि निगमो भवति। इत्थामुथेत्येतेन व्याख्यातम्। सचा सहेत्यर्थः।।

वसुभिः सचाभुवा॥ ऋ० ८।३५।१॥

वसुभिः सहभुवौ। चिदिति निपातोऽनुदात्तः पुरस्तादेव व्याख्यातः। अथापि पशुनामेह भवत्युदात्तः।।

चिदसि मनासि॥ यजु० ४।१९॥

चितास्त्वयि भोगाश्चेतयस इति वा। आ इत्याकार उपसर्गः पुरस्तादेव व्याख्यातः (१।३) अथाप्यध्यर्थे दृश्यते।।

अभ्र आँ अपः॥ ऋ० ५।४८।१॥

अभ्रे आ अपः।। अपोऽभ्रेऽधीति। द्युम्नं द्योततेर्यशो वान्नं वा।।

अस्मे द्युम्नमधि रत्नं च धेहि॥ ऋ० ७।२५।३॥

अस्मासु द्युम्नं च रत्नं च धेहि।।५।।

इति पञ्चमाऽध्यायस्य प्रथमः पादः॥

अथ द्वितीयः पादः॥

१ २ ३ २ ३ १ २ ३ १ २ ३ २ ३ १

पवित्रं पुनातेः। मन्त्रः पवित्रमुच्यते। **येन देवाः पवित्रेणात्मानं पुनते सदा** (सा० उ० ५।२।८।५) इत्यपि निगमो भवति। रश्मयः पवित्रमुच्यन्ते। **गभस्ति-पूतो नृभिरद्रिभिः सुतः** (ऋ० ९।८६।३४) इत्यपि निगमो भवति। आपः पवित्रमुच्यन्ते॥

शतपवित्राः स्वधया मदन्तीः॥ ऋ० ७।४७।३॥

बहूदकाः। अग्निः पवित्रमुच्यते। वायुः पवित्रमुच्यते। सोमः पवित्रमुच्यते। सूर्यः पवित्रमुच्यते। इन्द्रः पवित्रमुच्यते॥

अग्निः पवित्रं स मा पुनातु वायुः सोमः सूर्य इन्द्रः।
पवित्रं ते मा पुनन्तु॥ आप० श्रौ० १२।१९।६॥

इत्यपि निगमो भवति। तोदस्तुद्यतेः॥६॥१॥

पुरु त्वा दाश्वान्वोचेऽरिरग्ने तव स्विदा।
तोदस्येव शरण आ महस्य॥ ऋ० १।१५०।१॥

बहुदाश्वाँस्तामेवाभिह्वयाम्यरिरमित्र ऋच्छतेः। ईश्वरोऽप्यरिरेतस्मादेव। यदन्यदेवत्या अग्नावाहुतयो हूयन्त इत्येद् दृष्ट्वैमवक्ष्यत्। तोदस्येव शरण आ महस्य। तुदस्येव शरणेऽधिमहतः। स्वञ्चाः सु अञ्चनः। **आजुह्वानो घृतपृष्ठः स्वञ्चाः (ऋ० ५।३७।१)** इत्यपि निगमो भवति। शिपविष्टो विष्णोर्द्वे नामनी भवतः। कुत्सितार्थीयं पूर्वं भवतीत्यौपमन्यवः॥७॥२॥

किमित्ते विष्णो परिचक्ष्यं भूत्प्र यद्ववक्षे शिपिविष्टो अस्मि।
मा वर्पो अस्मदप गूह एतद्यदन्यरूपः समिथे बभूथ॥ ऋ० ७।१००।६॥

किं ते विष्णोऽप्रख्यातमेतद्भवत्यप्रख्यापनीयं यत्रः प्रब्रूषे शेष इव निर्वेष्टितोऽस्मीत्यप्रतिपन्नरश्मिः। अपि वा प्रशंसानामैवाभिप्रेतं स्यात्किं ते विष्णो प्रख्यातमेतद्भवति प्रख्यापनीयं यदुत प्रब्रूषे शिपिष्टोऽस्मीति प्रतिषन्नरश्मिः।

शिपयोऽत्र रश्मय उच्यन्ते तैराविष्टो भवति। मा वर्पो अस्मदप गूह एतत्। वर्प इति रूपनाम वृणोतीति सतः। यदन्यरूपः समिथे सङ्ग्रामे भवति संयतरश्मिः। तस्योत्तरा भूयसे निर्वचनाय॥८॥३॥

प्रतत्ते अद्य शिपिविष्ट नामार्य्यः शंसामि वयुनानि विद्वान्। तं त्वां गृणामि तवसमतव्यान्क्षयन्तमस्य रजसः पराके॥ ऋ० ७।१००।५॥

तत्तेऽद्य शिपिविष्ट नामार्यः प्रशंसामि। अर्योऽहमस्मीश्वरः स्तोमानाम्। अर्यस्त्वमसीति वा। तं त्वां स्तौमि तवसमतव्याँस्तवस इति महतो नामधेयमुदितो भवति। निवसन्तमस्य रजसः पराके पराक्रान्ते। आघृणिरागतहृणिः॥

आघृणो सं सचावहै॥ ऋ० ६।५५।१॥

आगतहृणो संसेवावहै। पृथज्रयाः पृथुजवः॥

पृथुज्रया अमिनादायुर्दस्योः॥ ऋ० ३।४९।२॥

प्रामापयदायुर्दस्योः॥९॥४॥

अग्निं नरो दीधितिभिररण्योर्हस्तच्युती जनयन्त प्रशस्तम्। दूरेदृशं गृहपतिमथर्युम्॥ ऋ० ७।१।१॥

दीधितयोऽङ्गुलयो भवन्ति धीयन्ते कर्मसु। अरणी प्रत्यृत एने अग्निः समरणाज्जायत इति वा। हस्तच्युती हस्तप्रच्युत्या जनयन्त प्रशस्तम्। दूरेदर्शनं गृहपतिमतनवन्तम्॥१०॥५॥

**एकया प्रतिधा पिबत्साकं सरांसि त्रिंशतम्।
इन्द्रः सोमस्य काणुका॥ऋ० ८।७७।४॥**

एकेन प्रतिधानेनापिबत्साकं सहेत्यर्थः। इन्द्रं सोमस्य काणुका कान्तकानीति वा क्रान्तकानीति वा कृतकानीति वा। इन्द्रः सोमस्य कान्त इति वा कणेघात इति वा कणेहतः कान्तिहतः। तत्रैतद्याज्ञिका वेदयन्ते त्रिंशदुक्थपात्राणि माध्यन्दिने सवन एकदेवतानि तान्येतस्मिन्काल एकेन प्रतिधानेन पिबन्ति तान्त्रय सरांस्युच्यन्ते। त्रिंशदपरपक्षस्याहोरात्रास्त्रिंशत्पूर्वपक्षस्येति नैरुक्तास्तद्या एताश्चान्द्रमस्य आगामिन्य आपो भवन्ति रश्मयस्ता अपरपक्षे पिबन्ति।

तथापि निगमो भवति। **यमक्षितिपक्षितयः पिबन्ति** (तै० सं० २।४।१४।१) इति। तं पूर्वपक्ष आप्याययन्ति। तथापि निगमो भवति। **यथा देवा अंशुमाप्यायनीति।** अध्रिगुर्मन्त्रो भवति। गव्यधिकृत्वात्। अपि वा प्रशासनमेवाभिप्रेतं स्यात्तच्छब्दवत्त्वाद **ध्रिगो शीमध्वं सुशमि शमीध्वं शमीध्वमध्रिगविति** (मै० सं० ४।१३।४) अग्निरप्यध्रिगुरुच्यते।।

तुभ्यं श्चोतन्त्यध्रिगो शचीवः।। ऋ० ३।२१।४।।

अधृतगमन कर्मवन्। इन्द्रोऽप्यध्रिगुरुच्यते। **अध्रिगव ओहमिन्द्राय** (ऋ० १।६१।१) इत्यपि निगमो भवति। आङ्गूषः स्तोम आघोषः।।

ए॒नाङ्गूषेण व॒यमिन्द्रवन्तः। ऋ० १।१०५।१९।।

अनेन स्तोमेन वयमिन्द्रवन्तः।।११।।६।।

आपान्त मन्युस्तृ॒पल प्रभर्मा॒ धुनि॒ः शिमीवा॒ञ्छरुस्माँ ऋज॒ीषी। सोमो॒ विश्वान्यत॒सा वनानि॒ नार्वागिन्द्रं प्रति॒मानानि देभुः।। ऋ० १०।९८।५।।

आपातितमन्युस्तृप्रप्रहारी क्षिप्रप्रहारी सृप्रप्रहारी सोमो वेन्द्रो वा। धुनिर्धूनोतेः। शिमीति कर्मनाम शमयतेर्वा शक्नोतेर्वा। ऋजीषी सोमो यत्सोमस्य पूयमानस्यातिरिच्यते तदृजीषमपार्जितं भवति तेनर्जीषी सोमः। अथाप्यैन्द्रो निगमो भवति। **ऋजीषी वज्री** (ऋ० ५।४०।४) इति। हर्योरस्य स भागो धानाश्चेति। धाना **भ्राष्ट्रे हिता** भवन्तीति वा। **बब्ध्वां ते हरी धाना उप ऋजीषं जिघ्रतामित्यपि** निगमो भवति। आदिनाभ्यासेनोपहितेनोषधामादत्ते बभस्तिरत्तिकर्मा। सोमः सर्वाणयतसानि वनानि नार्वागिन्द्रं प्रति मानानि दभ्नुवन्ति यैरेनं प्रतिमिमते नैनं तानि दभ्नुवत्त्यर्वागेवैनमप्राप्तय विनश्यन्तीति। इन्द्रप्रधानेत्येके नैघण्टुकं सोमकर्मोभयप्रधानेत्यपरम्। श्मशा शु अश्नुत इति वा श्माश्नुत इति वा।।

अव श्म॒शा रुधद्वाः।। ऋ० १०।१०५।१।।

अवारुधच्छ्मशा वारिति।।१२।।७।।

इति पञ्चमाऽध्यायस्य द्वितीयः पादः।।

अथ तृतीयः पादः॥

उर्वश्यप्सरा उर्वभ्यश्नुत ऊरुभ्यामश्नुत उरुर्वा वशोऽस्थाः। अप्सरा अप्सारिण्यपि वाप्स इति रुपनामाप्सातेरप्सानीयं भवति। आदर्शनीयं व्यापनीयं वा स्पष्टं दर्शनायेति शाकपूणिर्यदप्स इत्यभक्षस्याप्सो नामेति व्यापिनस्तद्रा भवति रूपवती तदनयात्तमिति वा तदस्यै दत्तमिति वा। तस्या दर्शनान्मित्रावरुणयो रेतश्चस्कन्द। तदभिवादिन्येषर्ग्भवति॥१३॥१॥

उतासि मैत्रावरुणो वसिष्ठोर्वश्यां ब्रह्मन्मनसोऽधिजातः।
द्रप्सं स्कन्नं ब्रह्मणा दैव्येन विश्वे देवाः पुष्करे त्वाददन्त॥
ऋ० ७।३३॥११॥

अप्यसि मैत्रावरुणो वसिष्ठोर्वश्या ब्रह्मन्मनसोऽधिजातः। द्रप्सं स्कन्नं ब्रह्मणा दैव्येन। द्रप्सः सम्भृतप्सानीयो भवति। सर्वे देवाः पुष्करे त्वाऽऽधारयन्त। पुष्करमन्तरिक्षं पोषति भूतानि। उदकं पुष्करं पूजाकरं पूजयितव्यम्। इदमपीतरत्पुष्करमेतस्मादेव पुष्करं वपुष्करं वा पुष्यं पुष्यतेः। वयुनं वेतेः कान्तिर्वा प्रज्ञा वा॥१४॥२॥

स इत्तमोऽवयुनं ततन्वत्सूर्य्येण वयुनवच्चकार॥ ऋ० ६।२१।३॥

स तमोऽप्रज्ञानं ततन्वत्स तं सूर्येण प्रज्ञानवच्चकार। वाजपस्त्यं वाजपतनम्। **सनेम वाजपस्त्यम्** (ऋ० ९।९८।१२) इत्यपि निगमो भवति। वाजगन्ध्यं गध्यत्युत्तरपदम्। **अश्याम वाजगन्ध्यम्** (ऋ० ९।९८।१२) इत्यपि निगमो भवति। गध्यं गृह्णातेः **ऋज्रा बाजं न गध्यं युयूषन्** (ऋ० ४।१६।११) इत्यपि निगमो भवति। गध्यतिर्मिश्रीभावकर्मा। **आगधिता परिगधिता** (ऋ० १।१२६।६) इत्यपि निगमो भवति। कौरयाणः कृतयानः। **पाकस्थामा कौरयाणः** (ऋ० ८।३।२१) इत्यपि निगमो भवति। तौरयाणस्तूर्णयानः॥

स तौरयाण उप याहि यज्ञं मरुद्भिरिन्द्र सखिभिः सजोषाः॥

इत्यपि निगमो भवति। अह्रयाणोऽह्रीतयानः **अनुष्ठुया कृणुह्यह्रयाणा** (ऋ० ४।४।१४) इत्यपि निगमो भवति। हरयाणो हरमाणयानः। **रजतं हरयाणो** (ऋ० ८।२५।२२) इत्यपि निगमो भवति॥

य आरितः कर्मणि कर्मणि स्थिरः॥ ऋ० १।१०१।४॥

प्रत्यृतः स्तोमान्। व्रन्दी व्रन्दतेर्मृदूभा वकर्मणः॥१५॥३॥

नि यद्वृणक्षि श्वसनस्य मूर्धनि शुष्णस्य चिद्व्रन्दिनो रोरुवद्वना॥ ऋ० १।५४।५॥

निवृणक्षि चच्छ्वसनस्य मूर्धनि शब्दकारिणः शुष्णस्यादित्यस्य च शोषयितू रोरूयमाणो वनानीति वा वधेनेति वा। **अव्रदन्त वीलिता** (ऋ० २।२४।३) इत्यपि निगमो भवति। वीडयतिश्च व्रीडयतिश्च संस्तम्भकर्माणौ पूर्वेणा सम्प्रयुज्येते। निष्षपौ स्त्रीकामो भवति विनिगर्तपसाः। पसः सपतेः स्पृशतिकर्मणः॥

मा नो मघेव निष्षपी परा दाः॥ ऋ० १।१०४।५॥

स यथा धनानि विनाशयति मा नस्त्वं तथा परादाः। तूर्णाशमुदकं भवति तूर्णामश्नुते। **तूर्णाशं न गिरेरधि** (ऋ० ८।३२।४) इत्यपि निगमो भवति। क्षुम्पमहिच्छत्रकं भवति यत्क्षुभ्यते॥१६॥४॥

कदा मर्तमराधसं पदा क्षुम्पमिव स्फुरत्।
कदा नः शुश्रवद् गिर इन्द्रो अङ्ग॥ ऋ० १।८४।८॥

कदा मर्त्तमनाराधयन्तं पादेन क्षुम्पमिवावस्फुरिष्यति कदा नः श्रोष्यति च गिर इन्द्रोअङ्ग। अङ्गेति क्षिप्रनामाञ्चितमेवाङ्कितं भवति। निचुम्पुणः सोमो निचान्तपृणो निचमनेन प्रीणाति॥१७॥५॥

पत्नीवन्तः सुता इम उशन्तो यन्ति वीतये।
अपां जग्मिर्निचुम्पुणः॥ ऋ० ८।९३।२२॥

पत्नीवन्तः सुता इमेऽद्भिः सोमाः कामयमाना यन्ति वीतये पानायापां गन्ता निचुम्पुणः। समुद्रोऽपि निचुम्पुण उच्यते निचमनेन पूर्यते। अवभृथोपि निचुम्पुण उच्यते नीचैरास्मिन्क्वणन्ति नीचैर्दधतीति वा। **अवभृथ निचुम्पुण** (य० ३।४८) इत्यऽपि निगमो भवति। निचुम्पुण निचुङ्कुणेति च। प दिर्गन्तुर्भवति यत्पद्यते॥१८॥६॥

सुगुरसत्सुहिरण्यः स्वश्वो बृहदस्मै वय इन्द्रो दधाति।
यस्त्वा यन्तं वसुना प्रातरित्वो मुक्षीजयेव पदिमुत्सिनाति।।
ऋ० १।१२५।२।।

सुगुर्भवति सुहिरण्यः स्वश्वो महच्चास्मै वय इन्द्रो दधाति यस्त्वा यन्तमन्नेन प्रातरागामिन्नतिथे मुक्षीजयेव पदिमुत्सिनाति। कुमारो मुक्षीजा मोचनाच्च सयनाच्च ततनाच्च। पादुः पद्यतेः।।

आविः स्वः कृणुते गूहते बुसं स पादुरस्य निर्णिजो न मुच्यते।।
ऋ० १०।२७।२४।।

आविष्कुरुते भासमादित्यो गूहते बुसम्। बुसमित्युदकनाम ब्रवीतेः शब्दकर्मणो भ्रंशतेर्वा यद्वर्षन्पातयत्युदकं रश्मिभिस्तत्प्रत्यादत्ते।।१९।।७।।

इति पञ्चमाऽध्यायस्य तृतीयः पादः।।

अथ चतुर्थः पादः।।

वृकश्चन्द्रमा भवति विवृतज्योतिष्को वा विकृतज्योतिष्को वा विक्रान्तज्योतिष्को वा।।२०।।१।।

अरुणो मासकृद्वृकः पथा यन्तं ददर्श हि।
उज्जिहीते निचाय्या तष्टेव पृष्ठ्यामयी वित्तं मे अस्य रोदसी।।
ऋ० १।१०५।१८।।

अरुण आरोचनो मासकृन्मासानां चाऽर्धमासानां च कर्ता भवति चन्द्रमा वृकयथा यन्तं ददर्श नक्षत्रगणामभिजिहीते निचाय्य येन येन योक्ष्यमाणो भवति चन्द्रमाः। तक्ष्णुवन्निव पृष्ठरोगी। जानीतं मेऽस्य द्यावापृथिव्याविति। आदित्योऽपि वृक उच्यते यदा वृङ्क्ते।।

अजोहवीदश्विना वर्तिका वामास्नो यत्सीममुञ्चतं वृकस्य।।ऋ० १।११७।१६।।

आह्वयदुषा अश्विनावादित्येनाभिग्रस्ता तामश्विनौ प्रमुमुचतुरित्याख्यानम्। श्वापि वृक उच्यते विकर्तनात्।।

वृकश्चिदस्य वारण उरामथिः॥ ऋ० ८।६६।८॥

उरणमथिः। उरण ऊर्णावान्भवत्यूर्णा पुनर्वृणतेरूर्णोतेर्वा। वृद्धवाशिन्यपि वृक्युच्यते॥

शतंमेषान्वृक्यें चक्षदानमृज्राश्वं तं पितान्धं चकार॥
ऋ० १।११६।१६॥

इत्यपि निगमो भवति। जोषवाकमित्यविज्ञातनामधेयं जोषयितव्यं भवति॥२१॥२॥

य इन्द्राग्नी सुतेषु वां स्तवत्तेष्वृता वृधा।
जोषवाकं वदतः पज्रहोषिणा न देवा भसथश्चन॥
ऋ० ६।५९।४॥

य इन्द्राग्नी सुतेषु वां सोमेषु स्तौति तस्याश्नीथोऽथ योऽयं जोषवाकं वदति विजञ्जपः प्रार्जितहोषिणो न देवौ तस्याश्नीथः। कृतिः कृन्तर्यशो वान्नं वा॥

महीव कृत्तः शरणा त इन्द्र॥ ऋ० ८।९०।६॥

सुमहत्त इन्द्र शरणामन्तरिक्षे कृत्तिरिवेति। इयमपीतरा कृत्तिरेतस्मादेव सूत्रमप्युपमार्थे वा **कृत्तिं वसान आ चर पिनाकं विभ्रदागहीत्यपि** निगमो भवति।

श्वघ्नी कितवो भवति स्वं हन्ति स्वं पुनराश्रितं भवति॥

कृतं न श्वघ्नी वि चिनोति देवने॥ ऋ० १०।४३।५॥

कृतमिव श्वघ्नी विचिनोति देवने। कितवः किं तवास्तीति शब्दानुकृतिः कृतवान्वाशीर्नामकः। सममिति परिग्रहार्थीयं सर्वनामानुदात्तम्॥२२॥३॥

मा नः समस्य दूढ्यः परिद्वेषसो अंहतिः।
ऊर्मिर्न नावमा वधीत्॥

मा नः सर्वस्य दुर्धियः पापधियः सर्वतो द्वेषसोंऽहतिरूर्मिरिव नावमावधीत्। ऊर्मिरूर्णोतेः। नौः प्रणोत्तव्या भवति नमतेवि। तत्कथमनुदात्तप्रकृतिनाम

स्याद् दृष्टव्ययं तु भवति। **उतो समस्मिन्ना शिशाहि नो वसो** (ऋ० ८।२१।८) इति सप्तम्याम्। शिशीतिर्दानकर्मा। **उरुष्याणो अघायतः समस्मात्** (ऋ० ५।२४।३) इति पञ्चम्याम्। उरुष्यती रक्षाकर्मा। अथापि प्रथमाबहुवचने॥

नभन्तामन्यके समे॥ ऋ० ८।३९। १-३-४-६॥

हविषा जारो अपां पिपर्ति पपुरिर्नरा।

पिता कुटस्य चर्षणिः॥ ऋ० १।४६।४॥

हविषाणां जरियता पिपर्ति पपुरिरिति पृणातिनिगमौ वा प्रीणातिनिगमौ वा। पिता कृतस्य कर्मणश्चायितादित्यः। शम्ब इति वज्रनाम शमयतेर्वा शातयतेर्वा। **उग्रो यः शम्बः पुरुहूत तेन** (ऋ० १०।४२।७) इत्यपि निगमो भवति। केपयः कपूया भवन्ति। कपूयमिति पुनाति कर्मकुत्सितं दुष्पूयं भवति॥२४॥५॥

पृथक् प्रायन्प्रथमा देवहूतयोऽकृण्वत श्रवस्यानि दुष्टरा।

न ये शेकुर्यज्ञियां नावमारुहमीर्मैव ते न्यविशन्त केपयः॥

ऋ० १०।४४।६॥

पृथक् प्रायन् (पृथक् प्रथतेः) प्रथमा देवहूतयो ये देवानाह्वयन्ताकुर्वत श्रवणीयानि यशांसि दुरनुकराण्यन्यैर्येऽशक्नुवन्यज्ञियां नावमारोढुम। अथ ये नाशक्नुवन्यज्ञियां नावमरोढुमीर्मैव ते न्यविशन्ते हैव ते न्यविशन्त ऋणे हैव ते न्यविशन्तस्मिन्नेव लोक इति वा। ईर्म इति बाहुनाम समीरिततरो भवति॥

एता विश्वा सवना तूतुमा कृषे स्वयं सूनो सहसो यानि दधिषे॥ ऋ० १०।५०।६॥

एतानि सर्वाणि स्थानानि तर्णमुपाकुरुषे स्वयं बलस्य पुत्र यानि धत्स्व। अंसत्रमंहसस्त्राणं धनुर्वा कवचं वा। कवचं कु अञ्चितं भवति काञ्चितं भवति कायेऽञ्चितं भवतीति वा॥२५॥६॥

प्रीणीताश्वान्हितं जयाथ स्वस्तिवाहं रथमित्कृणुध्वम्। द्रोणाहावमवतमश्मचक्रमंसत्रकोशं सिञ्चता नृपाणम्॥ ऋ० १०।१०१।७॥

प्रीणीताश्वान्त्सुहितं जयथ जयनं वो हितमस्तु स्वस्तिवाहनं रथं कुरुध्वम्।

द्रोणाहावं द्रोणां द्रुममयं भवत्याहाव आह्वानादावह आवहनात्। अवतोऽवातितो महान्भवत्यश्मचक्रमशनचक्रमसनचक्रमिति वा। अंसत्रकोशमंसत्राणि वः कोशस्थानीयानि सन्तु। कोशः कृष्णातेर्विकुषितो भवत्ययमपीतरः कोश एतस्मादेव संचय आचितमात्रो महान्भवति। सिंचत नृपाणं नरपाणं कूपकर्मणा संग्राममुपमिमीते। काकुदं ताल्वित्याचक्षते चिह्वा काकुवा सास्मिन्धीयते जिह्वा कोकुवा कोकूयमाना वर्णान्वदतीति वा कोकूयतेर्वा स्याच्छब्दकर्मणः। जिह्वा जोहुवा। तालु तरतेस्तीर्णतममङ्गं लततेर्वा स्याद्विपरीताद्यथा तलं लतेत्यविपर्ययः॥२९॥७॥

सुदेवो असि वरुण यस्य ते सप्त सिन्धवः।
अनुक्षरन्ति काकुदं सूर्म्यं सुषिरामिव॥ ऋ० ८।६९।१२॥

सुदेवस्त्वं कल्याणदेवः कमनीयदेवो वा भवसि वरुणा यस्य ते सप्त सिन्धवः (सिन्धुः स्रवणात्) यस्य ते सप्त स्रोतांसि तानि ते काकुदमनुक्षरन्ति सूर्मिं कल्याणोर्मिं स्रोतः सुषिरमनु यथा। वीरिटं तैटीकिरन्तरिक्षमेवमाह पूर्वं वयतेरुत्तरमिरतेर्वयांसीरन्त्यस्मिन्भांसि वा। तदेतस्यामृच्युदाहरन्त्यपि निगमो भवति॥२७॥८॥

प्र वावृजे सुप्रया बर्हिरेषामा विश्पतीव बीरिट इयाते।
विशामक्तोरुषसः पूर्वहूतौ वायुः पूषा स्वस्तये नियुत्वान्॥
ऋ० ७।३९।२॥

प्रवृज्यते सुप्रायणं बर्हिरेषामेयाते सर्वस्य पातारौ वा पालयितारो वा बीरिटमन्तरक्षिं भियो वा भासो वा ततिः। अपि वोपमार्थे स्यात्सर्वपती इव राजानौ बीरिटे गणे मनुष्याणां रात्र्या विवासे पूर्वस्यामभिहूतौ वायुश्च नियुत्वान्पूषा च स्वस्त्ययनाय। नियुत्वान्नियुतोऽस्याश्वाः। नियुतो नियमनाद्वा नियोजनाद्वा। अच्छाभेराप्तुमिति शाकपूणिः। परीं सीमिति व्याख्याताः। एनमेनामस्या अस्येत्ये-तेन व्याख्यातम्। सृणिरङ्कुशो भवति सरणादङ्कुशोऽञ्चतेराकुचितो भवतीति वा। **नेदीय इत्सृण्यः पक्वमेयात्** (य० १२।६८) इत्यपि निगमो भवति। अन्तिकतममङ्कुषादायात्पक्वमौषधमागच्छत्विति॥२८॥९॥

इति पञ्चमाऽध्यायस्य चतुर्थः पादः॥

पञ्चमाध्यायश्च समाप्तः॥

ओ३म्

अथ षष्ठाऽध्यायारम्भः॥

तत्र प्रथमः पादः॥

त्वमग्ने द्युभिस्त्वमाशुशुक्षणिस्त्वमद्भ्यस्त्वमश्मनस्परि।
त्वं वनेभ्यस्त्वमोषधीभ्यस्त्वं नृणां नृपते जायसे शुचिः॥
ऋ० २।१।१॥

त्वमग्ने द्युभिरहोभिस्त्वामशुशुक्षणिराशु इति च शु इति व क्षिप्रनामनी भवतः। क्षणिरुत्तरः क्षणातेराशु शुचा क्षणोतीति वा सनोतीति वा। शुक् शोचतेः। पञ्चम्यर्थे वा प्रथमा। तथा हि वाक्यसंयोगः। आ इत्याकार उपसर्गः पुरस्ताच्चिकीर्षितज उत्तर आशुशोचयिषुरिति। शुचिः शोचतेर्ज्वलतिकर्मणः। अयमपीतरः शुचिरेतस्मादेव। निःषक्तमास्मत्पापकमिति नैरुक्ताः॥

इन्द्र आशाभ्यस्परि सर्वाभ्यो अभयं करत्॥ ऋ० २।४१।१२॥

आशा दिशो भवन्त्यासदनादाशा उपदिशो भवन्त्यभ्यशनात्। काशि-र्मुष्टिःप्रकाशनात्। मुष्टिर्मोचनाद्वा मोषणाद्वा मोहनाद्वा॥

इमे चिदिन्द्र रोदसी अपारे यत्संगृभ्णा मघवन्काशिरित्ते॥ ऋ० ३।३०।५॥

इमे चिदिन्द्र रोदसी रोधसी द्यावापृथिव्यौ विरोधनात्। रोधः कूलं निरुणद्धि स्रोतः। कूलं रुजतेर्विपरीताल्लोष्टोऽविपर्ययेण। अपारे दूरपारे। सत्सङ्गृभ्णासि मघवन्काशिस्ते महान्।

अहस्तमिन्द्र सं पिणक्कुणारुम्॥ ऋ० ३।३०।८॥

अहस्तमिन्द्र कृत्वा सम्पिण्ढि परिक्वणनं मेघम्॥१॥

अलातृणो वल इन्द्र व्रजो गोः पुरा हन्तोर्भयमानो व्यार।

सुगान्पथो अकृणोन्निरजे गाः प्रावन्वाणीः पुरुहूतं धमन्तीः॥
ऋ० ३।३०।१०॥

अलातृणोऽलमातर्दनो मेघो वलो वृणोतेर्व्रजो व्रजत्यन्तरिक्षे गोरेतस्य माध्यमिकाया वाचः पुरा हननाद्भयमानो व्यार। सुगान्पथो अकृणोन्निरजे गाः। सुगमनान्पथोऽकरोन्निर्गमनाय गवाम्। प्रावन्वाणीः पुरुहूतं धमन्तीः। आपो वा वहनाद्वाचो वा वदनात् बहुभिराहूतमुदकं भवति धमतिर्गतिकर्मा।।२।।

उद्वृह रक्षः सहमूलमिन्द्र वृश्चा मध्यं प्रत्यग्रं शृणीहि।
आ कीवतः सललूकं चकर्थ ब्रह्मद्विषे तपुषिं हेतिमस्य॥
ऋ० ३।३०।११७॥

उद्धर रक्षः सहमूलमिन्द्र। मूलं मोचनाद्वा मोषणाद्वा मोहनाद्वा। वृश्च मध्यं प्रतिशृणीह्यग्रम्। अग्रमागतं भवति। आ कियतो तेशात्सललूकं संलुब्धं भवति पापकमिति नैरुक्ताः। सररूकं वा स्यात्सर्तेरभ्यस्तात्। तपुषिस्तपतेर्हेतिर्हन्तेः।।

त्यं चिदित्था कत्पयं शयानम्॥ ऋ० ५।३२।६॥

सुखपयसं सुखमस्यपयः। विस्रुह आपो भवन्ति विस्रवणात्। **वया इव रुरुहुः सप्त विस्रह** (ऋ० २।३५।८) इत्यपि निगमो भवति। वीरुध ओषधयो भवन्ति विरोहणात्। **वीरुधः पारयिष्णव** (ऋ० १०।९७।३) इत्यपि निगमो भवति। नक्षद्दाभमश्नुवानदाभमभ्यशनेन दभ्नोतीति। **नक्षद्दाभं ततुरिं पर्वतेष्ठाम्** (ऋ० ६।२२।२) इत्यपि निगमो भवति। अस्कृधोयुग्कृधवायुः। कृध्विति ह्रस्वनाम निकृतं भवति। यो **अस्कृधोयरजरः स्ववान्** (ऋ० ६।२२।३) इत्यपि निगमो भवति। निशृम्भा निश्रथ्यहारिणः।।३।।

आजासः पूषणं रथे निशृम्भास्ते जनश्रियम्।
देवं वहन्तु बिभ्रतः॥ ऋ० ६।५५।६॥

आवहन्त्वजाः पूषणं रथे निश्रथ्यहारिणस्ते जनश्रियं ज्ञातश्रियम्। बृबदुक्थो महदुक्थो वक्तव्यमस्मा उक्थमिति वृबदुक्थो वा। **बृवदक्थं हवामह** (ऋ० ८।३२।१०) इत्यपि निगमो भवति। ऋदूदरः सोमो मृदूदरो मृदुरुदरेष्विति वा। **ऋदूदरेण सख्या सचेय** (ऋ० ८।४८।१०) इत्यमि निगमो भवति। ऋदूपे इत्युपरिष्टाद् व्याख्यास्यामः। पुलुकामः पुरुकामः। **पुलकामो हि मर्त्यः** (ऋ० १।१७९।५) इत्यपि निगमो भवति। असिन्वती असङ्खादन्त्यः।

असिन्वती बप्सती भूर्यत्तः (ऋ० १०।७९।१) इत्यपि निगमो भवति। कपनाः कम्पनाः क्रिमयो भवन्ति। **मोषथा वृक्षं कपनेव वेधसः** (ऋ० ५।५४।६) इत्यपि निगमो भवति। भाऋजीकः प्रसिद्धभाः। **धूमकेतुः समिधा भाऋजीकः** (ऋ० १०।१२।२) इत्यपि निगमो भवति। रुजाना नद्यो भवन्ति रुजन्ति कूलानि। **सं रुजानाः पिपिय इन्द्रशत्रुः** (ऋ० १।३२।६) इत्यपि निगमो भवति। जूर्णिर्जवतेर्वा द्रवतेर्वा दूनोतेर्वा। **क्षिप्ता जूर्णिर्न वक्ष्यति** (ऋ० १।१२९।८) इत्यपि निगमो भवति॥

परि घ्रंसमोमना वां वयो गात्॥ ऋ० ७।६९।४॥

पर्यगाद्वां घ्रंसमहरवनायान्नम्॥४॥

इति षठाऽध्यायस्य प्रथमः पादः॥

अथ द्वितीयः पादः॥

उपलप्रक्षिण्युपलेषु प्रक्षिणात्युपलप्रक्षेपिणी वा इन्द्र ऋषेन्पप्रच्छ दुर्भिक्षे केन जीवतीति तेषामेकः प्रत्युवाच॥

शकटं शाकिनी बावो जालमस्यन्दनं वनम्।
उदधिः पर्वतो राजा दुर्भिक्षे नव वृत्तयः॥

इति सा निगदव्याख्याता॥१॥

कारुरहं ततो भिषगुपलप्रक्षिणी नना।
नानाधियो वसूयवोऽनु गा इव तस्थिम इन्द्रायेन्दो परि स्त्रव॥ ऋ० ९।११२।३॥

कारुरहमस्मि कर्ता स्तोमानां ततो भिषक्। तत इति सन्ताननाम पितुर्बा पुत्रस्य वा। उपलप्रक्षिणी सक्तुकारिका। नना नमतेर्माता वा दुहिता वा। नानाधियो नानाकर्माणो वसूयवो वसुकामा अन्वास्थिताः स्मो गाव इव लोकम्। इन्द्रायेन्द्रो परिस्त्रवेत्यध्येषणा॥

आसीन ऊर्ध्वामुपसि क्षिणाति॥ ऋ० १०।२७।३॥

उपस्थे। प्रकलविद्वणिग्भवति कलाश्च वेद प्रकलाश्च । **दुर्मित्रासः प्रकलविन्मि-**

माना (ऋ० ७।१८।१५) इत्यपि निगमो भवति। अभ्यर्धयज्वाभ्यर्धयन्वजति। **सिषक्ति पूषा अभ्यर्धयज्व** (ऋ० ६।५०।५) इत्यपि निगमो भवति। ईक्ष ईशिषे ईक्षे। **हि वस्व उभयस्य राजन्** (ऋ० ६।१९।१०) इत्यपि निगमो भवति। क्षोणस्य क्षयणस्य। **महः क्षोणस्याश्विना कण्वाय** (ऋ० १।११७।८) इत्यपि निगमो भवति।।६।।२।।

अस्मे ते बन्धुः यजु० ४।२२। वयमित्यर्थः।।

अस्मे यातं नासत्या सजोषाः।। ऋ० १।११८।११।। अस्मानित्यर्थः।।

अस्मे समानेभिर्वृषभ पौंस्येभिः।। ऋ० १।१६५।७।।

अस्माभिरित्यर्थः।।

अस्मे प्र यन्धि मघवन्नृजीषिन्।। ऋ० ३।३६।१०।। अस्मभ्यमित्यर्थः।।

अस्मे आराच्चिद्द्वेषः सनुतर्युयोतु।। ऋ० ६।४७।१३।। अस्मदित्यर्थः।।

ऊर्व इव पप्रथे कामो अस्मे।। ऋ० ३।३०।१९।। अस्माकमित्यर्थः।।

अस्मे धत्त वसवो वसूनि।। यजु० ८।१८।। अस्माकस्वित्यर्थः।।

पाथोऽन्तरिक्षं पथा व्याख्यातम्। **श्येनो न दीयन्नन्वेति पाथ** (ऋ० ७।६३।५) इत्यपि निगमो भवति। उदकमपि पाथ उच्यते पानात्। **आ चष्ट आसां पाथो नदीनाम्** (ऋ० ७।३४।१०) इत्यपि निगमो भवति। अन्नमपि पाथ उच्यते पानादेव। **देवानां पाथ उप वक्षि विद्वान्** (ऋ० १०।७०।१०) इत्यपि निगमो भवति। सवीमनि प्रसवे। **देवस्य वयं सवितुः सवीमन्** (ऋ० ६।७१।२) इत्यपि निगमो भवति। सप्रथाः सर्वतः पृथुः। **त्वमग्ने सप्रथा असि** (ऋ० ५।३।४) इत्यपि निगमो भवति। विदथानि वेदनानि। **विदथानि प्रचोदयन्।** (ऋ० ३।२७।७) इत्यपि निगमो भवति।।७।।३।।

श्रायन्त इव सूर्य्यं विश्वेदिन्द्रस्य भक्षते।

वसूनि जाते जनमान ओजसा प्रति भागं न दीधिम।। ऋ० ८।९९।३।।

समाश्रिताः सूर्यमुपतिष्ठन्ते। अपि वोपमार्थे स्यात्सूर्यमिवेन्द्रमुपतिष्ठन्त

इति। सर्वाणीन्द्रस्य धनानि विभक्ष्यमाणाः स यथा धनानि विभजति जाते च जनिष्यमाणे च तं वयं भागमनुध्यायामौजसा बलेन। ओज ओजतेर्वोब्जतेर्वा आशीराश्रयणाद्वा श्रपणाद्वा। अथेयमितराशीराशास्तेः। **इन्द्राय गाव आशिरम्** (ऋ० ८।६९।६) इत्यपि निगमो भवति। सा मे सत्याशीर्देवेष्विति च॥

यदा ते मर्तो अनु भोगमानळादिद्ग्रसिष्ठ ओषधीरजीगः॥ ऋ० १।१६३।७॥

यदा ते मर्तो भोगमन्वापदथ ग्रसितृतम ओषधीरगारीः। जिगर्तिर्गिरतिकर्मा वा गृणातिकर्मा वा गृह्णातिकर्मा वा॥

मूरा अमूर न वयं चिकित्वो महित्वमग्ने त्वमङ्ग विन्से॥ ऋ० १०।४।४॥

मूढा वयं स्मोऽमूढस्त्वमसि न वयं विद्मो महत्वमग्ने त्वं तु वेत्थ। शशमानः शंसमानः। **यो वां यज्ञैः शशपानो ह दाशति** (ऋ० १।१५१।७) इत्यपि निगमो भवति॥

देवो देवाच्या कृपा॥ ऋ० १।१२७।१॥

देवो देवान्प्रत्यक्तया कृपा। कृप् कृपतेर्वा कल्पतेर्वा॥८॥४॥

अश्रेवं हि भूरिदावत्तरा वां विजामातुरुत वो घा स्यालात्। अथा सोमस्य प्रयती युवभ्यामिन्द्राग्नी स्तोमं जनयामि नव्यम्॥ ऋ० १।१०९।२॥

अथौषं हि बहुदातृतरौ वां विजामातुरसुमाप्ताज्जामातुः। विजामातेति शश्वद् दाक्षिणाजाः क्रीतापतिमाचक्षतेऽसुसमाप्त इव वरोऽभिप्रेतः। जामाता जा अपत्यं तन्निर्माता। उत वा घा स्यालादपि च स्यालात्। स्याल आसन्नः संयोगेनेति नैदानाः। स्याल्लाजानावपतीति वा। लाजा लाजतेः स्यं शूर्पं स्यतेः। शूर्पमशनपवनंशृणातेर्वा। अथ सौमस्य प्रदानेन युवाभ्यामिन्द्राग्नी स्तोमं जनयामि नव्यं नवरतम्। ओमास (१२।४०) इत्युपरिष्टाद् व्याख्यास्यामः॥९॥५॥

इति षष्ठाऽध्यायस्य द्वितीयः पादः॥

अथ तृतीयः पादः।।

सोमानं स्वरणं कृणुहि ब्रह्मणस्पते। कक्षीवन्तं य औशिजः।।ऋ० १।१८।१।।

सोमानं सोतारं प्रकाशनवन्तं कुरु ब्रह्मणस्पते कक्षीवन्तमिव य औशिजः। कक्षिवान्कक्षयावानौशिज उशिजः पुत्रः। उशिग्वष्टेः कान्तिकर्मणः। अपि त्वयं मनुष्यकक्ष एवाभिप्रेतः स्यात्तं सोमानं सोतारं मां प्रकाशनवन्ते कुरु ब्रह्मणस्पते ! ।।१०।१।।

इन्द्रासोमा समघशंसमभ्याघं तपुर्ययस्तु चरुरग्निवाँ इव।
ब्रह्मद्विषे क्रव्यादे घोरचक्षसे द्वेषो धत्तमनवायं किमीदिने।। ऋ० ७।१०४।२।।

इन्द्रासोमावघस्य शंसितारम्। अद्यं हन्तेर्निर्हृसितोपसर्ग आहन्तीति। तपुस्तपतेः। चरुर्मुच्चयो भवति चरतेर्वा समुच्चरन्त्यस्मादापः। ब्रह्मद्विषे ब्राह्मणद्वेष्ट्रे घोर क्रव्यमदते चक्षसे घोरख्यानाय। क्रव्यं विकृत्ताज्जायत इति नैरुक्ताः। द्वेषो धत्तमनवायनमवयवं यदन्ये न व्यवेयुरद्वेषस इति वा। किमीदिने किमिदानीमिति चरते किमिदं किमिदमिति वा पिशुनाय चरते। पिशुनः पिंशतेर्विपिंशतीति।।११।२।।

कृणुष्व पाजः प्रसितिं न पृथ्वीं याहि राजेवामवाँ इभेन।
तृष्वमिनु प्रसितिं द्रूणानोऽस्तासि विध्ये रक्षसस्तपिष्ठैः।। ऋ० ४।४।१।।

कुरुष्व पाजः पाजः पालनात्प्रसितिमिव पृथ्वीम्। प्रसितिः प्रसयनात्तन्तुर्वा जालं वा। याहि राजेवामात्यवानभ्यमनवान्स्वान्वेराभृता गणेन गतभयेन हस्तिनेति वा। तृष्व्यानु प्रसित्या द्रूणानः। तृष्वीति क्षिप्रनाम तरतेर्वा त्वरतेर्वा। असितासि विध्य रक्षसस्तपिष्ठैस्तप्ततमैस्तृप्ततमैः प्रपिष्ठतमैरिति वा।।

यस्ते गर्भमीवा दुर्णामा योनिमाशये।। ऋ० १०।१६२।२।।

अमीवाभ्यमनेन व्याख्यातः। दुर्णामा क्रिमिर्भवति पापनामा। क्रिमिः क्रव्ये मेद्यति क्रमतेर्वा स्यात्सरणंकर्मणः क्रामतेर्वा।।

अतिक्रामन्तो दुरितानि विश्वा॥ अथ० १२।२।२८॥

अतिक्रममाणा दुर्गतिगमनानि सर्वाणि। अप्वा यदेनया विद्धोऽपवीयते व्याधिर्वा भयं वा। **अप्वे परेही** त्यपि निगमो भवति। अमतिरमामयी मतिरात्ममयी। **ऊर्ध्वा यस्यामतिर्भा अदिद्युतत्सवीमनि** (अथ० ७।१४।२) इत्यपि निगमो भवति। श्रुष्टीति क्षिप्रनामाशु अष्टीति।।१२।।३।।

ताँ अध्वर उशतो यक्ष्यग्ने श्रुष्टी भंग नासत्या पुरंन्धिम्॥ ऋ० ७।३९।४॥

तानध्वरे यज्ञ उशतः कामयमानान्यजाग्ने श्रुष्टी भंग नासत्यौ चाश्विनौ। सत्यावेव नासत्यावित्यौर्णवाभः। सत्यस्य प्रणेताराविताग्रायणः। नासिकाप्रभवौ बभूवतुरिति वा। पुरन्धिर्बहूधीस्तत्कः पुरन्धिर्भगः पुरस्तात्तस्यान्वादेश इत्येकमिन्द्र इत्यपरं स बहुकर्मतमः पुरां च दारयितृतमो वरुण इत्यपरं तं प्रज्ञया स्तौति। **इमामूनु कवितमस्य मायाम्** (ऋ० ५।८५।६) इत्यपि निगमो भवति। रुषदिति वर्णनाम रोचतेर्ज्वलतिकर्मणः। **समिद्धस्य रुशददर्शि पाज** (ऋ० ५।१।२) इत्यपि निगमो भवति।।१३।।४।।

अस्ति हि वः सजात्यं रिशादसो देवासो अस्त्याप्यम्॥ ऋ० ८।२७।१०॥

अस्ति हि वः समानजातिता रेशयदारिणो देवा अस्त्याप्यम्। आप्यमाप्नोतेः। मुदत्रः कल्याणदानः। **त्वष्टा सुदत्रो वि दधातु राय** (ऋ० ७।३४।२२) इत्यपि निगमो भवति। सुविदत्रः कल्याणविद्यः। **आग्ने याहि सुविदत्रे-भिरर्वाग्** (ऋ० ८।४५।१) इत्यपि निगमो भवति। आनुषगिति नामानुपूर्वभ्यानुषक्तं भवति। **स्तृणन्ति वर्हिरानुषग्** (ऋ० १०।१५।९) इत्यपि निगमो भवति। तुर्वणिस्तूर्णवनिः। स **तुर्वणिर्महाँ अरेणु पौंस्य** (ऋ० १।५६।३) इत्यपि निगमो भवति। गिर्वणा देवो भवति गीर्भिरेनं वनयन्ति। **जुष्टं गिर्वणसे बृहद्** (ऋ० ८।७८।७) इत्यपि निगमो भवति।।१४।।५।।

असूते सूर्ते रजसि निषत्ते ये भूतानि समकृण्वन्निमानि॥ ऋ० १०।८२।४॥

असुसमीरिता सुसमीरिते वातसमीरिता माध्यमिका देवगणा ये रसेन पृथिवीं तर्पयन्तो भूतानि च कुर्वन्ति त आयजन्तेत्यतिक्रान्तं प्रतिवचनम्।।

अभ्यक्सा त इन्द्र ऋष्टिः।। १।१६९।३।।

अमाक्तेति वाभ्यक्तेति वा।।

यादृश्मिन्धायि तमपस्यया विदत्।। ऋ० ५।४४।८।।

यादृशेऽधायि तमपस्यायाविदत्।।

उस्रः पितेव जारयायि यज्ञैः।। ऋ० ६।१२।४।।

उस्र इव गोपिताजायि यज्ञैः।। १५।।६।।

प्रवोऽच्छा जुजुषाणासो अस्थुरभूत विश्वे अग्रियोत वाजाः।। ऋ० ४।३४।३।।

प्रास्थुर्वो जोषयमाणा अभवत सर्वेऽग्रगमनेनेति वाग्रगरणेनेति वाग्रसम्पादिन इति वा। आपि वाग्रमित्येतदनर्थकमुपबन्धमाददीत।।

अद्धीदिन्द्र प्रस्थितेमा हवींषि चनो दधिष्व पचतोत सोमम्।। ऋ० १०।११६।८।।

अद्धीन्द्र प्रस्थितानीमानि हवींषि चनो दधिष्व। चन इत्यन्ननाम। पचतिर्नामीभूतः। **तं मेदस्तः प्रति पचताग्रभीष्टाम्** (य० २१।६०) इत्यपि निगमो भवति। अपि वा मेदसश्च पशोश्च सात्त्वं द्विवचनं स्याद्यत्र ह्येकवचनार्थः प्रसिद्धं तद्भवति। **पुरोडा अग्ने पचत** (ऋ० ३।२८।२) इति यथा। शुरुध आपो भवन्ति शुचं संरुन्वति। **ऋतस्य हि शुरुवः सन्ति पूर्वीः** (ऋ० ४।२३।८) इत्यपि निगमो भवति। अमिनोऽमितमात्रो महान्भवत्यभ्यमितो वा। **अमिनः सहोभिः (ऋ० ६।१९।१) इत्यपि निगमो भवति।** जज्झतीरापो भवन्ति शब्दकारिण्यः। **मरुतो जज्झतीरिव** (ऋ० ५।५२।६) इत्यपि निगमो भवति। अप्रतिष्कुतोऽप्रतिष्कुतोऽप्रतिस्खलितो वा। **अस्मभ्यमप्रतिष्कुत** (ऋ० १।७।६) इत्यपि निगमो भवति। शाशदानः शाशाद्यमानः। **प्र स्वां मतिमतिरच्छाशदान** (ऋ० १।३३।१३) इत्यपि निगमो भवति।। १६।।७।।

इति षठाऽध्यायस्य तृतीयः पादः।।

अथ चतुर्थः पादः॥

सृपः सर्पणादिदमपीतरत्सृप्रमेतस्मादेव सर्पिर्वा तैलं वा। **सृप्रकरस्नमूतय** (ऋ० ८।३२।१०) इत्यपि निगमो भवति। करस्नौ बाहु कर्मणां प्रस्नातारौ। सुशिप्रमेतेन व्याख्यातम्। **वाजे सुशिप्र गोमति** (ऋ० ८।२१।८) इत्यपि निगमो भवति। शिप्रे हनू नासिके वा हनुर्हन्तेर्नासिका नसतेः। **विष्यस्व शिप्रे वि सृजस्व धेने** इत्यपि निगमो भवति। धेना दधातेः। रंसु रमणात्। **स चित्रेण चिकिते रंसु भासे** इत्यपि निगमो भवति। द्विबर्हा द्वयोः स्थानयोः परिवृढो मध्यमे च स्थान उत्तमे च। **उत द्विबर्हा अमिनः सहोभिरि**त्यपि निगमो भवति। अक्र आक्रमणात्। **अक्रो न बभ्रिः समिथे महीनामि**त्यपि निगमो भवति। उराणा उरु कुर्वाणः। **दूत ईयसे प्रदिव उराण** इत्यपि निगमो भवति। स्तिया आयो भवन्ति स्त्यायनात्। **वृषा सिन्धूनां वृषभं स्तियानामि**त्यपि निगमो भवति। स्तिपा स्तियापालन उपस्थितान्पालयतीति वा। **स न स्तिपा उत भवा तनूपा** इत्यपि निगमो भवति। जबारु जवामानरोहि जरमाणारोहि गरमाणरोहीति वा। **अग्रेरुप आरुपितं जबारु** (ऋ० ४।५।७) इत्यपि निगमो भवति। जरूथं गरूथं गृणातेः। **जरूथं हन्यक्षि राये पुरन्धिम्** (ऋ० ७।९।६) इत्यपि निगमो भवति। कुलिश इति वज्रनाम कूलशातनो भवति॥

स्कन्धाँसीव कुलिशेना विवृक्णाहिः शयत उपपृक् पृथिव्याः॥ ऋ० १।३२।५॥

स्कन्धो वृक्षस्य समास्कन्नो भवत्ययमपीतरः स्कन्ध एतस्मादेवास्कन्नं काये अहिः शयत उपपर्चनः पृथिव्याः। तुञ्जस्तुञ्जतेर्दानकर्मणः॥१७॥१॥

तुञ्जेतुञ्जे य उत्तरे स्तोमा इन्द्रस्य वज्रिणः। नविन्धे अस्य सुष्टुतिम्॥ ऋ० १।७।७॥

दानेदाने य उत्तरे स्तोमा इन्द्रस्य वज्रिणो नास्य तैर्विन्दामि समाप्तिं स्तुतेः। बर्हणा परिबर्हणा। बृहच्छ्रवा असुरो बर्हणा कृत (ऋ० १।५४।३) इत्यपि निगमो भवति॥१८॥२॥

यो अस्मै घ्रंसउत वाय ऊधनि सोमं सुनोति भवति द्युमाँ अह।

अपाप शक्रस्तुतनुष्टिमूहति तनूशुभ्रं मघवा यः कवासखः॥ ऋ० ५।३४।३॥

घ्रस इत्यहर्नाम ग्रस्यन्तेऽस्मिन् रसाः। गोरूध उद्वततरं भवत्युपोन्नद्धमिति वा। स्नेहानुप्रदानसामान्याद्रात्रिरप्यूध उच्यते। स योऽस्मा अहन्यपि वा रात्रौ सोमं सुनोति भवत्यह द्योतनवान्। अपोहत्यपोहति शक्रस्तिततनिषुं धर्मसन्तानादपेतमलङ्करिष्णुमयज्वानं तनूशुभ्रं तनूशोभयितारं मघवा यः कवासखो यस्य कपूयाः सखायः॥

न्याविध्यदिलीबिशस्य दृह्ळा वि शृङ्गिणमभिनच्छुष्णमिन्द्रः॥ ऋ० १।३३।१२॥

निरबिध्यदिलाबिलशयस्य दृढानि व्यभिनच्छृङ्गिणं शुष्णनिन्द्रः॥१९॥३॥

अस्मा इदु प्र भरा तूतुजानो वृत्राय वज्रमीशानः कियेधाः। गोर्न पर्व वि रदा तिरश्चेष्यन्नर्णांस्यपा चरध्यै॥ ऋ० १।६१।१२॥

अस्मै प्रहर तूर्णं त्वरमाणो वृत्राय वज्रमीशानः। कियेधाः कियद्धा इति वा क्रममाणधा इति वा। गोरिव पर्वाणि विरद मेघस्येप्यन्नर्णांस्पयां चरणाय। भृमिभ्राम्यतेः। **भृमिरस्यृषिकृन्मर्त्यानाम्** (ऋ० १।३१।१६) इत्यपि निगमो भवति। विष्पितो विप्राप्तः। **पारं नो अस्य विष्पितस्य पर्षन्** (ऋ० ७।६०।७) इत्यपि निगमो भवति॥२०॥४॥

तन्नस्तुरीपमद्भुतं पुरु वारं त्मना। त्वष्टा पोषाय वि ष्यतु राये नाभानो अस्मयुः। ऋ० १।१४२।१०॥

तन्नेस्तूरर्णापि महत्सम्भृतमात्मना त्वष्टाधनस्य पोषाय विष्यत्वित्यस्मयुरस्मान्कामयमानः रास्पिनो रास्पी रपतेर्वा रसतेर्वा। **रास्पिनस्यायोः।** (ऋ० १।१२२।४) इत्यपि निगमो भवति। ऋञ्जतिः प्रसाधनकर्मा। **आ व ऋञ्जस ऊर्जां व्युष्टिषु** (ऋ० १०।७६।१) इत्यपि निगमो भवति। ऋजुरित्यप्यस्य भवति। **ऋजुनीती नो वरुण** (ऋ० १।९०।१) इत्यपि निगमो भवति। प्रतद्वसू प्राप्तवसू। **हरी इन्द्र प्रतद्वसू अभि स्वर** (ऋ० ८।१३।२७) इत्यपि निगमो भवति॥२१॥५॥

हिनोता नो अध्वरं देवयज्या हिनोत ब्रह्म सनये धनानाम्। ऋतस्य योगे विष्यध्वमूधः श्रुष्टीवरीर्भूतनास्मभ्यमापः॥ ऋ० १०।३०।११॥

प्रहिणुत नोऽध्वरं देवयज्यायै प्रहिणुत ब्रह्म धनस्य सननाय। ऋतस्य योगे यज्ञस्य योगे याज्ञे शकट इति वा। शकटं शकृदितं भवति शनकेस्तकतीति वा शब्देन तकतीति वा। श्रुष्टीवरीर्भूतनास्मभ्यमापः। सुखवत्यो भवतास्मभ्य-मापः॥

चोष्कूयमाण इन्द्र भूरि वामम्॥ ऋ० १।३३।३॥

ददिन्द्र बहु वननीयम्॥

एधमानद्विळुभयस्य राजा चोष्कूयते विश इन्द्रो मनुष्यान्॥ ऋ० ६।४७।१६॥

व्युदस्यत्येधमानानसुन्वतः सुन्वतोऽभ्यादधात्युभयस्य राजा दिव्यस्य च पार्थिवस्य च चोष्कूयमाण इति चोष्कूयतेश्चर्करीतवृत्तम्। सुमत्स्वयमित्यर्थः॥

उप प्रागात्सुमन्मे धायि मन्म॥ ऋ० १।१६२।७॥

उपप्रैतु मां स्वयं यन्मे मनोऽध्यापि यज्ञेनेत्याश्वमेधिको मन्त्रः। दिविष्टिषु दिव एषणेषु॥

स्थूरं राधः शताश्वं कुरुङ्गस्य दिविष्टिषु॥ ऋ० ८।४।१९॥

स्थूरः समाश्रितमात्रो महान्भवति। अणुरनु स्थवीयाँसमुपसर्गो लुप्तनामकरणो यथा सम्प्रति। कुरुङ्गो राजा बभूव कुरुगमनाद्वा कुलगमनाद्वा। कुरुः क्रन्ततेः क्रूरमित्यप्यस्य भवति। कुलं कुष्णातेर्विकुपितं भवति। दूतो व्याख्यातः। जिन्वतिः प्रीतिकर्मा। **भूमिं पर्जन्या जिन्वन्ति दिवं जिन्यन्त्यग्नयः** (ऋ० १।१६४।५१) इत्यपि निगमो भवति॥२२॥६॥

इति षष्ठाऽध्यायस्य चतुर्थः पादः॥

अथ पञ्चमः पादः॥

अमत्रोऽमात्रोमहान्भवत्यभ्यमितो वा। **महाँ अमत्रो वृजने विरप्शि** (ऋ० ३।३६।४) इत्यपि निगमो भवति॥

स्तवे वज्र्यचीषमः॥ ऋ० १०।२२।२॥

स्तूयते वज्र्यृचा समः। अनर्शरातिमनश्लीलदानमश्लीलं पापकमश्रिमदिद्विषधमम्। **अनर्शरातिं वसुदामुप स्तुहि** (ऋ० ८।९९।४) इत्यपि निगमो भवति। अनर्वाप्तप्रत्यृतोऽन्यस्मिन्॥

अनर्वाणं वृषभं मन्द्रजिह्वं बृहस्पतिं वर्धया नव्यमर्कैः॥ ऋ० १।१९०।१॥

अनर्वमप्रत्यृमन्यस्मिन्वृषभं मन्द्रजिह्वं मन्दनजिह्वं मोदनजिह्वमिति वा बृहस्पतिं वर्धय नव्यमर्कैरर्चनीयैः स्तोमैः। असामि सामिप्रतिषिद्धं सामि स्यतेः॥

असाम्योजो बिभृथा सुदानवः॥ ऋ० १।३९।१०॥

असमाप्तं बलं बिभृत कल्याणदानाः॥२३॥१॥

मा त्वा सोमस्य गल्दया सदा याचन्नहं गिरा। भूर्णिं मृगं न सवनेषु चुक्रुधं क ईशानं न याचिषत्॥ ऋ० ८।१।२०॥

मा चुक्रुधं त्वां सोमस्य गालनेन सदा याचन्नहं गिरा गीत्या स्तुत्या भूर्णिमिव मृगं न सवनेषु चुकुधं क ईशानं न याचिष्यत इति। गल्दा धमनयो भवन्ति गलनमासु धीयते॥

आ त्वा विशन्त्विन्दव आ गल्दा धमनीनाम्॥ ऋ० १।१५।१॥

नानाविभक्तीत्येते भवतः। आगलना धमनीनामित्यत्रार्थः॥२४॥२॥

न पापसो मनामहे नारायासो न जळ्हवः॥ ऋ० ८।६१।११॥

न पापा मन्यामहे नाधना न ज्वलनेन हीनाः। अस्त्यस्मासु ब्रह्मचर्यमध्ययनं तपो दानकर्मेत्यधृषिरवोचत्। बकुरो भास्करो भयङ्करो भासमानो द्रवतीति वा॥२५॥३॥

यवं वृकेणाश्विना वपन्तेषं दुहन्ता मनुषाय दस्रा। अभि दस्युं बकुरेणा धमन्तोरु ज्योतिश्चक्रथुरार्याय॥ ऋ० १।११७।२१॥

यवमिव वृकेणाश्विनौ निवपन्तौ। वृको लाङ्गलं भवति विकर्तनात्। लाङ्गलं

लङ्गतेर्लाङ्गूलवद्वा। लाङ्गूलं लगतेर्लङ्गतेर्लम्बतेर्वा।। अन्नं दुहन्तौ मनुष्याय दर्शनीयावभिधमन्तौ दस्युं बकुरेण ज्योतिषा वोदकेन वार्य्य ईश्वरपुत्रः। वेकनाटाः खलु कुसीदिनो भवन्ति द्विगुणकारिणो वा द्विगुण कामयन्त इति वा।।

इन्द्रो विश्वान्बेकुनाटाँ अहर्दृश उत क्रत्वा पँणीरभि।। ऋ० ८।६।।१०।।

इन्द्रो यः सर्वान्वेकनाटानहर्दृशः सूर्य्यदृशो य इमान्यहानि पश्यन्ति न पराणीति वाभिभवति कर्मणा पणींश्च वणिजः।।२६।।४।।

जीवान्नो अभि धेतनादित्यासः पुरा हथात्। कद्ध स्थ हवनश्रुतः।। ऋ० ८।६७।५।।

जीवनो नोऽभिधावतादित्याः पुरा हननात्क नु स्थ ह्वानश्रुत इति। मत्स्यानां जालमापन्नानामेतदार्षं वेदयन्त। मत्स्या मधा उदके स्यादन्ते माद्यन्तेऽन्योन्यं भक्षणायेति वा। जालं जलचरं भवति जलेभवं वा जलेशयं वा। अहुरोंऽहस्वानंहूरणमित्यप्यस्य भवति। **कृण्वन्नंहूरणादुरु** (ऋ० १।१०५।१७) इत्यपि निगमो भवति।।

सप्त मर्यादाः कवयस्ततक्षुस्तासामेकामिदभ्यंहुरो गात्।। ऋ० १०।५।६।।

सप्तैव मर्यादाः कवयश्चक्रुस्तासामेकावप्यभिगच्छन्नस्वान्भवति। स्तेयं तल्पारोहरणं ब्रह्महत्यां भूणहत्यां सुरापाणं दुष्कृतस्य कर्मणः पुनः पुनः सेवां पातके नृतोद्यमिति। वत इति निपातः खेदानुकम्पयोः।।२७।।५।।

बतो बतासि यम नैव ते मनो हृदयं चाविदाम। अन्या किलत्वां कक्ष्येव युक्तं परिष्वजाते लिबुजेव वृक्षम्।। ऋ० १०।१०।१३।।

वतो बलादतीतो भवति दुर्बलो बतासि यम ! नैव ते मनो हृदयं च विजानीमः। अन्या किल त्वां परिष्वङ्क्ष्यते कक्ष्येव युक्तं लिबुजेव वृक्षम्। लिजुबा व्रततिर्भवति लीयते विभजन्तीति। व्रततिर्वरणाश्च। सयनाश्च ततनाश्च। वाताप्यमुदकं भवति वात एतदाप्याथयति। **पुनानो वाताप्यं विश्वश्चन्द्रम्** (ऋ० ९।९३।५) इत्यपि निगमो भवति।।

व॒ने न वा॒यो न्यधायि चा॒कन्॥ ऋ० १०।२९।१॥

वन इव वायो वेः पुत्रश्चायन्निति वा कामयमान इति वा। वेति च य इति च चकार शाकल्यः। उदात्तं त्वेवमाख्यातमभविष्यदसुसमाप्तश्चार्थः। रथर्यतीति सिद्धस्तत्प्रेप्सू रथं कामयत इति वा। **एष देवो रथर्यति** (ऋ० ९।३।५) इत्यपि निगमो भवति।।२८।।६।।

धे॒नुं न॒ इषं पिन्वत॒मसंक्राम्॥ ऋ० ६।६३।८॥

असङ्क्रमणीम्।।

इति षष्ठाऽध्यायस्य पञ्चमः पादः॥

अथ षष्ठः पादः।

आधव आधवनात्। तीनां त्र साधनं विप्राणां चाधवम् (ऋ० १०।२६।४) इत्यपि निगमो भवति। अनवत्रवोऽनवक्षिप्तवचनः। **विजेषकृदिन्द्र इवानवब्रवः** (ऋ० १०।८४।५) इत्यपि निगमो भवति।।२९।।१।।

अरायि॒ काणे विकट गि॒रिं गच्छ सदान्वे।
शिरिम्बिठस्य॒ सत्वभि॒स्तेभिष्ट्वा चातयामसि॥ ऋ० १०।१५५।१॥

अदायिनि काणे विकटे। काणे विक्रान्तदर्शन इत्यौपमन्यवः। कणतेर्बा स्यादणूभावकर्मणाः। कणतिः शब्दाणूभावे भाष्यतेऽनुकणनीति। मात्राणुभावात्कणा दर्शनाणूभावात्काणः। विकटो विक्रान्तगतिरित्यौपमन्यवः। कुटतेर्वा स्याद्वि-परीतस्यव विकुटितो भवति। गिरिं गच्छ सदानोनुवे शब्दकारिके। शिरिम्बिठस्य सत्वभिः। मेघः शिरिम्बिठो शीर्यते बिठे बिठमन्तरिक्षं बिठं बीरिटेन व्याख्यातम्। तस्य सत्त्वैरुदकेरिति स्यात्तैष्ट्वा चातयामः। अपि वा शिरिम्बिठो भारद्वाजः कालकर्णोपेतोऽलक्ष्मीर्निर्णाशयञ्चकार तस्य सत्यैः कर्मभिरिति स्यात्तैष्ट्वा चातयामश्चातयतिर्नाशने। पराशरः पराशीर्णस्य वसिष्ठस्य स्थविरस्य जज्ञे। **पराशरः शतयातुर्वसिष्ठः** (ऋ० १८।२१) इत्यपि निगमो भवति। इन्द्रोऽपि पराशर उच्यते पराशातयिता यातूनाम्। **इन्द्रो यातूनामभवत्पराशरः** (ऋ० ७।१०४।२१) इत्यपि निगमो भवति। क्रिविर्दती विकर्त्तनदन्ती। **यत्रा वा**

दिद्युद्रदति क्रिविर्दती (ऋ० १।१६६।६) इत्यपि निगमो भवति। करूलती कृतदती। अपि वा देवं कं चित्कृत्तदन्तं दृष्ट्वैवमवक्ष्यत्॥३०॥२॥

वामं वामं त आदुरे देवो ददात्वर्यमा।
वामं पूषा वामं भगो वामं देवः करूळती॥ ऋ० ४।३०।२४॥

वामं वननीयं भवत्यादुरिरादरणात्। तत्कः करूलती भगः पुरस्तात्तस्यान्वादेश इत्येकं पूषेत्यपरं सोऽदन्तकः। **अदन्तकः पूषा** (गो० ब्रा० उ० १।२।) इति च ब्राह्मणम्॥

दनो विश इन्द्र मृध्रवाचः॥ ऋ० १।१७४।२॥

दानमनसो नो मनुष्यानिन्द्र सृदुवाचः कुरु॥

अवीरामिव मामयं शरारुरभि मन्यते॥ ऋ० १०।८६।९॥

अवलामिव मामयं बालोऽभिमन्यते संशिशरिपुः। इदंयुरिदं कामयमानः। अथापि तद्वदर्थे भाष्यते वसूयुरिन्द्रो वसुमानित्यत्रार्थः। **अश्वयुर्गव्यू रथयुर्वसूयुरिन्द्र** (ऋ० १।५१।१४) इत्यपि निगमो भवति॥३१॥३॥

किं ते कृण्वन्ति कीकटेषु गावो नाशिरं दुह्रे न तपन्ति घर्मम्।
आ नो भर प्रमगन्दस्य वेदो नैचाशाखं मघवन्रन्धया नः॥ ऋ० ३।५३।१४॥

किं ते कुर्वन्ति कीकटेषु गावः। कीकटा नाम देशोऽनार्यनिवासः। कीकटाः किंकृताः किं क्रियाभिरिति प्रेप्सा वा। नैव चाशिरं दुह्रे न तपन्ति घर्मं हर्म्यम्। आहरः नः प्रमगन्दस्य धनानि। मगन्दः कुसीदी माङ्गदो मामागमिष्यतीति च ददाति । तदपत्यं प्रमगन्दोऽत्यन्तकुसीदिकुलीनः। प्रमदको वा योऽयमेवास्ति लोको न पर इति प्रेप्सुः। पण्डको वा पण्डकः पण्डगः प्रार्दको वा प्रार्दयत्याण्डौ। आण्डावाणी इव व्रीडयति तस्तस्भे। नैचाशाखं नीचाशाखो नीचैःशाखः। शाखाः शक्नोतेः। आणिररणात्। तं नो मघवन् रन्धयेति रध्यतिर्वशगमने। बुन्द इषुर्भवति बुन्दो वा भिन्दो वा भयदो वा भासमाने द्रवतीति वा॥३२॥४॥

तविक्षं ते सुकृतं सूमयं धनुः साधुर्बुन्दो हिरण्ययः। उभा ते बाहू रण्या सुसंस्कृतं ऋदूपे चिदृदूवृधा॥ ऋ० ८।७७।११॥

तुविक्षं बहुविक्षेपं महाविक्षेपं वा ते सुकृतं सूमयं सुसुखं धनुः साधयिता ते बुन्दो हिरण्ययः। उभौ ते बाहू रण्यो रमणीयौ साङ्ग्राम्यौ वर्दूपे अर्दनपातिनौ गमनपातिनौ शब्दपातिनौ दूरपातिनौ वा मर्मण्यर्दनवेधिनौ गमनवेधिना शब्दवेधिनौ दूरवेधिनौ वा॥३३॥५॥

निराविध्यद्गिरिभ्य आ धारयत्पक्वमोदनम्। इन्द्रो बुन्दं स्वाततम्॥ ऋ० ८।७७।६॥

निरविध्यद्गिरिभ्य आ धारयत्पक्वमोदनमुदकदानं मेघम्। इन्द्रो बुन्दं स्वाततम्। वृन्दं बृन्देन व्याख्यातं। वृन्दारकश्च॥३४॥६॥

अयं यो होता किरु स यमस्य कमप्यूहे यत्समञ्जन्ति देवाः।
अहरहर्जायते मासिमास्यथा देवा दधिरे हव्यवाहम्॥
ऋ०।१०।५२।३॥

अयं यो होता कर्ता स यमस्य कमप्यूहेऽन्नमभिवहति यत्समश्नुवन्ति देवा अहरहर्जायते मासेमासेऽर्धमासे वाऽथ देवा निदधिरे हव्यवाहम्। उल्वमूर्णोतेर्वृणोतेर्वा। **महत्तदुल्बं स्थविरं तदासीत्** (ऋ० १०।५१।१) इत्यपि निगमो भवति। ऋबीसमपगतभासमपहृतभासमन्तर्हितभासं गतभासं वा॥३५॥७॥

हिमेनाग्निं घ्रसमवारयेथां पितृमतीमूर्जमस्मा अधत्तम्। ऋबीसे अत्रिमश्विनावनीतमुन्निन्यथुः सर्वगणं स्वस्ति॥ ऋ० १।११६।८॥

हिमेनोदकेन ग्रीष्मातेऽग्निं घ्रंसमहरवारयेथामन्नवतीं चास्मा ऊर्जमधत्तमग्नये योऽयमृबीसे पृथिव्यामग्निरन्तरौषधिवनस्पतिस्वप्सु तमुन्निन्यथुः सर्वगणं सर्वनामानम्। गणो गणनाद् गुणश्च। यद् वृष्ट् ओषधय उद्यन्ति प्राणिनश्च पृथिव्यां तदश्विनो रूपं तेनैतौ स्तौति॥३६॥८॥

इति षष्ठाऽध्यायस्य षष्ठः पादः॥

षष्ठाध्यायश्च समाप्तः॥

समाप्तमिदं नैगमकाण्डम्॥

समाप्तश्चायं पूर्वषट्कः॥

ओ३म्

अथ निरुक्त उत्तरषट्कप्रारम्भः॥

अथ दैवतंकाण्डम्॥

अथ प्रथमाऽध्यायारम्भः।

तत्र प्रथमः पादः।

अथातो दैवतम्॥ तद्यानि नामानि प्राधान्यस्तुतीनां देवतानां तद्दैवतमित्याचक्षते। सैषा देवतोपपरीक्षा। यत्काम ऋषिर्यस्यां देवतायामर्थपत्यमिच्छन्त्स्तुति प्रयुङ्क्ते तद्दैवतः स मन्त्रो भवति। तास्त्रिविधा ऋचः परोक्षकृताः प्रत्यक्षकृता आध्यात्मिक्यश्च। तत्र परोक्षकृताः सर्वाभिर्नामविभक्तिभिर्युज्यन्ते प्रथमपुरुषैश्चाख्यातस्य॥१॥

इन्द्रो दिव इन्द्र ईशे पृथिव्याः॥ ऋ० १०।८९।१०॥

इन्द्रमिद्गाथिनो बृहत्॥ ऋ० १।७।१॥

इन्द्रेणेते तृत्सवो वेविषाणाः॥ ऋ० ७।१८।१५॥

इन्द्राय साम गायत॥ ऋ० ८।९८।१॥

नेन्द्रादृते पवते धाम किं चन॥ ऋ० ९।६९।६॥

इन्द्रस्य नु वीर्याणि प्र वोचम्॥ ऋ० १।३२।१॥

इन्द्रे कामा अयंसतेति॥

अथ प्रत्यक्षकृता मध्यमपुरुषयोगास्त्वमिति चैतेन सर्वनाम्ना।

त्वमिन्द्र बलादधि॥ ऋ० १०।१५३।२॥

वि न इन्द्र मृधो जहीति॥ ऋ० १०।१५२।४॥

अथापि प्रत्यक्षकृताः स्तोतारो भवन्ति परोक्षकृतानि स्तोतव्यानि।

मा चिदुन्यद्वि शंसत॥ ऋ० ८।१।१॥

कण्वा अभि प्र गायत॥ ऋ० १।३७।१॥

उप प्रेत कुशिकाश्चेतयध्वमिति॥ ऋ० ३।५३।११।

अथाध्यात्मिक्य उत्तमपुरुषयोगा अहमिति चैतेन सर्वनाम्ना यथैतदिन्द्रो वैकुण्ठो (ऋ० १०।४७-४८) लवसूक्तं (ऋ० १०।११९) वागाम्भृणीयम् (ऋ० १०।१२५) इति॥२॥

परोक्षकृताः प्रत्यक्षकृताश्च मन्त्रा भूयिष्ठा अल्पश आध्यात्मिकाः। अथापि स्तुतिरेव भवति नाशीर्वाद **इन्द्रस्य नु वीर्याणि प्र वोचम्** (ऋ० १।३२।१) इति यथैतस्मिन्त्सूक्ते। अथाप्याशीरेव न स्तुतिः सुचक्षा अहमक्षीभ्यां भूयासं सुवर्चा मुखेन सुश्रुत्कर्णाभ्यां भूयासमिति। तदेतद् बहुलमाध्वर्य्यवे याज्ञेषु च मन्त्रेषु। अथापि शपथाभिशापौ॥

अद्या मुरीय यदि यातुधानो अस्मि।
अधा स वीरैर्दशभिर्वि यूया (ऋ० ७।१०४।१५) इति॥

अथापि कस्यचिद्भावस्याचिख्यासा।

न मृत्युरासीदमृतं न तर्हि॥ ऋ० १०।१२९।२॥
तम आसीत्तमसा गूढमग्रे॥ ऋ० १०।१२९।३॥

अथापि परिदेवना कस्माश्चिद्भावात्।

सुदेवो अद्य प्रपतेदनावृत्॥ ऋ० १०।९५।१४॥
न वि जानामि यदि वेदमस्मि॥ (ऋ० १।१६४।३७) इति॥

अथापि निन्दाप्रशंसे।

केवलाघो भवति केवलादी॥ ऋ० १०।११७।६॥
भोजस्येदं पुष्करिणीव वेश्म (ऋ० १०।१०७।१०) इति॥

एवमक्षसूक्ते (१०।३४) द्यूतनिन्दा च कृषिप्रशंसा च। एवमुच्चावचैरभिप्रायैर्ऋषीणां मन्त्रदृष्टयो भवन्ति॥३॥

तद्येनादिष्टदेवता मन्त्रास्तेषु देवतोपपरीक्षा। यद्देवतः स यज्ञो वा यज्ञाङ्गं

वा तद्देवता भवन्ति। अथान्यत्र यज्ञात्प्रजापत्या इति याज्ञिका नाराशंसा इति नैरुक्ताः। अपि वा सा कामदेवता स्यात्प्रायोदेवता वास्ति ह्याचारो बहुलं लोके देवदेवत्यमतिथिदेवत्यं पितृदेवत्यम्। याज्ञदैवतो मन्त्र इति। अपि ह्यदेवता देवतावत् स्तूयन्ते यथाश्वप्रभृतिन्योषधिपर्यन्तान्यथाप्यष्टौ द्वन्द्वानि। स न मन्येतागन्तूनिवार्थान् देवतानां प्रत्यक्षदृश्यमेतद्भवति। माहाभाग्यवद् देवताया एक आत्मा बहुधा स्तूयत एकस्यात्मनोऽन्ये देवाः प्रत्यङ्गनि भवन्ति। अपि च सत्त्वानां प्रकृतिभूमभिर्ऋषयः स्तुवन्तीत्याहुः प्रकृतिसार्वनाम्न्याश्चेतरेतरजन्मानो भवन्तीतरेतरप्रकृतयः कर्मजन्मान आत्मजन्मान आत्मैवैषां रथो भवत्यात्माश्व आत्मायुधमात्मेषव आत्मा सर्वं देवस्य।।४।।

इति प्रथमाध्यायस्य प्रथमः पादः॥

अथ द्वितीयः पादः॥

तिस्त्र एव देवता इति नैरुक्ता अग्निः पृथिवीस्थानो वायुर्वेन्द्रो वान्तरिक्षस्थानः सूर्यो द्युस्थानः। तासां माहाभाग्यादेकैकस्या अपि बहूनि नामधेयानि भवन्त्यपि वा कर्मपृथक्त्वाद्यथा होताध्वर्युर्ब्रह्मोद्गातेत्यप्येकस्य सतोऽपि वापृथगेव स्युः पृथग्धि स्तुतयो भवन्ति तथाभिधानानि। यथो एतत्कर्मपृथक्त्- वादिति बहवोऽपि विभज्य कर्माणि कुर्युः। तत्र संस्थानैकत्वम्। सम्भोगैकत्वं चोपेक्षितव्यम्। यथा पृथिव्यां मनुष्याः पशवो देवा इति स्थानैकत्वम्। सम्भोगैकत्वं च दृश्यते यथा पृथिव्याः पर्जन्येन च वाय्वादित्याभ्याञ्च सम्भोगोग्निना चेतरस्य लोकस्य तत्रैतन्नरराष्ट्रमिव।।५।।१।।

अथाकारचिन्तनं देवतानाम्। पुरुषविधाः स्युरित्यकं चेतनावद्धि स्तुतयो भवन्ति तथामिधानानि। अथापि पौरुषविधिकेरङ्गैः संस्तूयन्ते।।

ऋष्वा त इन्द्रं स्थविरस्य बाहु॥ ऋ० ६।४७।८॥

यत्संङ्गृभ्णा मघवन्काशिरित्ते॥ ऋ० ३।३०।५॥

अथापि पौरुषविधिकेर्द्रव्यसंयोगैः।।

आ द्वाभ्यां हरिंभ्यामिन्द्र याहि॥ ऋ० २।१८।४॥

कल्याणीजार्या सुरणं गृहे ते॥ ऋ० ३।५३।६॥

अथापि पौरुषविधिकैः कर्मभिः॥

अद्धीन्द्र पिब च प्रस्थितस्य॥ ऋ० १०।११६।७॥

आश्रुत्कर्णा श्रुधी हवम्॥ ऋ० १।१०।९।६॥२॥

अपुरुषविधाः स्युरित्यपरमपि तु यद् दृश्यतेऽपुरुषविधं तद्यथाग्निर्वायुरादित्यः पृथिवी चन्द्रमा इति। यथो एतश्चेतनावद्वद्धि स्तुतयो भवन्तीत्यचेतनान्यप्येवं स्तूयन्ते यथाक्षप्रभृतीन्योधिपर्यन्तानि। यथो एतस्तपौरुषविधिकेरङ्गैः संस्तूयन्त इत्यचेतनेष्वेतद्भवति। **अभि क्रन्दन्ति हरितेभरासभिः** (ऋ० १०।९४।२) इति प्रावस्तुतिः। यथो एतत्पौरुषविधिकेर्द्रव्यसंथोमैरित्येतदपि तादृशमेव। **सुखं रथं युयुजे सिन्धुरश्विनम्** (ऋ० १०।७५।९) इति नदीस्तुतिः। यथो एतत्पौरुषविधिकेः कर्माभिश्रित्येतदपि तादृशमेव। **होतुश्चित्पूवे हविरद्यमाशत** (ऋ० १०।९४।२) इति ग्रावस्तुतिरेव। अपि वोभयविधाः स्युरपि वा पुरुषविधानामेव सतां कर्मात्मान एते स्वुर्यथा यज्ञो यजमानस्यैष चाख्यानसमयः॥७॥३॥

इति प्रथमाध्यायस्य द्वितीयः पादः॥

अथ तृतीयः पादः॥

तिस्र एव देवता इत्युक्तं पुरस्तात्तासां भक्तिसाहचर्यं व्याख्यास्यामः। अथैतान्यग्निभक्तीन्यपं लोकः प्रातः सवनं वसन्तो गायत्री त्रिवृत्स्तोमो रथन्तरं साम ये च देवगणाः समाम्नाताः प्रथमे स्थानेऽग्नायी पृथिवीलेति स्त्रियः। अथास्य कर्म वहनं च हविषामावाहनं च देवतानां यच्च किंचिद् दार्ष्टिविषयिकमग्निकर्मैतत्। यथास्य संस्तविका देवा इन्द्रः सोमो वरुणः पर्जन्य ऋतव आग्नावैष्णवं हविर्न त्वृक्संस्तविकी दशतयीषु विद्यते। अथाप्याग्नापौष्णं हविर्न तु संस्तवः। तत्रैतां विभक्तिस्तुतिमृचमुदाहरन्ति॥८॥१॥

पूषा त्वेतश्च्यावयतु प्र विद्वाननष्टपशुर्भुवनस्य गोपाः।

सत्वैतेभ्यः परि ददत्पितृभ्योऽग्निर्देवेभ्यः सुविदत्रियेभ्यः॥ ऋ० १०।१७।३॥

पूषा त्वेतः प्रच्यावयतु विद्वाननष्टपशुर्भुवनस्य गोपा इत्ययेष हि सर्वेषां भूतानां गोपायितादित्यः। स त्वैतेभ्यः परि ददत्पितृभ्य इति सांशयिकस्तृतीयः

पादः पूषा पुरस्त त्तस्यान्वादेश इत्येकमग्निरुपरिष्टात्तस्य प्रकीर्तनेत्यपरम्। अग्निर्देवेभ्यः सुविदत्रियेभ्यः। सुविदत्रं धनं भवति विन्दतेर्वैकोपसर्गाद ददातेर्वा स्याद द्व्युपसर्गात्॥९॥२॥

अथैतानीन्द्रभक्तीन्यन्तरिक्षलोको माध्यन्दिनं सवनं ग्रीष्मस्त्रिष्टुपञ्च-दशस्तोमो बृहत्साम ये च देवगणाः समाम्नाता मध्यमे स्थाने याश्च स्त्रियः (निघं० ५।४-५)। अथास्य कर्मरसानुप्रदानं वृत्रवधो या च का च बलकृतिरिन्द्रकर्मैव तत्। अथास्य संस्तविका देवा अग्निः सोमो वरुणः पूषा बृहस्पतिर्ब्रह्मणस्पतिः पर्वतः कुत्सो विष्णुर्वायुः। अथापि मित्रो वरुणेन संस्तूयते पृष्णा रुद्रेण च सोमोऽग्निना च पूषा वातेन च पर्जन्यः॥१०॥४॥

अथैतान्यादित्यभक्तीन्यसौ लोकस्तृतीयसवनं वर्षा जगती सप्तदशस्तोमो वैरूपं साम ये च देवगणाः समाम्नाता उत्तमे स्थाने याश्च स्त्रियः (निघं० ५।६)। अथास्य कर्म रसादानं रश्मिभिश्च रसाधारणं यञ्च किं चित्प्रव-ल्हितमादित्यकर्मैव तश्चन्द्रमसा त्रायुना संवत्सरेणेति संस्तवः॥

एतेष्वेवस्थानव्यूहेष्वृतुछन्दस्तोमपृष्ठस्य भक्तिशेषमनुकल्पयीत। शरदनुष्टुवेकविंशस्तोमो वैराजं सामेति पृथिव्यायतनानि। हेमन्तः पङ्क्तिस्त्रण-वस्तोमः शाक्वरं सामेत्यन्तरिक्षायतनानि। शिशिरोऽतिछन्दास्त्रयस्त्रिंशस्तोमो रैवतं सामेति द्युभक्तीनि॥११॥४॥

मन्त्रा मननाच्छन्दाँसि छादनात्स्तोमः स्तवनाद्यजुर्यजतेः साम सम्मितमृचा स्थतेर्वर्चा समं मेन इति नैदानाः। गायत्री गायतेः स्तुतिकर्मणस्त्रिगमना वा विपरीता **गायतो सुखादुदपतदिति** च ब्राह्मणाम्॥

उष्णिगुत्स्नाता भवति स्निह्यतेर्वा स्यात्कान्तिकर्मण उष्णीषिणी वेत्यौपमि-कमुष्णीवं स्नायतेः। ककुप्ककुभिनी भवति ककुप्च कुब्जश्च कुजतेर्बोब्जतेर्वा। अनुष्टुबनुष्टोभनाद् गायत्रीमेव त्रिपदां सतीं चतुर्थेन पादेनानुष्टोभतीति च ब्राह्मणम्॥

बृहती परिबर्हणात्। पङ्क्तिः पञ्चपदा। त्रिष्टुप्स्तोभत्युत्तरपदा का तु त्रिता स्यात्तीर्णतमं छन्दस्त्रिवृद्विज्रस्तस्य स्तोभतीतिवा। **यत्त्रिरस्तोभतत्त्रिष्टुभ-स्त्रिष्टुप्त्वमिति** विज्ञायते॥१२॥५॥

जगती गततमं छन्दो जलचरगतिर्वा **जल्गल्यमानोऽसृजदिति** च ब्राह्मणम्।

विराड्विराजनाद्वा विराधनाद्वा विप्रापणाद्वा विराजनात्सम्पूर्णाक्षरा विराधनादूनाक्षरा विप्रापणादधिकाक्षरा। पिपीलिकमध्येत्यौपमिकं पिपीलिका पेलतेर्गतिकर्मणा:।।

इतीमा देवता अनुक्रान्ता:। सूक्तभाजो हविर्भाज ऋग्भाजश्च भूयिष्ठा: काश्चिन्निपात्तभाज:। अथोताभिधानै: संयुज्य हविश्चोद **यतीन्द्राय वृत्रघ्ने** (ऋ० ९।९८।१०) **इन्द्राय वृत्रतुर, इन्द्रायाँहोमुच** (मै० सं० ३।१५।११) इति। तान्यप्येके समामनन्ति भूयाँसि तु समाम्नानाद्यत्तु संविज्ञानभूतं स्यात्प्राधान्यस्तुति तत्समामने। अथोत कर्मभिर्ऋषिर्देवता स्तौति **वृत्रहा पुरन्दर** इति। तान्यप्येके समामनन्ति भूयाँसि तु समाम्नानाद् व्यञ्जनमात्रं तु तत्तस्यामिधानस्य भवति यथा ब्राह्मणाय बुभुक्षिताथौदनं देहि स्नातायानुलेपनं पिपासते पानीयमिति।१३।।६।।

इति प्रथमाध्यास्य तृतीय: पाद:।।

अथ चतुर्थ: पाद:।।

अथातोऽनुक्रमिष्याम:। अग्नि: पृथिवीस्थानस्तं प्रथमं व्याख्यास्याम:। अग्नि: कस्मादग्रणीर्भवत्यग्रं यज्ञेषु प्रणीयतेऽङ्गं नयति सन्नममान:। अक्नोपनो भवतीति स्थौलाष्ठीविर्न क्नोपयति न स्नेहयति। त्रिभ्य आख्यातेभ्यो जायत इति शाकपूणिरितादक्ताद् दग्धाद्वा नीतात्। स खल्वेतेरकारमादत्ते गकारमनक्तेर्वा दहतेर्वा नी: पर:। तस्यैषा भवति।।१४।।१।।

अग्निमीळे पुरोहितं यज्ञस्य देवमृत्विजम्।
होतारं रत्नधातमम्।। ऋ० १।१।१।।

अग्निमीलेऽग्निं याचामीलिरध्येषणाकर्मा पूजाकर्मा वा पुरोहितो व्याख्यातो यज्ञश्च। देवो दानाद्वा दीपनाद्वा द्योतनाद्वा द्युस्थानो भवतीति वा यो देव: सा देवता। होतारं ह्वातारम्। जुहोतेर्होतेत्यौर्णवाभ:। रत्नधातमं रमणीयानां धनानां दातृतमम् तस्यैषापरा भवति।।१५।।२।।

अग्नि: पूर्वेभिर्ऋषिभिरीड्यो नूतनैरुत।
स देवाँ एह वक्षति।। ऋ० १।१।२।।

अग्निर्यः पूर्वैर्ऋषिभिरीलितव्यो वन्दितव्योऽस्माभिश्च नवतरैः स देवानिहावहत्विति। स न मन्येतायमेवाग्निरित्यप्येते उत्तरे ज्योतिषी अग्नी उच्येते। ततो नु मध्यमः॥१६॥३॥

अभि प्रवन्त शमनेव योषाः कल्याण्यः स्मयमानासो अग्निम्। घृतस्य धाराः समिधो नसन्त ता जुषाणो हर्यति जातवेदाः॥ ऋ० ४।५८।८॥

अभित्तमन्त समनस इव योषाः। समनं समननाद्वा सम्माननाद्वा। कल्याण्यः स्मयमानासो अग्निमित्यौपमिकम्। घृतस्य धारा उदकस्य धाराः। समिधो नसन्त नसतिराप्नोतिकर्मा वा नमतिकर्मा वा। ता जुषाणो हर्यति जातवेदाः। हर्यतिः प्रेप्साकर्मा विहर्यतीति। **समुद्रादूर्मिर्मधुमाँ उदारत्** (ऋ० ४।५८।१) इत्यादित्यमुक्तं मान्यते **समुदाद्ध्येषोऽद्भ्य उदेति** (कौ० ब्रा० २५।१) इति च ब्राह्मणमथापि ब्राह्मणं भवत्यग्निः **सर्वा देवता** (ऐ० ब्रा० २।३) इति। तस्योत्तरा भूयसे निर्वचनाय॥१७॥४॥

इन्द्रं मित्रं वरुणमग्निमाहुरथो दिव्यः स सुपर्णो गरुत्मान्। एकं सद्विप्रा बहुधा वेन्त्यग्निं यमं मातरिश्वानमाहुः॥ ऋ० १।१६४।४६॥

इममेवाग्निं महान्तमात्मानमेकमात्मानं बहुधा मेधाविनो वदन्तीन्द्रं मित्रं वरुणमग्निं दिव्यं च गरुत्मन्तम्। दिव्यो दिविजो गरुत्मान्गरणवान्गुर्वात्मा महात्मेति वा। यस्तु सूक्तं भजते यस्मै हविर्निरुप्यतेऽमेव सोऽग्निर्निपातमेवैते उत्तरे ज्योतिषी एतेन नामधेयेन भजेते॥१८॥५॥

इति प्रथमाध्यायस्य चतुर्थः पादः॥

अथ पञ्चमः पादः।

जातवेदाः कस्माज्जातानि वेद जातानि वैनं विदुर्जातेजाते विद्यत इति वा जातवित्तो वा जातधनो जातविद्यो वा जातप्रज्ञानो **यत्तज्जातः पशूनविन्दतेति जत्जातवेदसो जातवेदस्त्वपिति** ब्राह्मणंतस्मात्सर्वान्नृतून्पशवोत्रग्निमभिसर्पन्तीति च। तस्यैया भवति॥१९॥१॥

प्र नूनं जातवेदसमश्वं हिनोत वाजिनम्। इदं नो बार्हिरासदे॥ ऋ० १०।१८८।१॥

प्रहिणुत जातवेदसं कर्मभिः समश्नुवानमपि वोपमार्थे स्यादश्वमिव जातवेदसमिति। इदं नो बर्हिरासीदत्विति। तदेकमेव जातवेदसं गायत्रं तृचं दशतयीषु विद्यते। यत्तु किं चिदाग्नेयं तज्जातवेदसानां स्थाने युज्यते। स न मन्येतायमेवाग्निरित्यप्येते उत्तरे ज्योतिषी जातवेदसी उच्येते। ततो नु मध्यमः। अभिप्रवन्त समनेव योषा इति तत्पुरस्ताद् (७।१७) व्याख्यातम। अथासावादित्य **उदुत्यं जातवेदसम्** (ऋ० १।५०।१) इति तदुपरिष्टाद् (१२।१५) व्याख्यास्यामः। यस्तु सूक्तं भजते यस्मै हविर्निरुप्यतेऽयमेव सोऽग्निर्जातवेदा निपातमेवैते उत्तरे ज्योतिषी एतेन नामधेयेन भजेते॥२०॥२॥

इति प्रथमाध्यायस्य पञ्चमः पादः॥

अथ षष्ठः पादः ॥

वैश्वानरः कस्माद्विश्वान्नरान्नयति विश्व एनं नरा नयन्तीति वापि वा विश्वनार एव स्यात्प्रत्यृतः भूतानि तस्य वैश्वानरः। तस्यैषा भवति॥२१॥१॥

वैश्वानरस्य सुमतौ स्याम राजा हि कं भुवनानामभिश्रीः।
इतो जातो विश्वमिदं वि चष्टे वैश्वानरो यतते सूर्येण॥
ऋ० १।९८।१॥

इतो जातः सर्वमिदमभिविपश्यति वैश्वानरः संयतते सूर्येण राजा यः सर्वेषां भूतानामभिश्रयणीयस्तस्य वयं वैश्वानरस्य कल्याणयां मतो स्यामेति। तत्को वैश्वानरो मध्यम इत्याचार्या वर्षकर्मणा ह्येनं स्तौति॥२२॥२॥

प्र नू महित्वं वृषभस्य वोचं यं पूरवो वृत्रहणां सचन्ते। वैश्वानरो दस्युमग्निर्जघन्वाँ अधूनोत्काष्ठा अव शम्बरं भेत्॥१।५९।६॥

प्रब्रवीमि तन्महित्त्वं माहाभाग्यं वृषभस्य वर्षितुरपां यं पूरधः पूरयितव्या मनुष्या वृत्रहणां मेघहनं सचन्ते सवन्ते वर्षकामाः। दस्युर्दस्यतेः क्षयार्थादुपदस्यन्त्यरिमनसा उपदासयति कर्माणि। तमग्निर्वैश्वनारो ध्नन्नवाधूनोदपः काष्ठा अभिनच्छम्बरं मेघम्। अथासावादित्य इति पूर्वे याज्ञिकाः॥

एषां लोकानां रोहेण सवनानां रोह आम्नातो रोहात् प्रत्यवरोहश्चिकीर्षितस्तामनुकृतिं होताग्निमारुते शस्त्रे वैश्वानरीयेण सूक्तेन प्रतिपद्यते सोऽपि

न स्तोत्रियमाद्रियेताग्नेयो हि भवति तत आगच्छति मध्यस्थाना देवता रुद्रं च मरुतश्च ततोऽग्निमिहस्थानमत्रैव स्तोत्रियं शंसति॥

अथापि वैश्वानरीयो द्वादशकपालो भवत्येतस्य हि द्वादशविधं कर्म। अथापि ब्राह्मणां भवत्यसौ **वा आदित्योऽग्निर्वैश्वानर इति**। अथापि निवित्सौर्यवैश्वानरी भवति। **आ यो द्यां भात्यापृथिवीम्** (शा० श्रो० ८।२२।१) इति। एष हि द्यावापृथिव्यावाभासयति। अथापि छान्दोमिकं सूक्तं सौर्यवैश्वानरं भवति। **दिविपृष्टो अरोचत** (य० ३३।९२) इति। एष हि दिवि पृष्टो अरोचतेति। अथापि **हविष्पान्तीयं** सूक्तं (ऋ० १०।८८) सौर्यवैश्वानरं भवति॥

अयमेवाग्निर्वैश्वानर इति शाकपूणिर्विश्वानरावित्यप्येते उत्तरे ज्योतिषी वैश्वानरोऽयं जायते। कथं त्वयमेताभ्यां जायत इति। यत्र वैद्युतः शरणामभिहन्ति यावदनुपात्तो भवति मध्यमधर्मैव ताद्भवत्युदकेन्धनः शरीरोपशमन उपापीमान एवायं सम्पद्यत उदकोपशमनः शरीरदीप्तिः॥

अथादित्यात्। उदीचि प्रथमसमावृत्त आहित्ये कंसं वा मणि वा परिमृज्य प्रतिस्वरे यत्र शुष्कगोमयमसंस्पर्शयन्वारयति तत्प्रदीप्यते सोऽयमेव सम्पद्यते। अथाप्याह **वैश्वानरो यतते सूर्येण** (ऋ० १।९८।१) इति। न च पुनरात्मनात्मानं संयततेऽन्येनैवान्यः संयतत इत इममादधात्यमुतोऽमुष्य रश्मयः प्रादुर्भवन्तीतोऽस्यार्चिषस्तयोभासोः संसङ्गं दृष्ट्वैवमवक्ष्यत्॥

अथ यान्येतान्यौत्तमिकानि सूक्तानि भागानि वा सावित्राणि वा सौर्याणि वा पौष्णानि वा वैष्णवानि वा वैश्वदेव्यानि वा तेषु वैश्वानरीयाः प्रवादा अभविष्यन्नादित्यकर्मणा चैनमस्तोष्यन्नित्युदेषीत्यस्तमेषीति विपर्येषीति। अग्नेयेष्वेव हि सूक्तेषु वैश्वानरीयाः प्रवादा भवन्त्यग्निकर्मणा चैनं स्तौतीति बहसीति पचसीति दहसीति॥

यथो एतद्वर्षकर्मणा ह्येनं स्तौतीत्यस्मितन्नप्यतदुपपद्यते॥

समानमेतदुदकमुच्चैत्यव चाहभिः। भूमिं पर्जन्या जिन्वन्ति दिवं जिन्वम्त्यग्नयः॥ ऋ० १।१६४।५१

इति सा निगदयाख्याता॥२३॥३॥

इति प्रथमाध्यायास्य षष्ठः पादः॥

अथ सप्तमः पादः॥

कृष्णं नियानं हरयः सुपर्णा अपो वसाना दिवमुत्पतन्ति। त आ ववृत्रन्त्सदनादृतस्यादिद्घृतेन पृथिवी व्युद्यते॥ ऋ० १।१६४।४७॥

कृष्णं निरयणं रात्रिरादित्यस्य हरयः सुपर्णा हरणा आदित्यरश्मयस्ते यदामुतोऽर्वाञ्चः पर्यावर्त्तन्ते सहस्थानादुदकस्यादित्यादथ घृतेनोदकेन पृथवी व्युद्यते। घृतमित्युदकनाम जिघर्तेः सिञ्चतिकर्मणः। अथापि ब्राह्मणं भवत्यग्निर्वा इतो वृष्टिं समीरयति धामच्छदिव खलु वै भूत्वा वर्षति मरुतः **सृष्टां वृष्टिं नयन्ति। यदा खलु वा असावादित्यो नयङ्रश्मिभिः** पर्यावर्त्ततेऽय वर्षतीति। यथो एतद्रोहात्प्रत्यवरोहश्चिकीर्षित इत्यसम्नायचनादेतद्भवति॥

यथो एतद्वैश्वानरीयो द्वादशकपालो भवतीत्यनिर्वचनं कपालानि भवन्त्यस्ति हि सौर्य एककपालः पञ्चकपालश्च। यथो एतद् ब्राह्मणं भवतीति बहुभक्तिवादीनि हि ब्राह्मणानि भवन्ति पृथिवी वैश्वानरः संवत्सरो वैश्वानरो ब्राह्मणो वैश्वानर इति। यथो एतन्निवित्सौर्थवैश्वानरी भवतीत्यस्यैव सा भवति। यो विड्भ्यो मानुषीभ्यो दीदेदित्येष हि विड्भ्यो मामुषीभ्यो दीप्यते। यथो एतच्छान्दोमिकं सूक्तं सौर्य्यवैश्वानरं **भवतीत्यस्यैव तद्भवति। जन्मग्निभिराहुत इति।** जमदग्नयः प्रजमिताग्नयो वा प्रज्वलिताग्नयो वा तैरभिहुतो भवति। यथो एत द्रविष्पान्तीयं सूक्तं (ऋ० ३०।८८) सौर्यवैश्वानरं भवतीत्यस्यैव तद्भवति॥२४॥१॥

हविष्पान्तमजरं स्वर्विदि दिविस्पृश्याहुतं जुष्टमग्नौ। तस्य भर्मणे भुवनाय देवा धर्मणो कं स्वधयापप्रथन्त॥ ऋ० १०।८८।१॥

हविर्यत्पानीयमजरं सूर्यविदि दिविस्पृश्यभिहुतं जुष्टमग्नौ तस्य भरणाय च भावनाय च धारणाय चैतेभ्यः सर्वेभ्य कर्मभ्यो देवा इमामग्निमन्ननापप्रथन्त अथाप्याह॥२५॥२॥

अपामुपस्थे महिषा अगृभ्णत विशो राजानमुप तस्थुर्ऋग्मियम्। आ दूतो अग्निमभरद्विवस्वतो वैश्वानर मातरिश्वा परावतः॥ ऋ० ६।८।४॥

अपामुपस्थ उपस्थाने महत्यन्तरिक्षलोक आसीना महान्त इति वागृह्णत माध्यमिका देवगणा विश इव राजानमुपतस्थुर्ऋग्मियमृग्मन्तमिति वार्चनीयमिति वा। पूजनीयमितिवाहरद्यं दूतो देवानां विवस्वत आदित्याद्विस्वान्विवासनवान्। प्रेरितवतः परागताद्वास्याग्नेर्वैश्वानरस्य मातरिश्वानमाहर्तारमाह। मातरिश्वा वायुर्मातर्यन्तरिक्षे श्वसिति मातर्यश्वनितीति वा। अथैनमेताभ्यां सर्वाणि स्थानान्यभ्यापादं स्तौति।।२६।।३।।

मूर्धा भुवो भवति नक्तमग्निस्ततः सूर्यो जायते प्रातरुद्यन्। मायामू तु यज्ञियानामेतामपो यत्तूर्णिश्चरति प्रजानन्॥ ऋ० १०।८८।६॥

मूर्धा मूर्तमस्मिन्धीयते मूर्धा यः सर्वेषां भूतानां भवति नक्तमग्निस्ततः सूर्य्यो जायते प्रातरुद्यन्त्स एव। प्रज्ञां त्वेतां मन्यन्ते यज्ञियानां देवानां यज्ञसम्पादिनामपो यत्कर्म चरति प्रजानन्त्सर्वाणि स्थानान्यनुसञ्चरति त्वरमाणः। तस्योत्तरा भूयसे निर्वचनाय।।२७।।४।।

स्तोमेन हि दिवि देवासो अग्निमजीजनञ्छक्तिभी रोदसिप्राम्। तमू अकृण्वन्त्रेधा भुवे कं स ओषधीः पचति विश्वरूपाः॥ ऋ० १०।८८।१०॥

स्तोमेन यं हि दिवि देवासो अग्निजनयञ्छक्तिभिः कर्मभिर्द्यावापृथिव्योरापूरणं तमकुर्वस्त्रेधाभावाय पृथिव्यामन्तरिक्षे दिवीति शाकपूणिः। **यदस्य दिवि तृतीयं तदसावादित्य** इति हि ब्राह्मणं तदग्नीकृत्यं स्तौति। अथैनमेतयादित्यीकृत्य स्तौति ।।२८।।५।।

यदेदेनमदधुर्यज्ञियासो दिवि देवाः सूर्यमादितेयम्। यदा चरिष्णू मिथुनावभूतामादित्प्रापश्यन्भुवनानि विश्वा॥ ऋ० १०।८८।११॥

यदैनमदधुर्यज्ञियाः सर्वे दिवि देवाः सूर्यमादितेयमदितेः पुत्रं यदा चरिष्णू मिथुनौ प्रादुरभूतां सर्वदा सहचारिणावुषाश्चादित्यश्च। मिथुनौ कस्मान्निति: श्रयतिकर्मा थु इति नामकरणस्थकारो वा नयतिः परा वनिर्वा समाश्रितावन्योन्यं नयतो वनुतो वा। मनुष्यमिथुनपावप्येतस्मादेव मेथन्तावन्योन्यं वनुत इति वा अथैनमेतयाग्नीकृत्य स्तौति।।२९।।६।।

यत्रा वदैते अवेरः परश्च यज्ञन्योः कतरो नौ वि वेद। आ शेकुरित्सधमादं सखायो नक्षन्त यज्ञं क इदं वि वोचत्॥ ऋ०द १०।८८।१७॥

यत्र विवदेते दैव्यौ होतारावयं चाग्निरसौ च मध्यमः कतरो नौ यज्ञे भूयो वेदेत्याशक्नुवन्ति तत्सहमदनं समानख्याना ऋत्विजस्तेषां यज्ञं समश्नुवानानां को न इदं विवक्ष्यतीति। तस्योत्तरा भूयसे निर्वचनाय॥३०॥८॥

यावन्मात्रमुषसो न प्रतीकं सुपर्ण्योऽ वसते मातरिश्वः। तावद्दधात्युप यज्ञमायन्ब्राह्मणो होतुरवरो निषीदन्॥ ऋ० १०।८८।१९॥

यावन्मात्रमुषसः प्रत्यक्तं भवति प्रतिदर्शनमिति वा। अस्त्युपमानस्य सम्प्रत्यर्थे प्रयोग इहेव निधेहीति यथा। सुपर्ण्यः सुपतना एता रात्रयो वसते मातरिश्वज्ज्योतिर्वर्णस्य तावदुपदधाति यज्ञमागच्छन्ब्राह्मणो होतास्याग्नेर्होतुरवरो निषीदन्। होतृजपस्त्वनग्निर्वैश्वानरीयो भवति। **देव सवितरेतं त्वा वृणतेऽग्निं होत्राय सह पित्रा वैश्वानरेण** (ऋ० श्रौ० १।३।२३) इति। इममेवाग्निं सवितारमाह सर्वस्व प्रसवितारं मध्यमं वोत्तमं वा पितरम्। यस्तु सूक्तं भजते यस्मै हविर्निरुप्यतेऽयमेव सोऽग्निर्वैश्वानरो निपातमेवैते उत्तरे ज्योतिषी एतेन नामधेयेन भजेते॥३१॥९॥

इति प्रथमाऽध्यायस्य सप्तमः पादः॥

समाप्तश्चायमध्यायः॥

निरुक्ते सप्तमोऽध्यायश्च समाप्तः॥

ओ३म्

अथ द्वितीयाऽध्यायारम्भः॥

तत्र प्रथमः पादः।

द्रविणोदाः कस्माद्धनं द्रविणमुच्यते यदेनदभिद्रवन्ति बलं वा द्रविण यदेनेनाभिद्रवन्ति तस्य दाता द्रविणोदाः तस्यैषा भवति॥१॥

द्रविणोदा द्रविणसो ग्रावहस्तासो अध्वरे। यज्ञेषु देवमीळते॥ ऋ० १।१५।७॥

द्रविणोदा यस्त्वं द्रविणस इति द्रविणसादिन इति वा द्रविणसानिन इति वा द्रविणसरतस्मात्पिबत्विति वा। यज्ञेषु देवमीलते। याचन्ति स्तुवन्ति वर्धयन्ति पूजयन्तीति वा॥

तत्को द्रविणोदाः। इन्द्र इति क्रौष्टुकिः स बलधनयोर्दातृमस्तस्य च सर्वा **बलकृतिरोजसा जातमुत अन्य एनम्** (ऋ० १०।७३।१०) इति चाह। अथाप्यग्निं द्राविणोदसमाहैष पुनरेतस्माज्जायते। **यो अश्मनोरन्तरग्निं जजान** (ऋ० २।१२।३) इत्यपि निगमो भवति। अथाप्यृतुयाजेषु द्राविणोदसाः प्रवादा भवन्ति तेषां पुनः पात्रस्येन्द्रपानमिति भवति। अथाप्येनं सोमपानेन स्तोति। अथाप्याह **द्रविणोदाः पिबतु द्राविणोदसः** (ऋ० २।३७।४) इति।

अयमेवाग्निर्द्रविणोदा इति शाकपूणिराग्नेयेष्वेव हि सूक्तेषु द्राविणोदसाः प्रवादा भवन्ति। **देवा अग्निं धारयन्द्रविणोदाम्** (ऋ० १।९६।१) इत्यपि निगमो भवति। यथो एतस्य बलधनयोर्दातृतम इति सर्वासु देवतास्वैश्वर्यं विद्यते। यथो **एतदोजसा जसो जातमुत मन्य एनमिति** चाहेत्ययमप्यग्निरोजसा बलेन मध्यमानो जायते तस्मादेनमाह **सहसस्पुत्रं, सहसः सूनुं, सहसो यहुम्।** यथो एतदग्निं द्राविणोदसमाहेत्यृत्विजोऽत्र द्रविणोदस उच्यन्ते हविषो

दातारस्ते चैनं जनयन्ति। **ऋषीणां पुत्रो अधिराज एष** इत्यपि निगमो भवति। यथो एतत्तेषां पुनः पात्रस्येन्द्रपानमिति भवतीति भक्तिमात्रं तद्भवित यथा वायव्यानीति सर्वेषां सोमपात्राणाम्। यथो एतत्सोमपानेनैनं रतोतीत्यस्मिन्न-प्येतदुपपद्यते। **सोमं पिब मन्दसानो गुणश्रिभिः** (ऋ० ५।६०।८) इत्यपि निगमो भवति। यथो एतद् द्रविणोदाः पिबतु द्राविणोदस इत्यस्यैव तद्भवति।।२।।

मेद्यन्तु ते वह्नयो येभिरीयसेऽरिषण्यन्वीळयस्वा वनस्पते। आयूया धृष्णो अभिगूर्या त्वं नेष्ट्रात्सोमं द्रविणोदः पिब ऋतुभिः।। ऋ० २।३७।३।।

मेद्यन्तु ते वह्नयो वोढारो यैर्यास्यरिष्यन्दृढीभवायूय धृष्णो अभिगूर्य त्वं नेष्ट्रीयाद्धिष्ण्यात्। धिष्ण्यो धिषण्यो धिषणाभवः। धिषणा वाग्धिषेधात्यर्थे धीसादिनी वा धीसानिनीति वा। वनस्पत इत्येनमाहैष हि वनानां पाता वा पालयिता वा। वनं वनोतेः। पिबतुर्भिः कालैः।।३।।

इति द्वितीयाऽध्यायस्य प्रथमः पादः।।

अथ द्वितीयः पादः।।

अथात आप्रियः।। आप्रियः कस्मादाप्नोतेः प्रीणातेर्वा। **आप्रींभिराप्रीणाति** (ऐ० ब्रा० २।४) इति ब्राह्मणम्। तासामिध्मः प्रथमागामी भवतीध्मः समिन्धनात्। तस्यैषा भवति।।४।।१।।

समिद्धो अद्य मनुषा दुरोणे देवो देवान्यजसि जातवेदः। आ च वह मित्रमहश्चिकित्वां त्वं दूतः कविरसि प्रचेताः।। ऋ० १०।११०।१।

समिद्धोऽद्य मनुष्यस्य मनुष्यस्य गृहे देवो देवान्यजसि जातवेद आ च वह मित्रमहश्चिकित्वाँश्चेतनावाँस्त्वं दूतः कविरसि प्रचेताः प्रवृद्धचेताः। यज्ञेध्म इति कात्थक्योऽग्निरिति शाकपूणिः।।

तनूनपादाज्यं भवति नपादित्यननत्तराया: प्रजाया नामधेयं निर्णततमा भवति गौरत्र तनूरुच्यते ततो अस्यां भोगास्तस्याः पयो जायते पयस आज्यं

जायते। अग्निरिति शाकपूणियोऽत्र तन्व उच्यन्ते तथा अन्तरिक्षे ताभ्य ओषधिवनस्पतयो जायन्त औषधि वनस्पतिय एष जायते। तस्यैषा भवति॥५॥२॥

तनूनपात् पथ ऋतस्य यानान्मध्वा समञ्जन्त्स्वदया सुजिह्व। मन्मानि धीभिरुत यज्ञमृन्धन्देवत्रा दकृणह्यध्वरं नः॥ ऋ० १०।११०।२॥

तनूनपात्पथ ऋतस्य यानान्यज्ञस्य यानान्मधुना समञ्जन्त्स्वदय कल्याण जिह्व मननानि च नो धीभिर्यसं च समर्धय देवान्नो यज्ञं गयम॥

नराशंसो यज्ञ इति कात्थक्यो नरा अस्मिन्नासीनाः शंसन्ति। अग्निरिति शाकपूणिनैरः प्रशस्यो भवति। तस्यैषा भवति॥६॥३॥

नराशंसस्य महिमानमेषामुप स्तोषाम यजतस्य यज्ञैः। ये सुक्रतवः शुचयो धियन्धा स्वदेन्ति देवा उभयानि हव्यां॥ ऋ० ७।२।२॥

नराशंसस्य महिमानमेषामुपस्तुमो यज्ञियस्य यज्ञैये सुकर्माणः शुचयो धियं धारयितारः स्वदयन्तु दे वा उभयानि हवींषि सोमं चेतराणि चेति वा तान्त्राणि चावापिक्रानि चेत वा॥

ईल ईट्टे स्तुतिकर्मण इन्धतेर्वा। तस्यैषा भवति॥७॥४॥

आजुह्वान ईडयो वन्द्यश्चा याह्यग्ने वसुभिः सजोषाः। त्वं देवानामसि यह्व होता स एनान्यक्षीषितो यजीयान्॥ ऋ० १०।११०।३॥

आहूयमान ईलितव्यो वन्दितव्यश्चायाह्यग्ने वसुभिः सहजोषणस्त्वं देवानामसि यह होता। यह इति महतो नामधेयं यातश्च हूतश्च भवति। स एनान्यक्षीषितो यजीयान्। इषितः प्रेषितः इति बाधीष्ट इति वा यजीयान्यट्टतरः॥

बर्हि परिबर्हणात्। तस्यैषा भवति॥८॥५॥

प्राचीनं बर्हिः प्रदिशा पृथिव्या वस्तोरस्या वृज्यते अग्रे अह्नाम्। व्यु प्रथते वितरं वरीयो देवेभ्यो अदितये स्योनम्॥ ऋ० १०।११०।४॥

प्राचीनं बर्हिः प्रदिशा पृथिव्या वसनायास्याः प्रवृज्यतेऽग्रेह्नां बर्हिः

पूर्वाह्णो तद्विप्रथते वितरं विस्तीर्णतरमिति वा वरीयो वरतरमुरुतरं वा देवेभ्यश्चादितये च स्योनम्। स्योनमिति सुखनाम स्यतेरवस्यन्त्येतत्सेवितव्यं भवतीति वा।।

द्वारा जवतेर्वा द्रवतेर्वा वारयतेर्वा। तासामेषा भवति ।।९।।६।।

व्यचस्वतीरुर्विया वि श्रयन्तां पतिभ्यो न जानयः शुम्भमानाः।
देवीर्द्वारो बृहतीर्विश्वमिन्वा देवेभ्यो भवत सुप्रायणाः ऋ० १०।११०।५।।

व्यञ्चनवत्य उरुत्वेन विश्रयन्तां पतिभ्य इव जाया उरू मैथुने धर्मे शुशोभिषमाणाः। वरतममङ्गमूरू। देव्यो द्वारो बृहत्यो महत्यो विश्वमिन्वा विश्वमाभिरेति। यज्ञे गृहद्वार इति कात्थक्योऽग्निरिति शाकपूणिः।।

उषासानक्तोषाश्च नक्त चोषा व्याख्याता। नक्तेति रात्रिनामानक्ति भूतान्यवश्यायेनापि वा नक्ताव्यक्तवर्णा। तयोरेषा भवति।।१०।।७।।

आ सुष्वयन्ती यजते उपाके उषासानक्ता सदतां नि योनौ।
दिव्ये योषणो बृहती सुरुक्मे अधिश्रियं शुक्रपिशं दधाने।। ऋ० १०।११०।६।।

सेष्मीयमाणे इति वा सुष्वापयन्त्याविति वा सीदतामिति वा न्यासीदतामिति वा यज्ञिये उपक्रान्ते दिव्ये योषणो बृहत्यौ महत्यौ सुरुक्मे सुरोचने अधिदधाने शुक्रपेशंस श्रियम्। शुक्रं शोचतेर्ज्वलतिकर्मणः। पेश इति रूपनाम पिंशतेर्विपिशतिं भवति। दैव्या होतारा दैव्यौ होतारावयं चाग्निरसौ च मध्यमः। तयोरेषा भवति।।११।।८।।

दैव्यां होतारा प्रथमा सुवाचा मिमाना यज्ञं मनुषो यजध्यै।
प्रचोदयन्ता विदथेषु कारू प्राचीनं ज्योतिः प्रदिशा दिशन्ता।। ऋ० १०।११०।७।।

दैव्यौ होतारौ प्रथमौ सुवाचौ निर्मिमानौ यज्ञं मनुष्यस्य मनुष्यस्य यजनाय प्रचोदयमानौ यज्ञेषु कर्त्तारौ पूर्वस्यां दिशि यष्टव्यमिति प्रदिशन्तौ।।

तिस्रो देवीस्तिस्रो देव्यः। तासामेषा भवति।।१२।।९।।

आ नो यज्ञं भारती तूयमेत्विळा मनुष्वदिह चेतयन्ती। तिस्रो देवीर्बर्हिरेदं स्योनं सरस्वती स्वपसः सदन्तु॥ ऋ० १०।११०।८॥

एते नो यज्ञं भारती क्षिप्रम्। भरत आदित्यस्तस्य भाः। इला च मनुष्यवदिह चेतयमाना तिस्रो देव्यो बर्हिरिदं सुखं सरस्वती च सुकर्माण आसीदन्तु। त्वष्टा तूर्णमश्नुत इति नैरुक्तास्त्विषेर्वा स्याद् दीप्तिकर्मणस्त्वक्षतेर्वा। स्यात्करोतिकर्मणः। तस्यैषा भवति।।१३।।१०।।

य इमे द्यावापृथिवी जनित्री रूपैरपिंशद्भुवनानि विश्वा। तमद्य होतरिषितो यजीयान्देवं त्वष्टारमिह यक्षि विद्वान्॥ ऋ० १०।११०।९॥

य इमे द्यावापृथिव्यौ जनयित्र्यौ रूपैकरोद्भूतानि च सर्वाणि तमद्य होतरिषितो यजीयान्देवं त्वष्टारमिह यज विद्वान्। माध्यमिकस्त्वेष्टेत्याहुर्मध्यमे च स्थाने समाम्नातोऽग्निरिति शाकपूणिः। तस्यैषापरा भवति।।१४।।११।।

आविष्ट्यो वर्धते चारुरासु जिह्मानामूर्ध्वः स्वयशा उपस्थे। उभे त्वष्टेर्बिभ्यतुर्जायमानात्प्रतीची सिंहं प्रति जोषयेते॥ ऋ० १।९५।५॥

आविरावेदनात्तत्यो वर्धते चारुरासु। चारुचरतेर्हिह्मं जिहीतेरूर्ध्व उच्छ्रितो भवति स्वयशा आत्मयशा उपस्थ उपस्थाने। उभे स्वष्टुर्बिभ्यतुर्जायमानात्। प्रतीची सिंह प्रति जोषयेते। द्यावापृथिव्याविति वाहोरात्रे इति वारणी इति वा प्रत्यक्ते सिहं सहनं प्रत्यासेवेते।।१५।।१२।।

इति द्वितीयऽध्यायस्य द्वितीयः पादः॥

अथ तृतीयः पादः॥

वनस्पतिर्व्याख्यातः (८।३)। तस्यैषा भवति।।१६।।१।।

उपाव सृज त्मन्यासमञ्जन्देवानां पाथ ऋतुथा हवींषि। वनस्पतिः। शमिता देवो अग्निः स्वदन्तु हव्यं मधुना घृतेन॥ ऋ० १०।११०।१०॥

उपावसृजात्मनात्मानं समञ्जन्देवानामन्नमृतावृतौ हवींषि कालेकाले।

वनस्पतिः शमिता देवो अग्निरित्येते त्रयः स्वदयन्तु हव्यं मधुना च घृतेन च। तत्को वनस्पतिः। यूप इति कात्थक्योऽग्निरिति शाकपूणिः। तस्यैषापरा भवति।।१७।।२।।

अञ्जन्ति त्वामध्वरे देवयन्तो वनस्पते मधुना दैव्येन। यदूर्ध्वस्तिष्ठा द्रविणेह धत्ताद्यद्वा क्षयो मातुरस्या उपस्थे।। ऋ० ३।८।१।।

अञ्जन्ति त्वामध्वरे देवान्कामयमाना वनस्पते मधुना दैव्येन च घृतेन च। यदूर्ध्वं स्थास्यसि द्रवणानि च नो दास्यसि यद्वा ते कृतः क्षयो मातुरस्या उपस्थ उपस्थाने। अग्निरिति शाकपूणिः। तस्यैषापरा भवति।।१८।।३।।

देवेभ्यो वनस्पते हवींषि हिरण्यपर्णा प्रदिवस्ते अर्थम्। प्रदक्षिणिद्रशनया नियूय ऋतस्य वक्षि पथिभी रजिष्ठैः।। मै० सं० ४।१३।७।।

देवेभ्यो वनस्पते हवींषि हिरण्यपर्ण ऋतपर्णापि वोपमार्थे स्याद्धिरण्यवर्णपर्णेति प्रदिवस्ते अर्थं पुराणस्ते सोऽर्थो यं ते प्रब्रूमो यज्ञस्य वह पथिभी रञ्जिष्ठैर्ऋजुतमैः रजस्वलतमैस्तपिष्ठतमैरिति वा। तस्यैषापरा भवति।। १९।।४।।

वनस्पते रशनया नियूय पिष्टतमया वयुनानि विद्वान्। वह देवत्रा दिधिषो हवींषि प्र च दातारममृतेषु वोचः।। ।। मै० सं० ४।१३।७।।

वनस्पते रशनया नियूय सुरूपतमया वयुनानि विद्वान प्रज्ञानानि प्रजानन्वह देवान् यज्ञे दातुर्हवींषि प्रब्रूहि च दातारममृतेषु देवेषु।।

स्वाहाकृतयः स्पाहेत्येतत्सु आहेति वा स्वा वागाहेति वा स्वं प्राहेति वा स्वाहुतं हविर्जुहोतीति। तासामेषा भवति।।२०।।५।।

सद्यो जातो व्यमिमीत यज्ञमग्निर्देवानामभवत्पुरोगाः। अस्य होतुः प्रदिश्यृतस्य वाचि स्वाहाकृतं हविरदन्तु देवाः।। ऋ० १०।११०।११।।

सद्यो जायमानो निरमिमीत यज्ञमग्निर्देवानामभ्वत्पुरोगाम्यस्य होतुः प्रदिश्यृतस्य वाच्यास्ये स्वाहाकृतं हविरदन्तु देवा इति यजन्ति।।

इतीमा आप्रीदेवता अनुक्रान्ताः। अथ किंदेवताः प्रयाजानुयाजा। आग्नेया इत्येके।।२१।।६।।

प्रयजान्मे अनुयाजाँश्च केवलानूर्जस्वन्तं हविषो दत्त भागम्। घृतं चापां पुरुषं चौषधीनामग्नेश्च दीर्घमायुरस्तु देवाः।। ऋ० १०।५१।८।।

तव प्रयाजा अनुयाजाश्च केवल ऊर्जस्वन्तो हविषः सन्तु भागाः। तवाग्ने यज्ञो३ऽयमस्तु सर्वस्तुभ्यं नमन्तां प्रदिशश्चतस्त्रः।। ऋ० १०।५१।९।।

आग्नेषा वै प्रयाजा आग्नेया अनुपाजा इति च ब्राह्मणम्। छन्दोदेवता इत्यपरं **छन्दाँसि वै प्रयाजाश्छन्दाँस्नुयाजा** इति च ब्राह्मणम्। ऋतुदेवता **इत्यपरमृतवो वै प्रयाजा ऋतुवोऽनुयाजा** इति च ब्राह्मणम्। पशुदेवता इत्यपरं **पशवो वै प्रयाजाः पशवोऽनुयाजा** इति च ब्राह्मणम्। प्राणदेवता इत्यपरं **प्राणा वै प्रयाजाः प्राणा वा अनुयाजा** इति च ब्राह्मणम्। आत्मदेवता इत्यपरमात्मा वै **प्रयाजा आत्मा वा अनुयाजा** इति च ब्राह्मणम्। आग्नेया इति तु स्थितिः। भक्तिमात्रमितरत्। किमर्थं पुनरिदमुच्यते। **यस्यै देवतायै हविर्गृहीतं स्यात्तां मनसा ध्यायेद्वषट्करिष्यन्निति** ह विज्ञायते।। तान्येतान्येकादशाप्रीसूक्तानि। तेषां वासिष्ठमात्रेयं वाध्यूश्वं गार्त्समदमिति नाराशंसवन्ति मैधातिथं दैर्घतमंस प्रैषिकमित्युभयवन्त्यतोऽन्यानि तनूनपात्वन्ति।।२२।।७।।

इति द्वितीयाऽध्यायस्य तृतीयः पादः।।

समाप्तश्चायमध्यायसः।।

निरक्तक अष्टमोध्यायश्च समाप्तः।।

ओ३म्

अथ तृतीयाऽध्यायारम्भः।।

तत्र प्रथमः पादः।।

अथ यानि पृथिव्यायतनानि सत्वानि स्तुति लभन्ते तान्यतोऽनुकृमिष्यामः। तेषामश्वः प्रथमागामी भवति अश्वोव्याख्यातः (२।२७) तस्यैषा भवति।।१।।

अश्वो वोळ्हा सुखं रथं हसनामुपमन्त्रिणः। शेपो रोमण्वन्तौ भेदौ वारिन्मण्डूक इच्छति इन्द्रोयेन्दो परि स्त्रव।। ऋ० ९।११२।४।।

अश्वो वोढा सुखं वोढा रथं वोढा। सुखमिति कल्याणनाम कल्याणं पुण्यं सुहितं भवति सुहितं गम्यतीति वा। हसैता वा पाता वा पालयिता वा। शेपमृच्छतीति वारि वारयति।।

मानो व्याख्यातस्तस्यैषा भवति।।२।।

मानो मित्रो वरुणो अर्यमायुरिन्द्र ऋभुक्षा मरुतः परिख्यन्। यद्वाजिनो देवजातस्य सप्तेः प्रवक्ष्यामो विदथे वीर्याणि।। ऋ० १।१६२।१।।

यद्वाजिनो देवैर्जातस्य सप्तेः सरणस्य प्रवक्ष्यामो यज्ञे विदथे वीर्याणि मानस्त्वं मित्रञ्च वरुणश्चार्यमा चायुश्च वायुरयन इन्द्रश्चोरुक्षयण ऋभूणां राजेति वा मरुतश्च परिख्यन्। शकुनिः शक्नोत्युन्नेतुमात्मानं शक्नोति नदितुमिति वा शक्नोति तकितुमिति वा सर्वतः शङ्करोऽस्त्विति वा शक्नोतेर्वा। तस्यैषा भवति।।३।।

कनिक्रदज्जनुषं प्रब्रुवाण इयर्ति वाचमरितेव नावम्। सुमङ्गलश्च शकुने भवासि मा त्वा का चिदभिमा विश्व्या विदत्।। ऋ० २।४२।१।।

न्यक्रन्दीज्जन्म प्रब्रुवाणो यथास्य शब्दस्तथा नाभेरयति वाचमीरयितेव नावम्। सुमङ्गलश्च शकुने भव कल्याणमङ्गलः। मङ्गलं गिरतेर्गृणात्यर्थे गिरत्यनर्थानिति वाङ्गलमङ्गवन्मज्जयति पापकमिति नैरुक्ता मां गच्छत्विति वा। मा च त्वा का चिदभिभूतिः सर्वतो विदत्। गृत्समदमर्थमभ्युत्थितं कपिञ्जलोऽभिववाशे। तदभिवादिन्येषर्ग्भवति॥४॥

भद्रं वंद दक्षिणतो भद्रमुत्तरतो वंद।
भद्र पुरस्तान्नो वद भद्रं पश्चात्कपिञ्जलः॥

इति वा निगदव्याख्याता। गृत्समदो गृत्समदनो गृत्स इति मेधाविनाम गृणातेः स्तुतिकर्मणः॥

मणडूका मज्जूका मज्जनान्मदतेर्वा मोदतिकर्मणो मन्दतेर्वा। तृप्तिकर्मणः। मण्डयतेरिति वैयाकरणा मण्ड एषामोक इति वा मण्डो मदेर्वा मुदेर्वा। तेषामेषा भवति॥५॥

संवत्सरं शशयाना ब्राह्मणा व्रतचारिणः॥ वाचं पर्जन्यजिन्वितां प्र मण्डूका अवादिषुः॥ ऋ० ७।१०३।१॥

संवत्सरं शिश्याना ब्राह्मणा व्रतचारिणोऽब्रुवाणा अपि वोपमार्थे स्याद् ब्राह्मणा इव व्रतचारिणा इति वाचं पर्जन्यप्रीतां प्रावादिषुर्मण्डूकाः। वसिष्ठो वर्षकामः पर्जन्यं तुष्टाव तं मण्डूका अन्वमोदन्त स मण्डूकाननुमोदमानान्दृष्ट्वा तुष्टाव। तदभिवादिन्येषर्ग्भवति॥६॥

उप प्र वंद मण्डूकि वर्षमा वंद तादुरि।
मध्ये ह्रदस्य प्लवस्व विगृह्य चतुरः पदः॥ अथ० ४।१५।१४॥

इति सा निगदव्याख्याता॥

अक्षा अश्नुवत एनानिति वाभ्यश्नुवत एभिरिति वा। तेषामेषा भवति॥७॥

प्रावेपा मा बृहतो मादयन्ति प्रवातेजा इरिणे वर्वृताना। सोमस्येव मौजवतस्य भक्षो विभीदको जागृविर्मह्यमच्छान्॥ ऋ० १०।३४।१॥

प्रवेपिणो मा महतो विभीदकस्य फलानि मादयन्ति प्रवातेजाः प्रवणेजा इरिणे वर्त्तमानाः। इरिणं निर्ऋणमृणातेरपार्णं भवत्यपरता अस्मादोषधय इति

वा। सोमस्येव मौजवतस्य भक्षः। मौजवतो मूजवति जातो मूजवान् पर्वतो मुञ्जवान्मुञ्जो विमुच्यत इषीकयेषीकेषतेर्गतिकर्मण इयमपीतरेकैतस्मादेव। विभीदको विभेदनाज्जागृविर्जागरणान्मह्यमचच्छदत्। प्रशंसत्येना प्रथमया निन्दत्युत्तरामिऋषेरक्षपरिद्यूनस्यैतदार्षं वेदयन्ते।।

ग्रावाणो हन्तेर्वा गृणातेर्वा गृह्णातेर्वा तेषामेषा भवति।।८।।

प्रैते वदन्तु प्र वयं वदाम ग्रावभ्यो वाचं वदता वदद्भ्यः। यदद्रयः पर्वताः साकमाशवः श्लोकं घोषं भरथेन्द्राय सोमिनः।। ऋ० १०।९४।१।।

प्रवदन्त्वेते प्रवदाम वयं प्रावभ्यो वाचं वदत वदद्भ्यो यदद्रयः पर्वता अदरणीयाः सह सोममाशवः क्षिप्रकारिणः। श्लोकः शृणोतेर्घोषो घुष्यतेः। सोमिनो यूयं स्थेति वा सोमिनो गृहेष्विति वा।।

येन नराः प्रशस्यन्ते स नाराशंसो मन्त्रस्तस्यैषा भवति।।९।।

अमन्दान्त्स्तोमान्प्रभरे मनीषा सिन्धावधि क्षियतो भाव्यस्य। यो मे सहस्रममिमीत सवानतूर्तो राजा श्रव इच्छमानः।। ऋ० १।१२६।१।।

अमन्दान्त्स्तोमानबालिशाननल्पान्वा। बालो बलवर्ती भर्तव्यो भवत्यम्ब स्मा अलं भवतीति बाम्बास्मै बलं भवतीति वा वलो वा प्रतिषेधव्यवहितः। प्रभरे मनीषया मनस ईषया स्तुत्या प्रज्ञया वा सिन्धावधि निवसतो भावयव्यस्य राज्ञो यो मे सहस्र निरमिमीत सवानतूर्त्तो राजातूर्ण इति वात्वरमाण इति वा प्रशंसामिच्छमानः।।१०।।

इति तृतीयाऽध्यायस्य प्रथमः पादः।।

अथ द्वितीयः पादः।।

यज्ञसंयोगाद्राजा स्तुतिं लभेत राजसंयोगाद्युद्धोपकरणानि। तेषां रथः प्रथमागामी भवति। रथो रंहतेर्गतिकर्मणाः स्थिरतेर्वा स्याद्विपरीतस्य रममाणोऽस्मिंस्तिष्ठतीति वा रपतेर्वा रसतेर्वा। तस्यैषा भवति।।११।।१।।

वनस्पते वीड्वङ्गो हि भूया अस्मत्सखा प्रतरणः सुवीरः। गोभिः सन्नद्धो असि वीळयस्वास्थाता ते जायतु जेत्वानि॥ ऋ० ६।४७।२६॥

वनस्पते दृढाङ्गो हि भवास्मत्सखा प्रतरणः सुवीरः कल्याणवीरो गोभिः सन्नद्धो असि वीलयस्वेति संस्तम्भस्वास्थाता ते जयतु जेतव्यानि॥

दुन्दुभिरिति शब्दानुकरणां द्रुमो मित्र इति वा दुन्दुभ्यतेर्वा। रयाच्छब्दकर्मणः। तस्यैषा भवति॥१२॥२॥

उप श्वासय पृथिवीमुत द्यां पुरुत्रा ते मनुतां विष्ठितं जगत्। व दुन्दुभे सजूरिन्द्रेण देवैर्दूराद्दवीयो अप सेध शत्रून्॥ ऋ० ६।४७।२९॥

उपश्वासय पृथिवीं च दिवं च बहुधा ते घोषं मन्यतां विष्ठितं स्थावरं जङ्गमं च यत्स दुन्दुभे सहजोषण इन्द्रेण च देवैश्च दुराद् दूरतरमपसेध शत्रून्॥

इषुधिरिषूणां निधानम्। तस्यैषा भवति॥१३॥३॥

बह्वीनां पिता बहुरस्य पुत्रश्चिश्चा कृणोति समनावगत्य। इषुधिः साङ्कः पृतनाश्च सर्वाः पृष्ठे निनद्धो जयति प्रसूतः॥ ऋ० ६।७५।५॥

बहूनां पिता बहुरस्य पुत्र इतीषूनभिप्रेत्य प्रस्मयत इवापाव्रियमाणः शब्दानुकरणं वा। सङ्कः सचतेः सपूर्वाद्वा किरतेः। पृष्ठे निनद्धो जयति प्रसूत इति व्याख्यातम्॥

हस्तघ्नो हस्ते हन्यते। तस्यैषा भवति॥१४॥४॥

अहिरिव भोगैः पर्येति बाहुं ज्याया हेतिं परिबाधमानः। हस्तघ्नो विश्वा वयुनानि विद्वान्पुमान्पुमांसं परि पातु विश्वतः॥ ऋ० ६।७५।१४॥

अहिरिव भोगैः परिवेष्टयति बाहुं ज्यायाबधात्परित्रायमाणो हस्तघ्नः सर्वाणि प्रज्ञानानि प्रजानन्पुमान्पुरुमना भवति पुंसतेर्वा॥

अभीशवो व्याख्यातः। तेषामेषा भवति॥१५॥५॥

रथे तिष्ठन्नयति वाजिनः पुरो यत्र यत्र कामयते सुषारथिः।
अभीशूनां महिमानं पनायत मनः पश्चादनु यच्छन्ति रश्मयः॥ऋ०
६।७५।६॥

रथे तिष्ठन्नयति वाजिनः पुरस्तात्सतो यत्र यत्र कामयते सुषारथिः कल्याणसारथिभीशूनां महिमानं पूजयामि मनः पश्चात्सन्तोऽनुच्छन्ति रश्मयः॥

धनुर्धन्वतेर्गतिकर्मणो वधकर्मणो वा धन्वन्त्यस्मादिषवः। तस्यैषा भवति ॥१६॥६॥

धन्वना गा धन्वनाजिं जयेम धन्वना तीव्राः समदो जयेम।
धनुः शत्रोरपकामं कृणोति धन्वना सर्वाः प्रदिशो जयेम॥
ऋ० ६।७५।२॥

इति सा निगदव्याख्याता। समदः समदो वात्तेः सम्मदो वा मदतेः॥

ज्या जयतेर्वा जिनातेर्वा प्रजावयतीषूनिति वा। तस्या एषा भवति॥१७॥७॥

वक्ष्यन्ती वेदा गनीगन्ति कर्णं प्रियं सखायं परिषस्वजाना॥
योषेव शिङ्क्ते वितताधि धन्वञ्ज्या इयं समने पारयन्ती॥
ऋ० ६।७५।३॥

वक्ष्यन्तीवागच्छती कर्णं प्रियमिव सखायमिषुं परिष्वजमाना योषेव शिङ्क्ते शब्दं करोति वितताधि धनुषि ज्येयं समने सङ्ग्रामे पारयन्ती पारं नयन्ती॥

इषुरिषेतर्गतिकर्मणो वधकर्मणो वा। तस्यैषा भवति॥१८॥८॥

सुपर्णं वस्ते मृगो अस्या दन्तो गोभिः सन्नद्धा पतति प्रसूता।
यत्रा नरः सं च वि च द्रवन्ति तत्रास्मभ्यमिषवः शर्म यंसन्॥
ऋ० ६।७५।११॥

सुपर्णं वस्त इति वाजानभिप्रेत्य मृगमयोऽस्या दन्तो मृगयतेर्वा गोभिः सन्नद्धा पतति प्रसूतेति व्याख्यातम् (३।५)। यत्र नराः सन्द्रवन्ति च विद्रवन्ति च तत्रास्मभ्यमिषवः शर्म यच्छन्तु शरणं सङ्ग्रामेषु॥

अश्वाजनीं कशेत्याहुः। कशा प्रकाशयति भयमश्वाय कृष्यतेर्वाणूभावाद्वाक्पुनः प्रकाशयत्यर्थान्खशया क्रोशतेर्वा। अश्वकशाया एष भवति ॥।१९॥९॥

आ जङ्घन्ति सान्वेषां जघनाँ उपे जिघ्नते । अश्वाजनि प्रचेतसोऽश्वान्त्समत्सु चोदय॥ ऋ० ६।७५।१३॥

आहनन्ति सानून्येषां सरणानि सक्थीनि। सक्थि सचेतरासक्तोऽस्मिन्कायः। जघनानि चोपघ्नति। जघनं जङ्घन्यतेः। अश्वाजनि प्रचेतसः प्रवृद्धचेतसोऽश्वान्त्समत्सु समरणेषु सङ्ग्रामेषु चोदय॥

उलूखलमुरुकरं वोर्क्करं वोर्ध्वखं वा। **उरु ये कृविंत्यब्रर्वात्तदुलूखलमभवदुरुकरं चैतदुलूखलमित्याचक्षते परोक्षेणेति** च ब्राह्मणम्। तस्यैषा भवति॥२०॥१०॥

यच्चिद्धि त्वं गृहेगृह उलूखलक युज्यसे।

इह द्युमत्तमं वद जयतामिव दुन्दुभिः॥ ऋ० १।२८।५॥

इति सा निगदव्याख्याता॥२१॥११॥

इति तृतीयाऽध्यायस्य द्वितीयः पादः॥

अथ तृतीयः पादः॥

वृषभः प्रजां वर्षतीति वातिवृहति रेत इति वा तद्वृषकर्मा वर्षणाद्वृषभः। तस्यैषा भवति॥२२॥११॥

न्यक्रन्दन्नुपयन्त एनममेहयन्वृषभं मध्ये आजेः।

तेन सूभर्वं शतवत्सहस्रं गवां मुद्गलः प्रधने जिगाय॥ ऋ० १०।१०२।५॥

न्यक्रन्दयन्नुपयन्त एनमिति व्याख्यातममेहयन्वृषभं मध्य आजेरामयनस्था जवनस्येति वा तेन तं सूभर्वं राजानम् (भर्वतिरक्तिकर्मा) तद्वा सूभर्वं सहस्रं गवां मुद्गलः प्रधने जिगाय। प्रधन इति सङ्ग्रामनाम प्रकीर्णान्यस्मिन्धनानि भवन्ति॥

द्रुघणो द्रुममयो घणः। तत्रेतिहासमाचक्षते-मुद्गलो भार्म्यश्व ऋषिर्वृषभं च द्रुघणां च युक्त्वा सङ्ग्रामे व्यवहृत्याजिं जिगाय। तदभिवा-दिन्येषग्र्भवति।।२३।।२।।

इमं तं पश्य वृषभस्य युञ्जं काष्ठाया मध्ये द्रुघणं शयानम्।
येन जिगाय शतवत्सहस्रं गवां मुद्गलः पृतनाज्येषु।। ऋ० १०।१०२।९।।

इमं तं पश्य वृषभस्य सहयुजं काष्ठाया मध्ये द्रुघणं शयानं येन जिगाय शतवत्सहस्रं गवां मुद्गलः पृतनाज्येषु। पृतनाज्यमिति सङ्ग्रामनाम पृतनानामजनाद्वाजयनाद्वा। मुद्गलो मुद्गवान मुद्गिलो वा मदनं गिलतीति वा मदङ्गिलो वा मुदङ्गिलो वा। भार्म्यश्वो भृम्यश्वस्य पुत्रो भृङ्मश्वो भृमयोऽ-स्याश्वाः अश्वभरणाद्वा।

पितृरित्यन्ननाम पातेर्वा पिबतेर्वा प्यायतेर्वा तस्यैषा भवति।।२४।।३।।

पितुं नु स्तोषं महो धर्माणं तविषीम्।
यस्य त्रितो व्योजसा वृत्रं विपर्वमर्दयत्।। ऋ० १।१८७।१।।

तं पितुं स्तौमि महतो धारयितारं बलस्य तविषीति बलनाम तवतेर्वा बुद्धिकर्मणयस्य त्रित ओजसा बलेन त्रितस्त्रिस्थान इन्द्रो वृत्रं विपर्वाणं व्यर्दयति।।

नद्यो व्याख्याताः (२/२४)। तासामेषा भवति।।२५।।४।।

इमं मे गङ्गे यमुने सरस्वति शुतुद्रि स्तोमं सचता परुष्ण्या।
असिक्न्या मरुद्वृधे वितस्तयार्जीकीये शृणुह्या सुषोमया।। ऋ० १०।७५।५।।

इमं मे गङ्गे यमुने सरस्वती शुतुद्रि परुष्णि स्तोममासेवध्वमसिक्न्या च सह मरुद्वृधे वितस्तथा चार्जीकीय आशृणुहि सुषोमया चेति समस्तार्थः। अथैकपदनिरुक्तम्। गंगा गमनाद्यमुना प्रयुवति गच्छतीति वा प्रवियुतं गच्छतीति वा। सरस्वती सर इत्युदकनाम सर्तेस्तद्वती। शुतुद्री शुद्राविणि क्षिप्रद्राविण्याशु तुन्नेव द्रवतीति वा। इरावतीं परुष्णीत्याहुः पर्ववती भास्वती कुटिलगामिनी। असिक्न्यशुक्लासिता सितमित वर्णनाम तत्प्रतिषेधोऽसितम्। मरुद्वृधाः सर्वा

नद्यासे परुत एना वर्धयन्ति। सितस्ता विदग्धा विवृद्धा महाकूला। आर्जीकीयां विपाडित्याहुर्ऋजूकप्रभवा वर्जुगामिनी वा। विपाड्विपाटनाद्वा विप्राशनाद्वा पाशा अस्यां व्यपाश्यन्त वशिष्ठस्य मुमूर्षतस्तस्माविपाडुच्यते पूर्वामासीदुरुञ्जिरा। सुषोमा सिन्धुर्यदेनामभिप्रसुवन्ति नद्यः सिन्धुः स्यन्दनात्॥

आप आप्नोतेः तासामेषा भवति॥२६॥५॥

आपो हि ष्ठा मयोभुवस्ता न ऊर्जा दधातन।
महे रणाय चक्षसे॥ ऋ० १०।९।१॥

आपो हि स्थ सुखभुवस्ता नोऽन्नाय धत्त महते नो रणाय रमणीयाय च दर्शनाय। ओषद्धयन्तीति वौषत्येना धयन्तीति वा दोषं धयन्तीति वा। तासामेषा भवति॥२७॥६॥

या ओषधीः पूर्वा जाता देवेभ्यस्त्रियुगं पुरा।
मनै नु बभ्रूणामहं शतं धामानि सप्त च॥ ऋ० १०।९७।१॥

या ओषधयः पूर्वा जाता देवेभ्यस्त्रीणि युगानि पुरा मन्ये नु तद् बभ्रूणामहं वभ्रुवर्णानां हरणानां भरणानामिति वा शतं धामानि सप्त चेति। धामानि त्रयाणि भवन्ति स्थानानि नामानि जन्मानीति। जन्मान्यत्राभिप्रेतानि सप्तशतं पुरुषस्य मर्मणां तेष्वेना दधतीति वा॥

रात्रिर्व्याख्याता (२।१८)। तस्या एषा भवति॥ २८॥७॥

आ रात्रि पार्थिवं रजः पितुरप्रायि धामभिः। दिवः सदांसि बृहती वि तिष्ठस आ त्वेषं वर्त्तते तमः॥ अथ० १९।४७।१॥

आपूपुरस्त्वं रात्रि पार्थिवं रजः स्थानैर्मध्यमस्य दिवः सदांसि बृहती महती वितिष्ठस आवर्त्तते त्वेषं तमोरजः॥

अरण्यान्यरण्यस्य तत्यरण्यमपार्णं ग्रामादरमणं भवतीति वा। तस्या एषा भवति॥२९॥८॥

अरण्यान्यरण्यान्यसौ या प्रेव नश्यसि। कथा ग्रामं न पृच्छसि न त्वा भीरिंव विन्दतीइँ॥ ऋ० १०।१४६।१॥

अरण्यानीत्येनामामन्त्रयते यासावरण्यानि वनानि पराचीव नश्यसि कथं ग्रामं न पृच्छसि न तवा भीर्विन्दतीवेति। इवः परिभूयार्थे वा॥

श्रद्धा श्रद्धानात्। तस्या एषा भवति।।३०।।९।।

श्रद्धयाग्निः समिध्यते श्रद्धया हूयते हविः।

श्रद्धां भर्गस्य मूर्धनि वचसा वेदयामसि।। ऋ० १०।१५१।१।।

श्रद्धयाग्निः साधु समिध्यते श्रद्धया हविः साधु हूयते श्रद्धां भगस्य भागधेयस्य मूर्धनि प्रधानाङ्गे वचनेनावेदयामः।।

पृथिवी व्याख्याता (१।१४)। तस्या एषा भवति।।३१।।१०।।

स्योना पृथिवि भवानृक्षरा निवेशनी।

यच्छा नः शर्म सप्रथः।। ऋ० १।२२।१५।।

सुखा नः पृथिवि भवानृक्षराः निवेशन्यृक्षरः कण्टक ऋच्छतेः। कण्टकः कंतपो वा कृतन्तेर्वा कन्टतेर्वा। स्याद्गतिकर्मण उद्गततमो भवति। यच्छ नः शर्म शरणं सर्वतः पृथु।।

अप्वा व्याख्याता (६।१२)। तस्या एषा भवति।।३२।।११।।

अमीषां चित्तं प्रतिलोभयन्ती गृहाणाङ्गान्यप्वे परेहि।

अभिप्रेहि निर्दह हृत्सु शोकैरन्धेनामित्रास्तमसा सचन्ताम्।। ऋ० १०।१०३।१२।।

अमीषां चित्तनि प्रज्ञानानि प्रतिलोभयमाना गृहाणाङ्गान्यप्वे परेह्यभिप्रेहि निर्दहैषां हृदयानि शोकैरन्धेनामित्रास्तमसा संसेव्यन्ताम्।।

अग्नाय्यग्नेः पत्नी। तस्या एषा भवति।।३३।।१२।।

इहेन्द्राणीमुप ह्वये वरुणानीं स्वस्तये।

अग्नायीं सोमपीतये।। ऋ० १।२२।१२।।

इति सा निगदव्याख्याता।।३४।।१३।।

इति तृतीयाऽध्यायस्य तृतीयः पादः।।

अथ चतुर्थः पादः॥

अथातोऽष्टौ द्वन्द्वानि॥ उलूखलमुसले, उलूखलं व्याख्यातम् (९।२०)। मुसलं मुहुः सरम्। तयोरेषा भवति॥३५॥१॥

आयजी वाजसातमा ता ह्युच्चा विजर्भृतः।
हरी इवान्धाँसि बप्सता॥ ऋ० १।२८।७॥

आयष्टव्ये अन्नानां सम्भक्ततमे ते ह्युच्चैर्विह्रियेते हरी इवान्नानि भुञ्जाने। हविर्धाने हविषां निधाने। तयोरेषा भवति॥३६॥२॥

आ वामुपस्थमद्रुहा देवाः सीदन्तु यज्ञियाः।
इहाद्य सोमपीतये॥ ऋ० २।४१।२१॥

आसीदन्तु वामुपस्थमुपस्थज्ञानमद्रोग्धव्ये इति वा यज्ञिया देवा यज्ञसम्पादिन इहाद्य सोमपानाय॥

द्यावापृथिव्यौ व्याख्याते। तयोरेषा भवन्ति॥३७॥३॥

द्यावा नः पृथिवी इमं सिध्रमद्य दिविस्पृशम्।
यज्ञं देवेषु यच्छताम्॥ ऋ० २।४१।२०॥

द्यावापृथिव्यौ न इमं साधनमद्य दिविस्पृशं यज्ञं देवेषु नियच्छताम्॥ विपाट्छुतुद्र्यौ व्याख्याते (९।२४) तयोरेषा भवति॥३८॥४॥

प्र पर्वतानामुशती उपस्थादश्वे इव विषिते हासमाने। गावेव शुभ्रे मातरा रिहाणे विपाट्छुतुद्री पयसा जवेते॥ ऋ० ३।३३।१॥

पर्वतासनामुपस्थादुपस्थानादुशत्यौ कामयमाने अश्वे इव विमुक्ते इति वा विषण्णे इति वा हासमाने हासति स्पर्धायां हर्षमाणे वा। गावाविव शुभ्रे शोभने मातरौ संरिहाणो विपाट्छुतुद्रयौ पयसा प्रजवेते॥

आर्त्नीं अर्तन्यौ वारण्यौ वारिषण्यौ वा। तयोरेषा भवति॥३९॥५॥

ते आचरन्ती समनेव योषा मातेव पुत्रं बिभृतामुपस्थे।
अप शत्रून्विध्यतां संविदाने आर्त्नी इमे विष्फुरन्ती अमित्रान्॥
ऋ० ६।७५।४॥

ते आचरन्त्यौ समनसाविव योषे मातेव पुत्रं विभृतामुपस्थ उपस्थानेऽपविध्यतां शत्रून्त्संविदाने आर्त्न्याविमे विध्नत्यावमित्रान्॥

शुनासीरौ शुनौ वायुः शु एत्यन्तरिक्षे सीरः आदित्यः सरणात्। तयोरेषा भवति॥४०॥६॥

शुनासीराविमां वाचं जुषेथां यद्दिवि चक्रथुः पयः।

तेनेमामुप सिञ्चतम्॥ ऋ० ४।५७।५॥

इति सा निगदव्याख्याता॥

देवी जोष्ट्री देव्यौ जोषयित्र्यौ द्यावापृथिव्याविति वाहोरात्रे इति सस्यं च समाचेति कात्थक्यः। तयोरेष सम्प्रैषो भवति॥४१॥७॥

देवी जोष्ट्री वसुधिती ययोरन्याघा द्वेषाँसि यूयवदान्या। वक्षद्वसु वार्याणि यजमानाय वसुवने वसुधेयस्य वीतायज॥ मै० सं० ४।१३।८॥

देवी जोष्ट्री देव्यौ जोषयित्र्यौ वसुधिती वसुधान्यौ ययोरन्याधानि द्वेषाँस्यवयावयत्यावहत्यन्या वसूनि वननीयानि यजमानाय वसुवननाय च वसुधानाय च वीतां पिबेतां कामयतां वा। यजेति सम्प्रैषः॥

देवी ऊर्जाहुती देव्या ऊर्जाह्वान्यौ द्यावापृथिव्याविति बाहोरात्रे इति वा सस्यं च समाचेति कात्थक्यः। तयोरेषः सम्प्रैषो भवति॥४२॥८॥

देवी ऊर्जाहुती इषमूर्जमन्या वक्षत्सग्धिं सपीतिमन्या नवेन पूर्वं दयमानाः स्याम पुराणेन नवं तामूर्जमूर्जाहूती ऊर्जयमाने अधातां वसुवने वसुधेयस्य वीतां यज॥ मै० सं० ४।१३।८॥

देवी ऊर्जाहुती देव्या ऊर्जाह्वान्यावन्नं च रसं चावहत्यावहत्यन्या सहजग्धि च सहपीतिं चान्या नवेन पूर्वं दयमानाः स्याम पुराणेन नवं तामूर्जमूर्जाहुती ऊर्जयमाने अधातां वसुवनाय च वसुधानाय च वीतां पिबेतां कामयेता वा। यजेति सम्प्रेषः॥४३॥९॥

इति तृतीयाऽध्यायस्य चतुर्थः पादः॥

समाप्तश्चायमध्यायः॥

निरक्ते नवमाऽध्यायश्च समाप्तः॥

ओ३म्

अथ चतुर्थाऽध्यायारम्भः ॥

तत्र प्रथमः पादः॥

अधातो मध्यस्थान देवताः। तासां वायुः प्रथमागामी भवति। वायुर्वातेर्वेतेर्वा स्याद्गतिकर्मणाः। एतेरिति स्थौलाष्ठीविरनर्थको वकारः। तस्यैषा भवति॥१॥

वायुवा याहि दर्शतेमे सोमा अरङ्कृताः।

तेषां पाहि श्रुधी हवेम्॥ ऋ० १।२।१॥

वायवायाहि दर्शनीयेमे सोमा अरङ्कृता अलङ्कृतास्तेषां पिब शृणु नो ह्वानमिति। कमन्यं मध्यमादेवमवक्ष्यत्। तस्यैषापरा भवति॥२॥

आसस्त्राणासः शवसानमच्छेर्द्र सुचक्रे रथ्यासो अश्वाः। अभि श्रव ऋज्यन्तो वहैयुर्नू चिन्नु वायोरमृतं वि दस्येत्॥ ऋ० ६।३७।३॥

आससृवांसोऽभिबलायमानमिन्द्रं कल्याणचक्रे रथे योगाय रथ्या अश्वा रथस्य वोढार ऋज्यन्त ऋजुगामिनोऽन्नमभिवहेयुर्नवं च पुराणं च। श्रव इत्यन्ननाम श्रूयत इति सतः। वायोश्चास्य भक्षो यथा न विदस्येदिति। इन्द्रप्रधानेत्येके नैघण्टुकं वायुकर्मोभयप्रधानेत्यपरम्॥

वरुणो वृणोतीति सतः। तस्यैषा भवति॥३॥

नीचीनवारं वरुणः कवन्धं प्र ससर्ज रोदसी अन्तरिक्षम्। तेन विश्वस्य राजा यवं न वृष्टिर्व्युनत्ति भूम॥ ऋ० ५।८५।३॥

नीचीनद्वारं वरुणः कवन्धं मेघम्। कवनमुहकं भवति तदस्मिन्धीयत उदकमपि कवन्थमुच्यते वन्धिरनिभृतत्वे कमनिभृतं च। प्रसृजति द्यावापृथिव्यौ चान्तरिक्षं च। महत्त्वेन तेन सर्वस्य भुवनस्य राजा यवमिव वृष्टिर्व्युनत्ति भूमिम्। तस्यैषापरा भवति॥४॥

तमू षु समना गिरा पितॄणां च मन्मभिः। नाभाकस्य प्रशस्तिभिर्यः सिन्धूनामुपोदये सप्तस्वसा स मध्यमो नभन्तामन्यके समे।। ऋ० ८।४१।२।।

तं स्वभिष्टौमि समानया गिरा गीत्या स्तुत्या पितॄणां च मननीयैः स्तोमैर्नाभाकस्य प्रशस्तिभिः। ऋषिर्नाभाको बभूव। यः स्यन्दमाना-नामासा-मपामुपोदये सप्तस्वसारमेनमाह वाग्भिः स मध्यम इति निरुच्यतेऽथैष एव भवति। नभन्तामन्यके समे। मा भूवन्नन्यके सर्वे चे नो द्विषन्ति दुर्धियः पापधियः पापसङ्कल्पाः।।

रुद्रो रौतीति सतो रोरूयमाणो द्रवतीति वा रोदयतेर्वा। **यदरुदत्तद्रुस्य रुद्रत्वामिति** काठकम्। **यदरोदीत्तद्रुद्रस्य रुद्रत्वमिति** हारिद्रविकम्। तस्यैषा भवति।।५।।

इमा रुद्राय स्थिरधन्वने गिरः क्षिप्रेषवे देवाय स्वधाव्ने। अषाळहाय सहमानाय वेधसे तिग्मायुधाय भरता शृणोतु नः।। ऋ० ७।४६।१।।

इमा रुद्राय दृढधन्वने गिरः क्षिप्रेषवे देवायान्नवतेऽषाढायान्यैः सहमानाय विधात्रे तिग्मायुधाय भरता शृणोतु नस्तिग्मं तेजतेरुत्साहकर्मणा आयु धर्मायोधनात्। तस्यैषापरा भवतिः।।६।।

या ते दिद्युदवसृष्टा दिवस्परि क्ष्मया चरेति परि सा वृणक्तु नः। सहस्रं ते स्वपिवात भेषजा मा नस्ताकेषु तनयेषु रीरिषः।। ऋ० ७।४६।३।।

या ते दिद्युदवसृष्टा दिवस्परि दिवोऽधि। विद्युद द्युतेर्वा द्युतेर्वा द्योततेर्वा। क्ष्मया चरति। क्ष्मा पृथिवी। तस्यां चरति तथा चरति विक्ष्मापयन्ती चरतीति वा परिवृणक्तु नः सा। सहस्रं ते स्वाप्तवचनभैषज्यानि मा नस्त्वं पुत्रेषु च पौत्रेषु च रीरिषः। तोकं तुद्यतेस्तनयं तनोतेः अग्निरपि रुद्र उच्यते। तस्यैषा भवति।।७।।

जराबोध तद्विविड्ढि विशेविशे यज्ञियाय। स्तोमं रुद्राय दृशीकम्।। ऋ० १।२७।१०।।

जरा स्तुतिर्जरतेः स्तुतिकर्मणस्तां बोध तथा बोधयितरिति वा तद्धिविड्ढि तत्कुरु मनुष्यस्य मनुष्यस्य यजनाय। स्तोमं रुद्राय दर्शनीयम्।।

इन्द्र इरां दृणातीति वेगं ददातीति वेगं दधातीति बेरां दारयत इति बेरां धारयत इति वेन्दवे द्रवतीति वेन्दौ रमत इति वेन्धे भूतानीति वा। **तद्यदेनं प्राणैः सधैन्धंस्तदिन्द्रस्येन्द्रत्वमिति** विज्ञायते। इदं करणादित्याग्रयणः। इदं दर्शनादित्यौपमन्यवः। इन्दतेर्वैश्वर्य्यकर्मण इच्छत्रूणां दारयिता वा द्रावपिता वादरयिता च यज्वनाम। तस्यैषा भवति।।८।।

अर्दर्दुरुत्समसृजो वि खानि त्वमर्णवान्बद्बधानाँ अरम्णाः। महान्तमिन्द्र पर्वतं वि यद्वः सृजो वि धारा अव दानवं हन्॥ ऋ० ५।३२।१॥

अदृणा उत्सम्। उत्स उत्सरणाद्वोत्सदनाद्वोत्स्यदनाद्वोनत्तेर्वा। व्यसृजोऽस्य खानि त्वमर्णवानर्णस्वत एतान्माध्यमिकान्त्संत्यायान्बाबध्यमानानरम्णाः। रम्णातिः संयमनकर्मा विसर्जनकर्मा वा। महान्तमिन्द्र पर्वतं मेघं यद् व्यवृणोर्व्यसृजोऽस्य धारा अवहन्नेनं दानवं दानकर्माणम्। तस्यैषापरा भवति।।९।।

यो जात एव प्रथमो मनस्वान्देवो देवान्क्रतुना पर्यभूषत्। यस्य शुष्माद्रोदसी अभ्यसेतां नृम्णस्य मह्ना स जनास इन्द्रः॥ ऋ० २।१२।१॥

यो जायमान एव प्रथमो मनस्वी देवा देवान्क्रतुना कर्मणा पर्यभषत्पर्य्य-गृह्णात्पर्य्यरक्षदत्यक्रामदिति वा यस्य बलाद् द्यावापृथिव्यावप्यबिभीतां नृम्णास्य मह्ना बलस्य महस्त्वेन स जनास इन्द्र इत्यृषेर्दृष्टार्थस्य प्रीतिर्भवत्याख्यान-संयुक्ता।।

पर्जन्यस्तृपेराद्यन्तविपरीतस्य तपयिता जन्यः परो जेता वा जनयिता वा प्रार्जयिता वा रसानाम्। तस्यैषा भवति।।१०।।

वि वृक्षान्हन्त्युत हन्ति रक्षसो विश्वं बिभाय भुवनं महावधात्। उतानागा ईषते वृष्ण्यावतो यत्पर्जन्य स्तनयन्हन्ति दुष्कृतः॥ ऋ० ५।८३।२॥

विहन्ति वृक्षान्विहन्ति च रक्षाँसि चास्माद्भूतानि बिभ्यति महावधान्म-

हान्ह्यस्य वधः। अप्यनपराधो भीतः पलायते वर्षकर्मवतो यत्पर्जन्यः स्तनयन्हन्ति दुष्कृतः पापकृतः॥

बृहस्पतिर्बृहतः पाता वा पालयिता वा। तस्यैषा भवति॥११॥

अश्नापिनद्धं मधु पर्यपश्यन्मत्स्यं न दीन उदनि क्षियन्तम्। निष्टज्जभार चमसं न वृक्षाद्बृहस्पतिर्विरवेणा विकृत्य॥ ऋ० १०।६८।८॥

अशनवता मेघेनापिनद्धं मधु पर्यपश्यन्मत्स्यमिव दीन उदके निवसन्तम्। निर्जहार तच्चमसमिव वृक्षाच्चमसः कस्माच्चमन्त्यस्मिन्निति। बृहस्पतिर्विरवेण शब्देन विकृत्य॥

ब्रह्मणस्पतिर्ब्रह्मणः पाता वा पालयिता वा। तस्यैषा भवति॥१२॥

**अश्मास्यमवतं ब्रह्मणस्पतिर्मधुधारमभि यमोजसातृणत्।
तमेव विश्वे पपिरे स्वर्दृशो बहु साकं सिसिचुरुत्समुद्रिणम्॥
ऋ० २।२४।४॥**

अशनवन्तमास्यन्दवन्तमवातितं ब्रह्मणस्पतिर्मधुधारमभि यमोजसा बलेनाभ्यतृणत्तमेव सर्वे पिबन्ति रश्मयः सूर्यदृशो बह्वेनं सह सिञ्चन्त्युत्स-मुद्रिणमुदकवन्तम्॥१३॥

इति चतुर्थाऽध्यायस्य प्रथमः पादः॥

अथ द्वितीयः पादः॥

क्षेत्रस्य पतिः क्षेत्रं क्षियतेर्निवासकर्मणस्तस्य पाता वा पालयिता वा। तस्यैषा भवति॥१४॥१॥

**क्षेत्रस्य पतिना वयं हितेनेव जयामसि।
गामश्वं पोषयित्न्वा स नो मृळातीदृशे॥ ऋ० ४।५७।१॥**

क्षेत्रस्य पतिना वयं सुहितेनेव जयामो गामश्वं पुष्टं पोषयितृ चाहरेति स नो मृळातीदृशे बलेन वा धनेन वा। मृळतिर्दानकर्मा। तस्यैषापरा भवति॥१५॥२॥

क्षेत्रस्य पते मधुमन्तमूर्मिं धेनुरिव पयो अस्मासु धुक्ष्व। मधुश्चुतं घृतमिव सुपूतमृतस्य नः पतयो मृळयन्तु॥ ऋ०४।५७।२॥

क्षेत्रस्य पते मधुमन्तमूर्मिं धेनुरिव पयोऽस्मासु धुक्ष्वेति मधुश्चुतं घृतमिवोदकं सुपूतमृतस्य नः पातरो वास पालयितारो वो मृळयन्तु। मृळयतिरुपदयाकर्मा पूजाकर्मा वा। तद्यत्समान्यामृचि समानाभिव्याहारं भवति तज्जामि भवतीत्येकम्। मधुमन्तं मधुश्चुतमिति यथा। यदेव समाने पादे समानाभिव्यवहारं भवति तज्जामि भवतीत्यपरम्। हिरण्यरूपः स हिरण्यसनदृगिति यथा। यथा कथा च विशेषोऽजामि भवतीत्यपरम्। मण्डूका इवोदकान्मण्डूका उदकादिवेति यथा॥

वास्तोष्पतिर्वास्तुर्वसतेर्निवासकर्मणस्तस्य पाता वा पालयिता वा। तस्यैषा भवति॥१६॥३॥

अमीवहा वास्तोष्पते विस्वा रूपाण्याविशन्।
सखा सुशेव एधि नः॥ ऋ० ७।५५।१॥

अभ्यमनहा वास्तोष्पते सर्वाणि रूपाण्याविशन्त्सखा नः सुसुखो भव। शेव इति सुखनाम शिष्यतेर्विकारो नामकरणोऽन्तथान्तरोपलिङ्गी विभाषितगुणः शिवमित्यप्यस्य भवति। यद्यद्रूपं कामयते तत्तद् देवता भवति। रूपं रूपं मघवा बोभवीतीत्यपि निगमो भवति॥

वाचस्पतिर्वाचः पाता वा पालयिता वा। तस्यैषा भवति॥१७॥४॥

पुनरेहि वाचस्पते देवेन मनसा सह।
वसोष्पते नि रामय मय्येव तन्वं१ मम॥ अथ० १।१।२॥

इति सा निगदव्याख्याता॥

अपां नपात्तनूनप्त्रा व्याख्यातः। तस्यैषा भवति॥१८॥५॥

यो अनिध्मो दीदयदप्स्व१न्तर्यं विप्रास ईळते अध्वरेषु।
अपां न पान्मधुमतीरपो दा याभिरिन्द्रो वावृधे वीर्याय॥ ऋ० १०।३०।४॥

योऽनिध्मो दीदयद् दीप्यतेऽभ्यन्तरमप्सु यं मेधाविनः स्तुवन्ति यज्ञेषु सोपां नपान्मधुमतीरपो देह्यभिषवाय याभिरिन्द्रो वर्धते वीर्याय वीरकर्मणे॥

यमो यच्छतीति सतः। तस्यैषा भवति॥१९॥६॥

परेयिवाँसं प्रवतो महीरनु बहुभ्यः पन्थामनुपस्पशानम्। वैवस्वतं सङ्गमनं जनानां यमं राजानं हविषा दुवस्य।। ऋ० १०।१४।१।।

परेयिवांसं पर्यागतवन्तं प्रवत उद्वतो निवत इत्यवतिर्गतिकर्मा बहुभ्यः पन्थानमनुपस्पाशयमानम्। वैवस्वतं सङ्गमनं जनानां यमं राजानं हविषा दुवस्येति। दुवस्यती राध्नोतिकर्मा। अग्निरपि यम उच्यते। तमेता ऋचोऽनुप्रवदन्ति।।२०।।७।।

सेनेव सृष्टामं दधात्यस्तुर्न दिद्युत्वेषप्रतीका। यमो ह जातो यमो जनित्वं जारः कनीनां पतिर्जनीनाम्।। ऋ० १।६६।४।।

तं वश्चराथा वयं वसत्यास्तं न गावो नक्षन्त इद्धम्।। ऋ० १।६६।५।।

इति द्विपदाः। सेनेव सृष्टा भयं वा बलं वा दधात्यस्तुरिव दिद्युत्त्वेषप्रतीका भयप्रतीका बलप्रतीका महाप्रतीका दीप्तिप्रतीका वा।। यमो ह जात इन्द्रेण सह सङ्गतः। **यमाविहेहयातरा** (ऋ० ६।५९।२) इत्यपि निगमो भवति।। यम इव जातो यमो जनिष्यमाणो जारः कनीनां जरयिता कन्यानां पतिर्जनीनां पालयिता जायानाम्। तत्प्रधाना हि यज्ञसंयोगेन भवन्ति। **तृतीयो अग्निष्टे पतिः** (ऋ० १०।८५।४०) इत्यपि निगमो भवति। तं वश्चराथा चरन्त्या पश्वाहुत्या वसत्या च निवसन्त्यौषधाहुत्यास्तं यथा गाव आप्नुवन्ति तथाप्नुयामेद्धं समृद्धं भोगैः।।

मित्रः प्रमीतेस्त्रायतेः सम्मिन्वानो द्रवतीति वा मेदयतेर्वा। तस्यैषा भवति।।२१।।८।।

मित्रो जनान्यातयति ब्रुवाणो मित्रो दाधार पृथिवीमुत द्याम्। मित्रः कृष्टीरनिमिषाभि चष्टे मित्राय हव्यं घृतवज्जुहोत।। ऋ० ३।५९।१।।

मित्रो जनानायातयति ब्रुवाणः शब्दं कुर्वन्मित्र एव धारयति पृथिवीं च दिवं च। मित्रः कृष्टीरनिमिषन्नभिविपश्यति। कृष्टय इति मनुष्यनाम कर्मवन्तो भवन्ति विकृष्टदेहा वा। मित्राय हव्यं घृतवज्जुहोतेति व्याख्यातम्। जुहोतिर्दानकर्मा।।

कः कमनो वा क्रमणो वा सुखो वा। तस्यैषा भवन्ति॥२२॥९॥

हिरण्तयगर्भः समवर्ततताग्रे भूतस्य जातः पतिरेक आसीत्। स दाधार पृथिवीं द्यामुतेमां कस्मै देवाय हविषा विधेम॥ ऋ० १०।१२१।१॥

हिरण्यगर्भो हिरण्यमयो गर्भो हिरण्यमयो गर्भोऽस्येति वा। गर्भो गृभेर्गृणात्यर्थे गिरत्यनर्थानिति वा। यदा हि स्त्री गुणान्गृह्णाति गुणाश्चास्या गृह्यन्तेऽथ गर्भो भवति। समभवदग्रे भूतस्य जातः पतिरेको बभूव। स धारयति पृथिवीं च दिवं च। कस्मै देवाय हविषा विधेमेति व्याख्यातम्। विधतिर्दानकर्मा॥

सरस्वान्व्याख्यातः। तस्यैषा भवति॥२३॥१०॥

ये ते सरस्व ऊर्मयो मधुमन्तो घृतश्चुतः।
तेभिर्नोऽविता भव॥ ऋ० ७।९६।५॥

इति सा निगदव्याख्याता॥२४॥११॥

इति चतुर्थाऽध्यायस्य द्वितीयः पादः॥

अथ तृतीयः पादः॥

विश्वकर्मा सर्वस्य कर्त्ता। तस्यैषा भवति॥२५॥१॥

विश्वकर्मा विमना आद्विहाया धाता विधाता परमोत सन्दृक्। तेषामिष्टानि समिषा मदन्ति यत्रा सप्तऋषीन्पर एकमाहुः॥ ऋ० ८२।२॥

विश्वकर्मा विभूतमना व्याप्त धाता च विधाता च परमश्च सन्द्रष्टा भूतानां तेषामिष्टानि वा कान्तानि वा क्रान्तानि वा गतानि वा मतानि वा नतानि वाद्भिः सह सम्मोदन्ते यत्रैतानि सप्तऋषीणानि ज्योतींषि तेभ्यः पर आदित्य-स्तान्येतस्मिन्नेकं भवन्तीत्यधिदैवतम्। अथाध्यात्मं विश्वकर्मा बिभूतमना व्याप्त धाता च विधाता च परमश्च सन्दर्शयितेन्द्रियाणामेषामिष्टानि वा कान्तानि वा क्रान्तानि वा गतानि वा मतानि वा नतानि वान्नेन सह सम्मोदन्ते यत्रेमानि सप्तऋषीणानीन्द्रियाणयेभ्यः पर आत्मा तान्येतस्मिन्नेकं भवन्तीत्यात्मगतिमाचष्टे।

तत्रेतिहासमाचक्षते–विश्वकर्मा भौवनः सर्वमेघे सर्वाणि भूतानि जुहावञ्चकार स आत्मनमप्यन्ततो जुहवाञ्चकार। तदभिवादिन्येषर्ग्भवति य इमा विश्वा भुवनि जुह्वदिति। तस्योत्तरा भूयसे निर्वचनाय।।२६।।२।।

विश्वकर्मन्हविषा वावृधानः स्वयं यजस्व पृथिवीमुतद्याम्। मुह्यन्त्वन्ये अभितो जनास इहास्माकं मघवा सूरिरस्तु।। ऋ० १०।८१।६।।

विश्वकर्म्मन्हविषा वर्धयमानः स्वयं यजस्व पृथिवीं च दिवं च मुह्यन्त्वन्ये अभितो जनाः सपत्ना इहास्माकं मघवा सूरिरस्तु प्रज्ञाता।।

ताक्ष्र्यस्त्वष्ट्रा व्याख्यातः (८।१४)। तीर्णेऽन्तरिक्षे क्षियति तूर्णमर्थं रक्षात्यश्नोतेर्वा। तस्यैषा भवति।।२७।।३।।

त्यमु षु वाजिनं देवजूतं सहावानं तरुतारं रथानाम्। अरिष्टनेमिं पृतनाजमाशुं स्वस्तये ताक्ष्र्यमिहा हुवेम।। ऋ० १०।१७८।१।।

तं भृशमन्नवन्तं जूतिर्गतिः प्रीतिर्वा देवजूतं देवगतं देवप्रीतं वा सहस्वन्तं तारयितारं रथानामरिष्टनेमिं पृतनाजितमाशुं स्वस्तये ताक्ष्र्यमिह ह्वयेमेति। कमन्यं मध्यमादेवमवक्ष्यत्। तस्यैषापरा भवति।।२८।।४।।

सद्यश्चिद्यः शवसा पञ्च कृष्टीः सूर्य इव ज्योतिषापस्ततान। सहस्रसाः शतसाः अस्य रंहिर्न स्मा वरन्ते युवतिं न शर्याम्।। ऋ० १०।१७८।३।।

सद्योऽपि यः शवसा बलेन तनोत्यपः सूर्य इव ज्योतिषा पंच मनुष्यजातानि सहस्रसानिनी शतसानिन्यस्य सा गतिर्न स्मैनां वारयन्ति प्रयुवतीमिव शरमयीमिषुम्।। मन्युर्मन्यतेर्दीप्तिकर्मणः क्रोधकर्मणो वधकर्मणो वा मन्युन्त्यस्मादिषवः। तस्यैषा भवति।।२९।।५।।

त्वया मन्यो सरथमारुजन्तो हर्षमाणासोऽधृषिता मरुत्वः। तिग्मेषव आयुधा संशिशाना अभि प्र यन्तु नरो अग्निरूपाः।। ऋ० १०।८४।१।।

त्वया मन्यो सरथमारुह्य रुजन्तो हर्षमाणासोऽधृषिता मरुत्वस्तिग्मेषक आयुधानि संशिश्यमाना अभिप्रयन्तु नरो अग्निरूपा अग्निकर्माणः सन्नद्धाः कवचिन इति वा।। दधिक्रा व्याख्यातः (२।२७)। तस्यैषा भवति।।३०।।६।।

आ दधिक्राः शवसा पञ्च कृष्टीः सूर्यं इव ज्योतिषापस्ततान। सहस्रसाः शतसा वाज्यर्वा पृणक्तु मध्वा समिमा वचाँसि॥ ४।३८।१०॥

आतनोति दधिकाः शवसा बलेनापः सूर्य्य इव ज्योतिषा पंच मनुष्यजातानि सहस्रसाः शतसा वाजी वेजनवानर्वेरणवान्त्सम्पृणक्तु नो मधुनोदकेन वचनानीमानीति। मधु धमतेर्विपरीतस्य।।

सविता सर्वस्य प्रसविता। तस्यैषा भवति।।३१।।७।।

सविता यन्त्रैः पृथिवीमरम्णादस्कम्भने सविता द्यामदृंहत्। अश्वमिवाधुक्षद्धुनिमन्तरिक्षमतूर्ते बद्धं सविता समुद्रम्॥ ऋ० १०।१४९।१॥

सविता यन्त्रैः पृथिवीमरमयदनारम्भणोऽन्तरिक्षे सविता द्यामदृहद-श्वमिवाधुक्षद्धुनिमन्तरिक्षे मेघं बद्धमतूर्ते बद्धमतूर्ण इति वा त्वरमाण इति वा सविता समुदितारमिति। कमन्यं मध्यमादेवमवक्ष्यत्। आदित्योऽपि सवितोच्यते। तथा च हैरण्यस्तूपेस्तुतोऽर्चन्हिरण्यस्तूपऋषिरिदं सूक्तं प्रोवाच तदभिवादिन्येषग-र्भवति।।३२।।८।।

हिरण्यस्तूपः सवितर्यथा त्वाङ्गिरसो जुह्वे वाजे अस्मिन्। एवा त्वार्चन्नवसे वन्दमानः सोमस्येवांशुं प्रति जागराहम्॥ ऋ० १०।१४९।५॥

हिरणयस्तूपो हिरण्यमयः स्तूपो हिरण्यमयः स्तूपोऽस्येति वा। स्तूपः स्त्यायतेः संघातः। सवितर्यथा त्वाङ्गिरसो जुह्वे वाजेऽस्मिन्नेवं त्वार्चन्नवनाय वन्दमानः सोमस्येवांशुं प्रतिजागर्म्यहम्।।

त्वष्टा व्याख्यातः (८।१४) तस्यैषा भवति।।३३।।९।।

देवस्त्वष्टा सविता विश्वरूपः पुपोष प्रजाः पुरुधा जजान। इमा च विश्वा भुवनान्यस्य महद्देवानामसुरत्वमेकम्॥ ऋ० ३।५५।१९॥

देवस्त्वष्टा सविता सर्वरूपः पोषति प्रजा रसानुप्रदानेन बहुधा चेमा

जनयतीमानि च सर्वाणि भूतान्युदकान्यस्य महच्चास्मै देवानामसुत्वमेकं प्रज्ञानामास्यत्नर्थानस्ताश्चास्यामर्था असुत्वमादिलुप्तम्॥

वातो वातीति सतः। तस्यैषा भवति॥३४॥१०॥

वात आ वातु भेषजं शम्भु मयोभु नो हृदे।

प्र ण आयूँषि तारिषत्॥ ऋ० १०।१८६।१॥

वात आवातु भैषज्यानि शम्भु मयोभु च नो हृदयाय प्रवर्धयतु च न आयुः। अग्निर्व्याख्यातः। तस्यैषा भवति॥३५॥११॥

प्रति त्यं चारुमध्वरं गोपीथाय प्र हूयसे।

मरुद्भिरग्न आ गहि॥ ऋ० १।१९।१॥

तं प्रति चारुमध्वरं सोमपानाय प्रहूयसे सोऽग्ने मरुद्भिः सहागच्छेति। कममध्यमादेवमवक्ष्यत्। तस्यैषापरा भवति॥३६॥१२॥

अभि त्वा पूर्वपीतये सृजामि सोम्यं मधु।

मरुद्भिरग्न आ गहि॥ ऋ० १।१९।९॥

अभिसृजामि त्वा पूर्वपीतये पूर्वपानाय सोम्यं मधु सोममयं सोऽग्ने मरुद्भिः सहागच्छेति॥३७॥१३॥

इति चतुर्थाऽध्यायस्य तृतीयः पादः॥

अथ चतुर्थः पादः॥

वेनो वेनतेः कान्तिकर्मणः। तस्यैषा भवति॥३८॥१॥

अयं वेनश्चोदयत्पृश्निगर्भा ज्योर्तिर्जरायू रजसा विमाने। इममपां संङ्गमे सूर्य्यस्य शिशुं न विप्रो मतिभी रिहन्ति॥ ऋ० १०।१२३।१॥

अयं वेनश्चोदयत्पृश्निगर्भाः प्राष्टवर्णगर्भा आप इति वा ज्योतिर्जरायुर्ज्योतिरस्य जरायुस्थानीयं भवति। जरायु जरया गर्भस्य जराय यूयत इति वा। इममपां

च सङ्गमने सूर्यस्य च शिशुमिव विप्रा मतिभी रिहन्ति लिहन्ति स्तुवन्ति वर्धयन्ति पूजयन्तीति वा। शिशुः शंसनीयो भवति शिशीतेर्वा स्याद् दानकर्मणश्चिरलब्धो गर्भो भवति।।

असुनीतिरसून्नयति। तस्यैषा भवति।।३९।।२।।

असुनीते मनो अस्मासु धारय जीवातव सु प्रतिरा न आयुः। रारन्धि नः सूर्यस्य सन्दृशि घृतेन त्वं तन्वं वर्धयस्व।। ऋ० १०।५९।५।।

असुनीते मनोऽस्मासु धारय चिरं जीवनाय प्रवर्धय च न आयु रन्धय च नः सूर्य्यस्य सन्दर्शनाय। रध्यतिर्वशगमनेऽपि दृश्यते। मा रधाम द्विषते सोम राजन् (ऋ० १०।१२८।५) इत्यपि निगमो भवति। घृतेन त्वमात्मानं तन्वं वर्धयस्व।।

ऋतो व्याख्यातः (२।२५)। तस्यैषा भवति।।४०।।३।।

ऋतस्य हि शुरुधः सन्ति पूर्वीर्ऋतस्य धीतिर्वृजिनानि हन्ति। ऋतस्य श्लोको बधिरा ततर्द कर्णा बुधानः शुचमानः आयोः।। ऋ० ४।२३।८।।

ऋतस्य हि शुरुधः सन्ति पूर्वीर्ऋतस्य प्रजावर्जनीयानि हन्त्यृतस्य श्लोको बधिरस्यापि कर्णावातृणत्ति। बधिरो बद्धश्रोत्रः कर्णौ बोधयन्दीप्यमानश्चायोरयनस्य मनुष्यस्य ज्योतिषो वोदकस्य व।।

इन्दुरिन्धेरुनत्तेर्वा। तस्यैषा भवति।।४१।।४।।

प्र तद्वोचेयं भव्यायेन्दवे हव्यो न य इषवान्मन्म रेजति रक्षोहा मन्म रेजति। स्वयं सो अस्मदा निदो वधैरजेत दुर्मतिम्। अव स्रवेदघशंसोऽवतरम्। अव क्षुद्रमिव स्रवेत्।। ऋ० १।१२९।६।।

प्रब्रवीमि तद्भव्यान्येदवे हवनाई इव य इषवानन्नवान्कामवान्वा मननानि च नो रेजयति रक्षोहा च बलेन रेजयति। स्वयं सोऽस्मदभिनिन्दितारं वधैरजेत दुर्ममित्। अवस्रवेदधशंसस्ततश्चावतरं क्षुद्रमिवावस्रवेत्। अभ्यासे भूयाँसमर्थं मन्यन्ते यथाहो दर्शनीयाहो दर्शनीयेति। तत्परुच्छेपस्य शीलम्। परुच्छेप ऋषिः पर्ववच्छेपः परुषि परुषि शेपोऽस्येति वा।।

इतीमानि सप्तविंशतिर्देवतानामधेयान्यनुक्रान्तानि। सूक्तभाञ्जि हविर्भाञ्जि। तेषामेतान्यहविर्भाञ्जि वेनोऽसुनीतिर्ऋत इन्दुः।।

प्रजापतिः प्रजानां पाता वा पालयिता वा। तस्यैषा भवति।।४२।।५।।

प्रजापते न त्वदेतान्यन्यो विश्वा जातानि परि ता बभूव। यत्कामास्ते जुहुमस्तन्नो अस्तु वयं स्याम पतयो रयीणाम्।। ऋ० १०।१२१।१०।।

प्रजापतेः न हि त्वदेतान्यन्यः सर्वाणि जातानि तानि परिबभूव। यत्कामास्ते जुहुमस्तन्नो अस्तु वयं स्याम पतयो रयीणामित्याशिः।।

अहिर्व्याख्यातः (२।१७)। तस्यैषा भवति।।४३।।६।।

अब्जामुक्थैरहिं गृणीषे बुध्ने नदीनां रजस्सु षीदन्।। ऋ० ७।३४।१६।।

अप्सुजमुक्थैरहिं गृणीषे बुध्ने नदीनां रजस्सूदकेषु षीदन्। बुध्नमन्तरिक्षे बद्धा अस्मिन्धृता आप इति वेदमपीतरद् बुध्नमेतस्मादेव बद्धा अस्मिन्धृताः प्राणा इति। योऽहिः स बुध्न्यो बुध्नमन्तरिक्षं तन्निवासात्। तस्यैषा भवति।।४४।।७।।

मा नासेऽहिर्बुध्न्यो रिषे धान्मा यज्ञो अस्य स्त्रिधदृतायोः।। ऋ० ७।३४।१७।।

मा च नोऽहिर्बुध्नयो रेषणाय धान्मास्य यज्ञोखा च स्त्रिधद्यज्ञकामस्य।। सुपर्णो व्याख्यातः (३।१२)। तस्यैषा भवति।।४५।।८।।

एकः सुपर्णः स समुद्रमा विवेश स इदं विश्वं भुवनं वि चष्टे। तं पाकेन मनसा पश्यमन्तितस्तं मातारेळिह स उ रेळिहमातरम्।। ऋ० १०।११४।४।।

एकः सुपर्णः स समुद्रमाविशति स इमानि सर्वाणि भूतान्यभिविपश्यति तं पाकेन मनसा पश्यमन्तितः। इत्यृषेर्दृष्टार्थस्य प्रीतिर्भवत्याख्यानसंयुक्ता। तं माता रेढि वागेषा माध्यमिका स उ मातरं रेढि।।

पुरूरवा बहुधा रोरूयते। तस्यैषा भवति।।४६।।९।।

समस्मिञ्जायमान आसत ग्ना उतेमं वधन्नद्य१ः स्वगूर्त्ताः। महे यत्त्वां पुरूरवो रणायावर्धयन्दस्युहत्याय देवाः॥ ऋ० १०।९५।७॥

समासतास्मिञ्जायमाने ग्ना गमनादापो देवपत्न्यो वापि चैनमवर्द्धयन्नद्यः स्वगूर्ताः स्वर्यगामिन्यो महते च यत्त्वा पुरूरवो रणाय रमणीयाय संग्रामाया-वर्धयन्दस्युहत्याय च देवाः॥४७॥१०॥

इति चतुर्थाध्यायस्य चतुर्थः पादः॥

समाप्तश्चायमध्यायः॥

निरुक्ते चतुर्थोऽध्यायः समाप्तः॥

ओ३म्

अथ पञ्चमाध्यायारम्भः॥

तत्र प्रथमः पादः॥

श्येनो व्याख्यातः (४।२४)। तस्यैषा भवति॥१॥

आदाय श्येनो अभरत्सोमं सहस्रं सवाँ अयतं च साकम्। अत्रा पुरंन्धिरजहादरातीर्मदे सोमस्य मूरा अमूरः॥ ऋ० ४।२६।७॥

आदाय श्येनोऽहरत्सोमं सहस्रं सवानयुतं च सह सहस्रं सहस्रसाव्यम-भिप्रेत्य तत्रायुतं सोमभक्षास्तत्सम्बन्धेनायुतं दक्षिणा इति वा। तत्र पुरन्धिरजहाद-मित्रान दानानिति वा। मदे सोमस्य मूरा अमूर इति। ऐन्द्रे च सूक्ते सोमपानेन च स्तुतस्तस्मादिन्दं मन्यन्ते॥

ओषधिः सोमः सुनोतेर्यदेनमभिषुण्वन्ति। बहुलमस्य नैघण्टुकं वृत्तमाश्चर्यमिव प्राधान्येन। तस्य पावमानीषु निदर्शनायोदाहरिष्यामः॥२॥

स्वादिष्ठया मदिष्ठया पवंव सोम रियाध।
इन्द्राय पातवे सुतः। ऋ० ९।१।१॥

इति सा निगदाव्याख्याता। अथैषापरा भवति चन्द्रमसो वैतस्य वा॥३॥

सोमं मन्यते पपिवान्यत्संम्पिषन्त्योषधिम्। सोमं यं ब्रह्माणो विदुर्न तस्याश्नाति कश्चन॥ ऋ० १०।८५।३॥

सोमं मन्यते पपिवान्यत्सम्पिषन्त्योषधिमिति वृथासुतमसोममाह सोमं यं ब्रह्मणो विदुरिति न तस्याश्नाति कश्चनायज्वेत्यधियज्ञम्। अथाधिदैवतं सोमं मन्यते पपिवान्यत्सम्पिषन्त्योषधिमिति यजुः सुतमसोममाह सोमं यं ब्रह्माणो विदुश्चन्द्रमसं सन तस्याश्नाति कश्चनादेव इति। अथैषापरा भवति चन्द्रमसो वैतस्य वा॥४॥

यत्त्वा देव प्रपिबन्ति तत आ प्यायसे पुनः। वायुः सोमस्य रक्षिता समानां मास आकृतिः॥ ऋ० १०।८५।५॥

यत्त्वा देव प्रपिबन्ति तत आप्यायसे पुनरिति नाराशंसानभिप्रेत्य पूर्वपक्षापरपक्षाविति वा। वायुः सोमस्य रक्षिता वायुमस्य रक्षितारमाह साहचर्याद्रसहरणाद्वा समानां संवत्सराणां मास आकृतिः। सोमो रूपविशेषैरोषधिश्चन्द्रमा वा। चन्द्रमाश्चायन्द्रमति चन्द्रो माता चान्द्रं मानमस्येति वा। चन्द्रश्चन्दतेः कान्तिकर्मणश्चन्दनमित्यप्यस्य भवति चारु द्रमति चिरं द्रमति चमेर्वा। पूर्वम्। चारु रुचेर्विपरीतस्य। तस्यैषा भवति।।५।।

नवोंनवो भवति जायमानोऽह्नां केतरुषसामेत्यग्रम्। भागं देवेभ्यो वि दधात्यायन्प्र चन्द्रमास्तिरते दीर्घमायुः॥ ऋ० १०।८५।१९॥

नवोनवो भवति जायमान इति पूर्वपक्षादिमभिप्रेत्याह्नां केतुरुषसामेत्यग्रमित्यपरपक्षान्तमभिप्रेत्य। आदित्यदैवतो द्वितीयः पाद इत्येके। भागं देवेभ्यो विदधात्यायन्निस्यर्धमासेज्यामभिप्रेत्य। प्रवर्धयते चन्द्रमा दीर्घमायुः।।

मृत्युर्मारयतीति सतो मृतं च्यावयतीति वा शतबलाक्षो मौद्गल्यः। तस्यैषाभवति।।६।।

परं मृत्यो अनु परेहि पन्थां यस्ते स्व इतरो देवयानात्। चक्षुष्मते शृण्वते तें ब्रवीमि मानः प्रजांरीरिषो मोत वीरान्॥ ऋ० १०।१८।१॥

परं मृत्यो ध्रुवं मृत्यो ध्रुव परेहि मृत्यो कथितं तेन मृत्यो मृतं च्यावयते भवति मृत्यो मदेर्वा मुदेर्वा। तेषामेषा भवति।।७।।

त्वेषमित्था समरणं शिमीवतोरिन्द्राविष्णु सुतपा वामुरुष्यति। या मर्त्याय प्रतिधीयमानमित्कृशानोरस्तु रसानामुरुष्यथ॥। ऋ० १।१५५।२॥

इति सा निगदव्याख्याता।।

विश्वानरो व्याख्यातः। तस्यैषा भवति।।८।।

प्र वो महे मन्दमानायान्धसाऽर्चा विश्वानराय विश्वाभुवे। इन्द्रस्य

यस्य सुमखं सहो माह श्रवो नृम्णां च रोदसी सपर्यतः।। ऋ० १०।५०।१।।

प्रार्चत सूर्य स्तुतिं महतेऽन्धसोऽन्नस्य दात्रे मन्दमानाय मोदमानाय स्तूयमानाय शब्दायमानायेति वा विश्वानराय सर्वं विभूतायेन्द्रस्य यस्य प्रीतौ सुमहद् बलं महच्च श्रवणीयं यशो नृम्णं च बलं नृत्रतं द्यावापृथिव्यौः वः परिचरत इति। कमन्यं मध्यमादेवमवक्ष्यत्। तस्यैषापरा भवति।।९।।

उदु ज्योतिरमृतं विश्वजन्यं विश्वानरः सविता देवो अश्रेत्। ऋ० ७।७६।१।।

उदशिश्रियज्ज्योतिरमृतं सर्वजन्यं विश्वानरः सविताः देव इति।।

धाता सर्वस्य विधाता। तस्यैषा भवति।।१०।।

धाता ददातु दाशुषे प्राचीं जीवातुमक्षितम्। वयं देवस्य धीमहि सुमतिं सत्यधर्मणः।। अथर्व० ७।१७।२।।

धाता ददातु दत्तवते प्रवृद्धां जीविकामनुपक्षीणां वयं देवस्य धीमहि सुमतिं कल्याणी मतिं सत्यधर्मणः।।

विधाता धात्रा व्याख्यातः। तस्यैष निपातो भवति बहुदेवतायामृचि।।११।।

सोमस्य राज्ञो वरुणस्य धर्मणि बृहस्पतेरनुमत्या उ शर्मणि। तवाहमद्य मघवन्नुपस्तुतौ धातर्विधातः कलशाँ अभक्षयम्।। ऋ० १०।१६७।३।।

इत्येताभिर्देवताभिरभिप्रसूतः सोमकलशानभक्षयमिति। कलशः कस्मात्कला अस्मिच्छेरते मात्राः। कलिश्च कलाश्च किरतेर्विकीर्णमात्राः।।१२।।

इति पञ्चमाऽध्यायस्य प्रथमः पादः।।

अथ द्वितीयः पादः।।

अथातो मध्यस्थाना देवगणाः।। तेषां मरुतः प्रथमगामिनो भवन्ति। मरुतो मितराविणो वा मितरोचिनो वा महद्रवन्तीति वा। तेषामेषा भवति।।१३।।१।।

आ विद्युन्मद्भिर्मरुतः स्वर्के रथेभिर्यात ऋष्टिमद्भिरश्वपर्णैः।
आ वर्षिष्ठया न इषा वयो न पप्तता सुमायाः॥ ऋ० १।८८।१॥

विद्युन्मद्भिर्मरुतः स्वर्कैः स्वञ्चनैरिति वा स्वर्चनैरिति वा स्वर्चिभिरिति वा रथैरायात ऋषिमद्भिरश्वपर्णैरश्वपतनैर्वर्षिष्ठेन च नोऽन्नेन वय इवापतत सुमायाः कल्याणकर्माणो वा कल्याणप्रज्ञा वा॥

रुद्रा व्याख्यातः। तेषामेषा भवति॥१४॥२॥

आ रुद्रास इन्द्रवन्तः सजोषसो हिरण्यरथाः सुविताय गन्तन।
इयं वो अस्मत्प्रति हर्यते मतिस्तृष्णजे न दिव उत्सो उदन्यवे॥
ऋ० ५।५७।१॥

आगच्छत रुद्रा इन्द्रेण सहजोषणाः सुविताय कर्मण इयं वोऽस्मदपि प्रतिकामयते मतिरतृष्णज इव दिवा उत्सा उदन्यवे। तृष्णक्तृप्यतेरुदन्युरुदन्यतेः॥

ऋभव उरु भान्तीति वर्त्तेन भान्तीति वर्त्तेन भवन्तीति वा। तेषामेषा भवति॥१५॥३॥

विष्ट्वी शमी तरणित्वेन वाघतो मर्तासः सन्तो अमृतत्वमानशुः।
सौधन्वना ऋभवः सूरचक्षसः संवत्सरे समपृच्यन्त धीतिभिः॥
ऋ० १।११०।४॥

कृत्वा कर्माणि क्षिप्रत्वेन वोढरो मेधाविनो वा मर्त्तासः सन्तोऽमृतत्वमानशिरे सौधन्वना ऋभवः सूरख्याना वा सूरप्रज्ञा वा संवत्सरे समपृच्यन्त धीतिभिः कर्मभिः। ऋभुर्विभ्वा वाज इति सुधन्वन अङ्गिरसस्य त्रयः पुत्रा बभूवुस्तेषां प्रथमोत्तमाभ्यां बहुविन्नगमा भवन्ति न मध्यमेन। तदेतदृभोश्च बहुवचनेन चमसस्य च संस्तवेन बहूनि दशतयीषु सूक्तानि भवन्ति। आदित्यरश्मयोऽप्यृभव उच्यन्ते॥

अगोह्यस्य यदसस्तना गृहे तदद्येदमृभवो नानु गच्छथ। ऋ० १।१६१।११॥

अगोह्य आदित्योऽगूहनीयस्तस्य यदस्वपथ गृहे यावत्तत्र भवथ न तावदिह भवथेति॥ अङ्गिरसो व्याख्याताः। तेषामेषा भवति॥१६॥४॥

विरूपास इदृष्यस्त इद्गम्भीरवेपसः।

ते अङ्गिरसः सूनवस्ते अग्नेः परि जज्ञिरे॥ ऋ० १०।६२।५॥

बहुरूपा ऋषयस्ते गम्भीरकर्माणो वा गम्भीरप्रज्ञा वा तेऽङ्गिरसः पुत्रास्तेऽग्ने-रधिजज्ञिर इत्यग्निजन्म॥

पितरो व्याख्याताः। तेषामेषा भवति॥१७॥५॥

उदीरतामवरं उत्परास उन्मध्यमाः पितरः सोम्यासः। असुं य ईयुरवृका ऋतज्ञास्ते नोऽवन्तु पितरो हवेषु॥ ऋ० १०।१५।१। यजु० १९।४९॥

उदीरतामवरउदीरतां पर उदीरतां मध्यमाः पितरः सोम्याः सोम्य-सम्पादिनस्तेऽसुं ये प्राणामन्वीयुरवृका अनमित्राः सत्यज्ञा वा यज्ञज्ञा वा ते न आगच्छन्तु पितरो ह्वानेषु। माध्यमिको यम इन्याहुस्तन्माध्यमिकान्पितृन्मन्यन्ते॥

अङ्गिरसो व्याख्याताः पितरो व्याख्याता भृगवो व्याख्याताः। अथर्वा-णोऽथनवन्तस्थर्वतिश्चरतिकर्मा तत्प्रतिषेधः। तेषामेषा साधारणा भवति॥१८॥६॥

अङ्गिरसो नः पितरो नवग्वा अथर्वाणो भृगवः सोम्यासः। तेषां वयं सुमितौ यज्ञियानामपि भद्रे सौमनसे स्याम॥ ऋ० १०।१४।६। यजु० १९।५०॥

अङ्गिरसो नः पितरो नवगतयो नवनीतगतयो वाथर्वाणो भृगवः सोम्याः सोमसम्पादिनस्तेषां वयं सुमतौ कल्याण्यां मतौ यज्ञियानमापि चैषां भद्रे भन्दनीये भाजनवति वा कल्याणो मनसि स्यामेति। माध्यमिको देवगण इति नैरुक्ताः पितर इत्याख्यानम्। अथाप्यृषयः स्तूयन्ते॥१९॥७॥

सूर्यस्येव वक्षथो ज्योतिरेषां समुद्रस्येव महिमा गभीरः। वातस्येव प्रजवो नान्येन स्तोमो वसिष्ठा अन्वेतवे वः॥ ऋ० ७।३३।८॥

इति यथा॥

आप्त्या आप्नोतेः। तेषामेव निपातो भवत्यैन्द्र्यामृचि॥२०॥८॥

स्तुषेय्यं पुरुवर्पसमृभ्वमिनतममाप्त्यमाप्तादयानाम्। आ दर्शते शवसा सप्त दानृन्प्र साक्षते प्रतिमानानि भूरि॥ ऋ० १०।१२०।६॥

स्तोतब्यं बहुरूपमुरुभूतमीश्वरतममाप्तव्यानामादृणाति यः शवसा बलेन सप्त दातृनिति वा सप्त दानवा निति वा प्रसाक्षते प्रतिमानानि बहूनि। साक्षति-राप्नोतिकर्मा॥२१॥९॥

इति पञ्चमाऽध्यायस्य द्वितीय पादः॥

अथ तृतीयः पादः॥

अथातो मध्यस्थानाः स्त्रियः॥ तासामदितिः प्रथमागामिनी भवति। आदितिर्व्याख्याता। तस्या एषा भवति॥२२॥१॥

दक्षस्य वादिते जन्मनि व्रते राजाना मित्रावरुणा विवाससि। अतूर्तपन्थाः पुरुरथो अर्यमा सप्तहोता विषुरूपेषु जन्मसु॥ ऋ० १०।६४।५॥

दक्षस्य वादिते जन्मनि व्रते कर्मणि राजानौ मित्रावरुणो परिचरक्षि। विवासतिः परिचर्य्यायां। **हविष्मानाविवासति** (ऋ० १।१२।९) इत्याशास्तेर्वा। अतूर्तपन्था अत्वरमाणपन्था बहुरथोऽर्यमादित्योऽरीन्नियच्छति। सप्तहोता सप्तास्मै रश्मयो रसानभिसत्रमयन्ति सप्तैनमृषयः स्तुवन्तीति वा विषमरूपेषु जन्मसु कर्मसूदयेषु। आदित्यो दक्ष इत्याहुरादित्यमध्ये च स्तुतोऽदितिर्दाक्षायणी। **आदितेर्दक्षो अजायत दक्षाद्वादितिः परि** (ऋ० १०।७२।४) इति च तत्कथमुपद्येत। समानजन्मानौ स्यातामित्यपि वा देवधर्मेणेरेतरजन्मानौ स्यातमि-तरेतरप्रकृती॥ अग्निरप्यदितिरुच्यत्ने। तस्यैषा भवति॥२३॥२॥

यस्मै त्वं सुद्रविणो ददाशोऽनागास्त्वमदिते सर्वताता। यं भद्रेण शवसा चोदयासि प्रजावता राधसा ते स्याम॥ ऋ० १।९४।१५॥

यस्मै त्वं सुद्रविणो ददास्यनागास्त्वमनपराधत्वमदिते सर्वासु कर्मततिषु। आग आङ्पूर्वाद् गमेरेन एतेः किल्विषं किल्भिदं सुकृतकर्मणो भयं कीर्तिमस्य भिनत्तीति वौ। यं भद्रेण शवसा बलेन चोदयसि प्रजावता च राधसा धनेन ते वयमिह स्यामेति॥ सरमा सरणात्। तस्या एषा भवति॥२४॥३॥

किमिच्छन्ती सरमा प्रेदमानड् दूरे ह्यध्वा जगुरिः पराचैः। कास्मेहितिः का परितक्म्यासीत्कथं रसाया अतरः पयांसि॥ ऋ० १०।१०८।१॥

किमिच्छन्ती सरमेदं प्रानड् दूरे ह्यध्वा जगुरिर्जङ्गम्यतेः पराञ्चैन रचितः का तेऽस्मास्वर्थहितिरासीत्किं परितकनम्। परितक्म्या रात्रिः परित एनां तक्म। तक्मेत्युष्णनाम तकत इति सतः। कथं रसाया अतरः पयांसीति। रसा नदी रसतेः शब्दकर्मणाः कथे रसानि तान्युदकानीति वा। देवशुनीन्द्रेण प्रहिता पणिभिरसुरैः समूद इत्याख्यानम्॥

सरस्वती व्याख्याता। तस्या एषा भवति॥२५॥४॥

पावका नः सरस्वती वाजेभिर्वाजिनीवती। यज्ञं वष्टु धियावसुः॥ ऋ० १।३।१०॥

पावका नः सरस्वत्यन्नैरन्नवती यज्ञं वष्टु धियावसुः कर्मवसुः। तस्या एषापरा भवति॥२६॥५॥

महो अर्णः सरस्वती प्र चेतयति केतुना। धियो विश्वा वि राजति॥ ऋ० १।३।१२॥

महदर्णाः सरस्वती प्रचेतयति प्रज्ञापयति केतुना कर्मणा प्रज्ञया वेमानि च सर्वाणि प्रज्ञानान्यभिविराजति। वागर्थेषु विधीयते तस्मान्माध्यमिकां वाचं मान्यते॥

वाग्व्याख्याता। तस्या एषा भवति॥२७॥६॥

यद्वाग्वदन्त्यविचेतानि राष्ट्री देवानां निषसाद मन्द्रा। चतस्र ऊर्जं दुदुहे पयांसि क्व स्विदस्याः परमं जगाम॥ ऋ० ८।८९।१०॥

यद्वाग्वदन्त्यविचेतनान्याविज्ञातानि राष्ट्रीं देवानां निषसाद मन्द्रा मदना। चतस्रोऽनुदिश ऊर्जं दुदुहे पयांसि क स्विदयाः परमं जगामेति यत्पृथिवीं गच्छतीति वा यदादित्यरश्मयो हरन्तीति वा। तस्या एषापरा भवति॥२८॥७॥

देवीं वाचमजनयन्त देवास्तां विश्वरूपाः पशवो वदन्ति। सा नो मन्द्रेषमूर्जं दुहाना धेनुर्वागस्मानुप सुष्टुतैतु॥ ऋ० ८।८९।११॥

देवीं वाचमजनयन्त देवास्तां सर्वरूपाः पशवो वदन्ति व्यक्तवाच-श्चाव्यक्तवाचश्च। सा नो मदनान्नं च रसं च दुहाना धेनुर्वागस्मानुपैतु सुष्टुता॥

अनुमती राकेति देवपत्न्याविति नैरुक्ताः पौर्णमास्याविति याज्ञिका या पूर्वा पौर्णमासी सानुमतिर्योत्तरा सा राकेति विज्ञायते॥

अनुमतिरनुमननात् तस्या एषा भवति॥२९॥८॥

अन्विदनुमते त्वं मन्यासै शु च नस्कृधि। क्रत्वे दक्षाय नो हिनु प्र णा आयूँषि तारिषः॥ यजु० ३४।८॥

अनुमन्यस्वानुमते त्वं सुखं च नः कुर्वन्नं च नोऽपत्याय धेहि प्रवर्धय च न आयुः॥ राका रातेर्दानकर्मणः। तस्या एषा भवति॥३०॥९॥

राकामहं सुहवां सुष्टुती हुवे शृणोतु नः सुभगा बोधतु त्मना। सीव्यत्वपः सूच्याच्छिद्यमानया ददातु वीरं शतदायमुक्थ्यम्॥ ऋ०२।३२।४॥

राकामहं सुह्वानां सुष्टुत्या ह्वये शृणोतु नः सुभगा बोधत्वात्मना सीव्यत्वपः प्रजननकर्म सूच्याच्छिद्यमानया सूची सीव्यतेः। ददातु वीरं शतप्रदमुक्थ्यं वक्तव्यप्रशंसम्॥

सिनीवाली कुहूरिति देवपत्न्याविति नैरुक्ता अमावास्ये इति याज्ञिका **या पूर्वायावास्या सा सिनीवाली योत्तरा सा कुहू।** इति विज्ञायते।

सिनीवाली सिनमन्नं भवति सिनानि भूतानि वालं पर्व वृणोतेस्तस्मिन्नन्नवती वालिनी वा वालेनैवास्यामणुत्वाच्चन्द्रमाः सेवितव्यो भवतीति वा। तस्या एषा भवति॥३१॥१०॥

सिनीवालि पृथुष्टुके या देवानामसि स्वसा। जुषस्व हव्यमाहुतं प्रजां देवि दिदिड्ढि नः॥ ऋ० २।३२।६। यजु० ३४।१०॥

सिनीवालि पृथुजघने। स्तुकः स्त्यायतेः सङ्घातः पृथुकेशस्तुके पृथुस्तुके वा। या त्वं देवानामसि स्वसा। स्वसा सु असा स्वेषु सीदतीति वा जुषस्व हव्यमदनं प्रज्ञां च देवि दिश नः॥

कुहूर्गूहतेः क्व भूदिति वा क्व सती हूयत इति वा क्वाहुतं हविर्जुहोतीति वा। तस्या एषा भवति॥३२॥११॥

कुहूमहं सुवृतं विद्मनापसमास्मिन्यज्ञे सुहवां जोहवीमि। सा नो ददातु श्रवणां पितृणां तस्यै ते देवि हविषा विधेम॥ अथर्व० ७।१०।५॥

कुहूमहं सुव्रतं विदितकर्माणमस्मिन्यज्ञे सुह्वानामह्वये।। सा नो ददातु श्रवणां पितृणां पित्र्यं धनमिति वा पित्र्यं यश इति वा। तस्यै ते देवि हविषा विधेमेति व्याख्यातम्। यमो व्याख्याता। तस्या एषा भवति।।३३।।१२।।

अन्यमू षु त्वं यम्यन्य उ त्वां परिं ष्वजाते लिबुजेव वृक्षम्। तस्यं वा त्वं मनं इच्छा स वा तवाधा कृष्णुष्वं संविदं सुभद्राम्॥ ऋ० १०।१०।१४॥

अन्यमेव हि त्वं यम्यन्यस्त्वां परिष्वङ्क्ष्यते लिबुजेव वृक्षं तस्य वा त्वं मन इच्छ स वा तवाधानेन कुरुष्व संविदं सुभद्रा कल्याणभद्राम्। यमी यमं चकमे तां प्रत्याचचक्ष इत्याख्यानम्।।३४।।१३।।

इति पञ्चमाऽध्यायस्य तृतीयः पादः॥

अथ चतुर्थः पादः॥

उर्वशी व्याख्याता। तस्या एषा भवति।।३५।।१।।

विद्युन्न या पतन्ती दविद्योद्भरन्ती मे अप्या काम्यानि। जनिष्ठो अपो नर्यः सुजातः प्रोर्वशी तिरत दीर्घमायुः॥ ऋ० १०।९५।१०॥

विद्युदिव या पतन्त्यद्योतत हरन्ती मे अप्या काम्यान्युदकान्यन्तरिक्षलोकस्य यदा नूनमयं जायेताद्भ्योऽध्यप इति नर्यो मनुष्यो नृभ्यो हितो नरापत्यमिति वा सुजातः सुजाततरोऽथोर्वशी प्रवर्धयते दीर्घमायुः।।

पृथिवीं व्याख्याता। तस्या एषा भवति।।३६।।२।।

बळित्था पर्वतानां खिद्रं बिभर्षि पृथिवि।
प्र या भूमिं प्रवत्वति मह्ना जिनोषि महिनि॥ ऋ० ५।८४।१॥

सत्यं त्वं पर्वतानां मेघानां खेदनं छेदनं बलममुत्र धारयसि पृथिवि प्रजिन्वसिया भूमिं प्रवणवति महत्वेन महतीत्युदकवतीति वा।।

इन्द्राणीन्द्रस्थ पत्नी। तस्या एषा भवति।।३७।।३।।

इन्द्राणीमासु नारिषु सुभगामहमश्रवम्। नह्यस्या अपरं चन जरसा मरते पतिः। विश्वस्मादिन्द्र उत्तरः॥ ऋ० १०।८६।१२॥

इन्द्राणीमासु नारिषु सुभगामहमश्रृणवं नह्यस्या अपरामपि समां जरया म्रियते पतिः सर्वस्माद्य इन्द्र उत्तरस्तेमतद् ब्रूमः। तस्या एषापरा भवति।।३८।।४।।

नाहमिन्द्राणि रारण सख्युर्वृषाकपेर्ऋते। यस्येदमप्यं हविः प्रियं देवेषु गच्छति। विश्वस्मादिन्द्र उत्तरः॥ ऋ० १०।८६।१२॥

नाहमिन्द्राणि रमे सख्युर्वृषाकपेर्ऋते यस्येदमप्यं हविरप्सु श्रृतमद्भिः संस्कृतमिति वा प्रियं देवेषु निगच्छति सर्वस्माद्य इन्द्र उत्तरस्तमेतद् ब्रूमः।।

गौरी रोचतेर्ज्वलतिकर्मणोऽयमपीतरो गौरी वर्ण एतस्मादेव प्रशस्यो भवति। तस्या एषा भवति।।३९।।५।।

गौरीर्मिमाय सलिलानि तक्षत्येकपदी द्विपदी सा चतुष्पदी। अष्टापदी नवपदी बभूवषी सहस्राक्षरा परमे व्योमन्॥ ऋ० १।१६४।४१॥

गौरीर्निर्मिमाय सलिलानि तक्षती कुर्वत्येकपदी मध्यमेन द्विपदी मध्यमेन चादित्येन च चतुष्पदी दिग्भिरष्टापदी दिग्भिश्चावान्तरदिग्भिश्च नवपदी दिग्भिश्चा-वान्तरीदग्भिश्चादित्येन च सहस्राक्षरा बहूदका परमे व्यवने। तस्या एषापरा भवति।।४०।।६।।

तस्याः समुद्रा अधि वि क्षरन्ति तेन जीवन्ति प्रदिशश्चतस्रः। ततः क्षरत्यक्षरं तद्विश्वमुप जीवति॥ ऋ० १।१६४।९०॥

तस्याः समुद्रा अधिविक्षरन्ति वर्षन्ति मेघास्तेन जीवन्ति दिगाश्रयाणि भूतानि ततः क्षरत्यक्षरमुदकं तत्सर्वाणि भूतान्युपजीवन्त।।

गौर्व्याख्याता। तस्या एषा भवति।।4१।।७।।

गौरमीमेदनु वत्सं मिषन्तं मूर्द्धानं हिङ्ङकृणोन्मातवा उ। सृवाणं घर्ममभि वावशाना मिमाति मायुं पयते पयोभिः॥ ऋ० १।१६४।२८॥ अथर्व० ९।२७।६॥

गौरन्वमीमेद्वत्सं निमिषन्तमनिमिषन्तमादित्यामिति वा मूर्धानमस्या-भिहिङ्ङकरोन्मननाय सृक्वाणं सरणं धर्मं हरणमभिवशाना मिमाति मायुं प्रप्यायते पयोभिः। मायुमिवादित्यमिति वा। वागेषा माध्यमिका घर्मधुगिति याज्ञिकाः।।

धेनुर्धयतेर्वा धिनोतेर्वा। तस्या एषा भवति।।४२।।८।।

उप ह्वये सुदुघां धेनुमेतां सुहस्तो गोधुगुत दोहदेनाम्। श्रेष्ठं सवं सविता साविषन्नोऽभीद्धो घर्मस्तदु षु प्र वोचम्।। ऋ० १।१६४।२६।।

उपह्वये सुदोहनां धेनुमेतां कल्याणहस्तो गोधुगपि च दोग्ध्येनाम्। श्रेष्ठं सर्वं सविता सुनोतु न इत्येष हि श्रेष्ठः सर्वेषां सवानां यदुदकं यद्वा पयो यजुष्मदभीद्धो घर्मस्तं सु प्रब्रवीमि। वागेषा माध्यमिका घर्मधुगिति याज्ञिकाः।।

अघ्नयाहन्तव्या भवत्यघन्नीति वा। तस्या एषा भवति।।४३।।९।।

सूयवसाद्भगवती हि भूया अथो वयं भगवन्तः स्याम। अद्धि तृणमघ्न्ये विश्वदानीं पिब शुद्धमुदकमाचरन्ती।। ऋ० १।१६४।४०।।

सुयवसादिनी भगवती हि भवाथेदानीं वयं स्यामाद्धि तृणामघ्न्ये सर्वदा पिब च शुद्धमुदकमाचरन्ती। तस्या एषापरा भवति।।४४।।१०।।

हिङ्कृण्वती वसुपत्नी वसूनां वत्समिच्छन्ती मनसाभ्यागात्। दुहामश्विभ्यां पयो अघ्न्येयं सा वर्धतां महते सौभगाय।। ऋ० १।१६४।२७।।

इति सा निगदव्याख्याता।।

पथ्या स्वस्तिः पन्था अन्तरिक्षं तन्निवासात्। तस्या एषा भवति।।४५।।११।।

स्वस्तिरिद्धि प्रपथे श्रेष्ठा रेक्णस्वत्यभि या वाममेति। सा नो अमा सो अरणो नि पातु स्वावेशा भवतु देवगोपा।। ऋ० १०।६३।१६ ।।

स्वस्तिरेव हि प्रपथे श्रेष्ठा रेक्णस्वती धनवत्यभ्येति या वसूनि वननीयानि सा नोऽमा गृहे सा निरमणे सा निर्गमने पातु स्वावेशा भवतु देवी गोप्त्री देवान्गोपायत्विति देवा एनां गोपायन्त्विति वा।।

उषा व्याख्याता। तस्या एषा भवति॥४६॥१२॥

अपोषा अनसः सरत्सम्पिष्टादह बिभ्युषी।

नि यत्सीं शिश्नथद्वृषा॥ ऋ० ४।३०।१०॥

अपासरदुषा अनसः सन्पिष्टान्मेघाद् बिभ्युयनो। नायुरनितेरपि वोपमार्थे स्यादनस इव शकटादिव। अनः शकटमानद्धमस्मिंश्चीवरमनितेर्वा स्याज्जीवनकर्मण उपजीवन्त्येनन्मेघोऽप्यन एतस्मादेव। यन्निरशिश्नथद्वृषा वर्षिता मध्यमः तस्या एषापरा भवति॥४७॥१३॥

एतदस्या अनः शये सुसम्पिष्टं विपाश्या।

ससार सीं परावतः ऋ० ४।३०।११॥

एतदस्या अन आशेते सुसम्पिष्टमितरदिव विपाश विमुक्तपाशि ससारोषाः। परावतः प्रेरितवतः। परागताद्वा॥

इला व्याख्याता। तस्या एषा भवति॥४८॥१४॥

अभि न इळा यूथस्य माता स्मन्नदीभिरुर्वशी वा गृणातु। उर्वशी वा बृहद्दिवा गृणानाभ्यूर्ण्वाना प्रभृथस्यायोः। सिषक्तु न ऊर्जव्यस्य पुष्टेः॥ ऋ० ५।४१।१९।२०॥

अभिगृणातु न इला यूथस्य माता सर्वस्य माता स्मदभि नदीभिरुर्वशी वा गृणातूर्वशी वा बृहद्दिवा महद्दिवा गृणानाभ्यूर्ण्वाना प्रभृयस्य प्रभृतस्ययोरयनस्य मनुष्यस्य ज्योतिषी वोदकस्य वा सेवतां नोऽन्नस्य पृष्टेः॥

रोदसी रुद्रस्य पत्नी। तस्या एषा भवति॥४९॥१५॥

रथं नु मारुतं वयं श्रवस्युमा हुवामहे। आ यस्मिन्तस्थौ सुरणानि बिभ्रती सचा मरुत्सु रोदसी॥ ऋ० ५।५६।८॥

रथं क्षिप्रं मारुतं मेघं वयं श्रवणीयमाहयामह आ यस्मिन्तस्थौ सुरमणीयान्युदकानि बिभ्रती सचा मरुद्भिः सह रोदसी॥५०॥१६॥

इति पञ्चमाऽध्यायस्य चतुर्थः पादः॥

समाप्तश्चायमध्यायः॥

निरुक्त एकादशाऽध्यायश्च समाप्तः॥

ओ३म्

अथ षष्ठाध्यायारम्भः॥

तत्र प्रथमः पादः॥

अथातो द्युस्थाना देवताः॥ तासामश्विनौ प्रथमागामिनौ भवतः। अश्विनौ यद्व्यश्नुवाते सर्वं रसेनान्यो ज्योतिषान्यः। अश्वैरश्विनावित्यौर्णवाभः। तत्कावश्विनौ द्यावापृथिव्यावित्येकेऽहोरात्रावित्येके सूर्य्याचन्द्रमसावित्येके राजानौ पुरण्यकृतावित्यैतिहासिकाः। तयोः काल ऊर्ध्वमर्धरात्रात्प्रकाशीभावस्यानुविष्टम्भमनुतमो भागो हि मध्यमो ज्योतिर्भाग आदित्यः तयोरेषा भवति॥१॥

वसातिषु स्म चरथोऽसितौ पेत्वाविव।
कुदेदमश्विना युवमभि देवाँ अगच्छतम्॥

इति सा निगदव्याख्याता। तयोः समानकालयोः समानकर्मणोः संस्तुतप्राययोरसंस्तवेनैषोऽर्धर्चो भवति। वासात्यो अन्य उच्यत उषः पुत्रस्तवान्य इति। तयोरेषापरा भवति॥

इहेह जाता समवावशीतामरेपसा तन्वा३ नामभिः स्वैः।
जिष्णुर्वामन्यः सुमखस्य सूरिर्दिवो अन्यः सुभगः पुत्र ऊहे॥
ऋ० १।१८१।४॥

इह चेह च जातौ संस्तूयेते पापेनालिप्यमानया तन्वा नामभिश्च स्वैर्जिष्णुर्वामन्यः सुमहतो बलस्येरयिता मध्यमो दिवोऽन्यः सुसभगः पुत्र उह्यत आदित्यः। तयोरेषापरा भवति॥३॥

प्रातर्युजा वि बोधयाश्विनावेह गच्छताम्।
अस्य सोमस्य पीतये॥ ऋ० १।२२।१॥

प्रातर्योगिनौ विबोधयाश्विनाविहागच्छतामस्य सोमस्य पानाय। तयोरेषापरा भवति॥४॥

प्रातर्यजध्वमश्विना हिनोत न सायमस्ति देवया अजुष्टम्। उतान्यो अस्मद्यजते वि चावः पूर्वः पूर्वो यजमानो बनीयान्॥ ऋ० ५।७७।२॥

प्रातर्यजध्वमश्विनौ प्रहिणुत न सायमस्ति देवेज्या अजुष्टमेतत्। अप्यन्योऽस्मद्यजते वि चावः। पूर्वः पूर्वो यजमानो वनीयान्वनयितृतमः। तयोः कालः सूर्योदयपर्यन्तस्तस्मिन्नन्या देवता ओप्यन्ते॥

उषा वष्टेः कान्तिकर्मण उच्छतेरितरा माध्यमिका। तस्या एषा भवति॥५॥

उषस्तच्चित्रमा भरास्मभ्यं वाजिनीवति। येन तोकं च तनयं च धामहे॥ ऋ० १।९२।१३॥

उपस्तच्चित्रं चायनीयं मंहनीयं धनमाहरास्मभ्यमन्नवति येन पुत्रांश्च पौत्रांश्च दधीमहि तस्या एषापरा भवति॥६॥

एता उ त्या उषसः केतुमक्रत पूर्वे अर्धे रजसो भानुमञ्जते। निष्कृण्वाना आयुधानीव धृष्णवः प्रति गावोऽरुषीर्यान्ति मातरः॥ ऋ० १।९२।१॥ साम० उ० आ० ८।३।१६।१॥

एतास्ता उषसः केतुमकृषत प्रज्ञानमेकस्या एव पूजनार्थे बहुवचनं स्यात्। पूर्वेऽर्धेऽन्तरिक्षलोकस्य समब्जते भानुना। निष्कृण्वाना आयुधानीव धृष्णवः। निरित्येष समित्येतरस्य स्थाने। **एमीदेषां निष्कृतं जारिणीव** (ऋ० १०।३४।५) इत्यपि निगमो भवति। प्रति यन्ति गावो गमनादरुषीरारोचनान्मातरो भासो निर्मात्र्यः॥

सूर्या सूर्यस्य पत्न्येषैवाभिसृष्टकालतमा। तस्या एषा भवति॥७॥

सुकिंशुकं शल्मलिं विश्वरूपं हिरण्यवर्णं सुवृतं सुचक्रम्। आ रोह सूर्ये अमृतस्य लोकं स्योनं पत्ये वहतुं कृणुष्व॥ ऋ० १०।८५।२०॥

सुकाशनं शन्नमलं सर्वरूममपि वोपमार्थे स्यात्सुकिंशुमिव शल्मलिमिति। किंशुकं क्रंशतेः प्रकाशयतिकर्मणः शल्मलिः सुशरो भवति शरवान्वा।

आरोह सूर्ये अमृतस्य लोकमुदकस्य सुखं पत्ये बहतुं कुरुष्व। **सविता सूर्यां प्रायच्छत्सोमाथ राज्ञे प्रजापतये** वेति च ब्राह्मणम्।।

वृषाकपायी वृषाकपेः पत्न्येषैवाभिसृष्टकालतमा। तस्या एषा भवति।।८।।

वृषाकपायि रेवति सुपुत्र आदु सुस्नषु। घसत्त इन्द्रे उक्षणेः प्रियं काचित्करं हविर्विश्वस्मादिन्द्र उत्तरः।। ऋ० १०।८६।१३।।

वृषाकपायि रेवति सुपुत्रे मध्यमेन सुस्नुषु माध्यमिकया वाचा। स्नुषा साधुसादिनीति वा साधुसानिनीति वा स्वपत्यं तत्सनोतीति वा। प्राश्नातु त इन्द्र उक्षण एतान्माध्यमिकान्त्संस्त्यायान्। उक्षण उक्षतेर्वृद्धिकर्मण उक्षन्त्युदकेनेति वा। प्रियं कुरुष्व सुखचयकरं हविः सुखकरं हविः सर्वस्माद्य इन्द्र उत्तरस्तमेतद् ब्रूम आदित्यम्।।

सरण्यूः सरणात्। तस्या एषा भवति।।९।।

अपागूहन्नमृतां मर्त्येभ्यः कृत्वी सवर्णामददुर्विवस्वते। उताश्विनावभरद्यत्तदासीदजहादु द्वा मिथुना सरण्यूः।। ऋ० १०।१७।२।।

अप्यगूहन्नमृतां मर्त्येभ्यः कृत्वी सवर्णामददुर्विवस्तऽप्यशिवनावभरद्यत्तदासीदजहाद् द्वौ मिथुनौ सरण्यूः। मध्यमं च माध्यमिकां च वाचमिति नैरुक्ता यमं च यमीं चेत्यैतिहासिकाः। तत्रेतिहासमाचक्षते। त्वाष्ट्री सरण्यूर्विवस्वत आदित्याद्यमौ मिथुनौ जनयाञ्चकार। सा सवर्णामन्यां प्रतिनिधायाश्वं रूपं कृत्वा प्रदुद्राव स विवस्वानादित्य आश्वमेव रूपं कृत्वा तामनुसृत्य सम्बभूव ततोऽश्विनौ जज्ञाते सवर्णायां मनुः। तदभिवादिन्येषर्ग्भवति।।१०।।

त्वष्टा दुहित्रे वहतुं कृणोतीतीदं विश्वं भुवनं समेति। यमस्य माता पर्युह्यमाना महो जाया विवस्वतो ननाश।। ऋ० १०।१७।१।।

त्वष्टा दुहितुर्वहनं करोतीतीदं विश्वं भुवनं समेतीनानि च सर्वाणि भूतान्यभिसमागच्छन्ति यमस्य माता पर्युह्यमाना महतो जाया विवस्वतो ननाश। रात्रिरादित्यास्यादित्योदयेऽन्तर्धीयते।।११।।

इति षष्ठाऽध्यायस्य प्रथमः पादः।।

अथ द्वितीयः पादः॥

सविता व्याख्यातः। तस्य कालो यदा द्यौरपहततमस्का कीर्णरश्मिर्भवति। तस्यैषा भवति॥१२॥१॥

विश्वो रूपाणि प्रतिं मुञ्चते कविः प्रासांवीद्भद्रं द्विपदे चतुष्पदे। वि नाकंमख्यत्सविता वरेण्योऽनु प्रयाणमुषसो वि राजति॥ ऋ० ५।८१।२॥

सर्वाणि प्रज्ञानानि प्रतिमुञ्चते मेधावी कविः क्रान्तदर्शनो भवति कवतेर्वा प्रसुवति भद्रं द्विपाद्भ्यश्च चतुष्पाद्भ्यश्च व्यचिख्यपन्नाकं सविता। वरणीयः प्रयाणामनूषसो विराजति। **अधोरामः सावित्र** इति पशुसमाम्नाये विज्ञायते। कस्मात् सामान्यादित्यधस्तात्तद्वेडायां तमो भवत्येतस्मात्समान्यादधस्ताद्रामोऽधस्ताकृष्णः कस्मात्सामान्यादित्यग्निं चित्वा न रामामुपेयात्। रामा रमणायोपेयते न धर्माय कृष्णाजातीयैतस्मात्सामान्यात्। **कृकवाकुः सावित्र** इति पशुसमाम्नाये विज्ञायते। कस्मात्सामान्यादिति कालानुवादं परीत्य। कृकवाकोः पूर्वं शब्दानुकरणं वचेरुत्तरम्॥

भगो व्याख्यातः। तस्य कालः प्रागुत्सर्पणात्। तस्यैषा भवति॥१३॥२॥

प्रातर्जितं भगंमुग्रं हुवेम वयं पुत्रमदितेर्यो विधर्त्ता। आध्रश्चिद्यं मन्यमानस्तुरश्चिद्राजा चिद्यं भगं भक्षीत्याह॥ ऋ० ७।४१।२॥

प्रातर्जितं भगमुग्रं ह्वयेम वयं पुत्रमदितेर्यो विधारयिता सर्वस्याध्रश्चिद्यं मन्यमान आढयाडुर्दरिद्रस्तुरश्चित्तुर इति यमनाम तरतेर्वा त्वरतेर्वा त्वरया तूर्णागतिर्यमो राजा चिद्यं भगं भक्षीत्याह। **अन्धो भग** इत्याहुरनुत्सृप्तो न दृश्यते। **प्राशित्रमस्याक्षिणी निर्जघाने**ति च ब्राह्मणं जनं भगो गच्छतीति वा जनं गच्छत्यादित्य उदयेन॥

सूर्यः सर्तेर्वा सुवतेर्वा स्वीर्यतेर्वा। तस्यैषा भवति॥१४॥३॥

उदु त्यं जातवेदसं देवं वहन्ति केतवः॥
दृशे विश्वाय सूर्यम्॥ ऋ० १।५०।१॥

उद्वहन्ति तं जातवेदसं रश्मयः केतवः सर्वेषां भूतानां दर्शनाय सूर्यमिति। कमन्यमादित्यादेवमक्ष्यत्। तस्यैषापरा भवति॥१५॥४॥

चित्रं देवानामुदगादनीकं चक्षुर्मित्रस्य वरुणस्याग्नेः। आप्राद्यावापृथिवी अन्तरिक्षं सूर्य आत्मा जगतस्तस्थुषश्च॥ ऋ० १।११५।१॥ यजु० ७।४२॥

चायनीयं देवानामुदगमदनीकं ख्यान मित्रस्य वरुणस्याग्नेश्चापूपुरद् द्यावापृथिव्यौ चान्तरिक्षं च महत्वेन तेन सूर्य आत्मा जङ्गमस्य च स्थावरस्य च॥

अथ यद्रश्मिपोषं पुष्यति तत्पूषा भवति। तस्येषा भवति॥१६॥५॥

शुक्रं ते अन्यद्यजतं ते अन्यद्विषुरूपे अहनी द्यौरिवासि। विश्वा हि माया अवसि स्वधावो भद्रा ते पूषन्निह रातिरस्तु॥ ऋ० ६।५८।१॥

शुक्रं ते अन्यल्लोहितं ते अन्यद्यजतं ते अन्यद्यज्ञियं ते अन्यद्विषमरूपे ते अहनी कर्म द्यौरिव चासि। सर्वाणि प्रज्ञानान्यवस्यन्नवन्भाजनवती ते पूषन्निह दत्तिरस्तु। तस्यैषापरा भवति॥१७॥६॥

पथस्पथः परिपतिं वचस्या कामेन कृतो अभ्यानळर्कम्। स नो रासच्छुरुधश्चन्द्राग्रा धियंधियं सीषधाति प्र पूषा॥ ऋ० ६।४०।८॥

पथस्पथोऽधिपतिं वचनेन कामेन कृतोऽभ्यानडर्कमभ्यापन्नेऽर्कमिति वा। स नो ददातु चाचनीयाग्राणि धनानि कर्मकर्म च नः प्रसाधयतु पूषेति॥ अथ यद्विषितो भवति तद्विष्णुर्भवति। विष्णुर्विशतेर्वा। व्यश्नोतेर्वा। तस्यैषा भवति ॥१८॥७॥

**इदं विष्णुर्वि चक्रमे त्रेधा नि दधे पदम्।
समूळ्हमस्य पांसुरे॥ ऋ० १।२२।१७॥**

यदिदं किं च तद्विक्रमते विष्णुस्त्रिधा निधत्ते पदं त्रेधाभावाय पृथिव्यामान्तरिक्षे दिवीति शाकपूणिः। समारोहणे विष्णुपदे गयाशिरसीत्यौर्णवाभः। समूढमस्य पांसुरे प्यायनेऽन्तरिक्षे पदं न दृश्यते। अपि वोपनार्थे स्यात्समूढमस्य पांसुल इव पदं न दृश्यति इति। पांसवः पादैः सूयन्त इति वा पन्नाः शेरत इति वा पंसनीया भवन्तीति वा॥१९॥८॥

इति षष्ठाऽध्यायस्य द्वितीयः पादः॥

अथ तृतीयः पादः॥

विश्वानरो व्याख्यातः (७।२१)। तस्यैष निपातो भवत्यैन्द्र्यामृचि॥२०॥१॥

विश्वानरस्य वस्पतिमनानतस्य शवसः।
एवैश्च चर्षणीनामूती हुवे रथानाम्॥ ऋ० ८।६८।४॥

विश्वानरस्यादित्यस्यानानतस्य शवसो महतो बलास्यैवैश्च कामैरयनैरवनैर्वा चर्षणीनां मनुष्याणामूत्या च यथा रथानामिन्द्रमस्मिन्यज्ञे ह्वयामि॥

वरुणो व्याख्यातः (१०।३)। तस्यैषा भवति॥२१॥२॥

येना पावक चक्षसा भुरण्यन्तं जनाँ अनु।
त्वं वरुण पश्यसि॥ ऋ० १।५०।६॥

भुरण्युरिति क्षिप्रनाम भुरण्युः शकुनिर्भूरिमध्वानं नयति स्वर्गस्य लोकस्यापि वोढा तत्सम्पाती भुरण्युरनेन पावकख्यानेन भुरण्यन्तं जनाँ अनु त्वं वरुण पश्यसि। तत्ते वयं स्तुम इति वाक्यशेषोऽपि वोत्तरस्याम्॥२२॥३॥

येना पावक चक्षसा भुरण्यन्तं जनाँ अनु।
त्वं वरुण पश्यसि॥ ऋ० १।५०।७॥

विद्यामेषि रजस्पृथ्वहा मिमानो अक्तुभिः।
पश्यञ्जन्मानि सूर्य॥ ऋ० १।५०।७॥

व्येषि द्यां रजश्च पृथु महान्तंल्लोकमहानि च मिमानोऽक्तुभी रात्रिभिः सह पश्यञ्जन्मानि जातानि सूर्य। अपि वा पूर्वस्याम्॥२३॥४॥

येना पावक चक्षसा भुरण्यन्त जनाँ अनु।
त्वं वरुण पश्यसि॥ ऋ० १।५०।६॥

प्रत्यङ्देवानां विशः प्रत्यङ्ङुदेषि मानुषान्।
प्रत्यङ्विश्वं स्वर्दृशे॥ ऋ० १।५०।५॥

प्रत्यङ्ङिदं सर्वमुदेशि प्रत्यङ्ङिदं सर्वमभिविपश्यसीति। अपि वैतस्यामेव॥२४५॥५॥

येना पावक चक्षसा भुरण्यन्तं जनाँ अनु।

त्वं वरुण पश्यसि॥ ऋ० १।५०।६॥

तेन नो जनानभिविपश्यसि॥

केशी केशा रश्मयस्तैस्तद्वान् भवति काशनाद्वा प्रकाशनाद्वा। तस्यैषा भवति॥ २५॥६॥

केश्यग्निं केशी विषं केशी बिभर्ति रोदसी। केशी विश्वं स्वर्दृशे केशीदं ज्योतिरुच्यते॥ ऋ० १०।१३६।१॥

केश्यग्निं च विषं च। विषमित्युदकनाम विष्णातेर्विपूर्वस्य स्नातेः शुद्ध्यर्थस्य विपूर्वस्य वा सचतेः। द्यावापृथिव्यौ च धारयति। केशीदं सर्वमिदमभिविपश्यति केशीदं ज्योतिरुच्यते इत्यादित्यमाह। अथाप्येते इतरे ज्योतिषी केशिनी उच्येते धूमेनाग्नीं रजसा च मध्यमः। तेषामेषा साधारणा भवति॥२६॥७॥

त्रयः केशिन ऋतुथा वि चक्षते संवत्सरे वपत एक एषाम्। विश्वमेको अभि चष्टे शचीभिर्ध्राजिरेकस्य ददृशे न रूपम्॥ ऋ० १।१६४।४४॥

वयः केशिन ऋतुथा विचक्षते कालकालेऽभिविपश्यन्ति संवत्सरे वपत एक एषामित्यग्निः पृथिवीं दहति। सर्वमेकोऽभिविपश्यति कर्मभिरादित्यो गतिरेकस्य दृश्यते न रूपं मध्यमस्य॥ अथ यद्रश्मिभिरभिप्रकम्पयन्नेति तद्वृषा-कपिर्भवति वृषाकम्पनः। तस्यैषा भवति॥२७॥८॥

पुनरेहि वृषाकपे सुविता कल्पयावहै। य एष स्वप्ननंशनोऽस्तमेषि पथा पुनः। विश्वस्मादिन्द्र उत्तरः॥ ऋ० १०।८६।२१॥

पुनरेहि वृषाकपे सुप्रसूतानि वः कर्माणि कल्पयावहै य एष स्वप्ननंशनः स्वप्नान्नाशयस्यादित्य उदयेन सोऽस्तमेषि पथा पुनः। सर्वस्माद्य इन्द्र उत्तरस्तमे तद् ब्रूम आदित्यम्॥

यमो व्याख्यातः (१०।१९)। तस्यैषा भवति॥२८॥९॥

यस्मिन्वृक्षे सुपलाशे देवैः सम्पिबते यमः। अत्रा नो विश्पतिः पिता पुराणाँ अनु वेनति॥ ऋ० १०।१३५।१॥

यस्मिन्वृक्षे सपलाशे स्थाने वृतक्षये वापि वोपमार्थे स्याद्वृक्ष इव सुपलाश इति। वृक्षो व्रश्चनात् पलाशं पलाशनात्। देवैः सङ्गच्छते यमो रश्मिभिरादित्यस्तत्र नः सर्वस्य पाता वा पालयिता वा पुराणाननुकामयेत॥

अज एकपादजन एकः पाद एकेन पादेन पातीति वैकेन पादेन पिबतीति वैकोऽस्य पाद इति वा। **एकं पादं नोत्खिदति** (ऋ० ११।४॥२१) इत्यपि निगमो भवति। तस्यैष निपातो भवति वैश्वदेव्यामृचि॥२९॥१०॥

पावीरवी तन्यतरेकपादजो दिवो धर्त्ता सिन्धुरापः समुद्रियः। विश्वे देवासः शृणावन्वचाँसि मे सरस्वती सह धीभिः पुरन्ध्या॥ ऋ० १०।६५।१३॥

पविः शल्यो भवति यद्विपुनाति कायं तद्वत्पवीरमायुधं तद्वानिन्द्रः पवीरवान्। **अतितस्थौ पवीरवान्** (ऋ० १०।६०।३) इत्यपि निगमो भवति। तद्देवता वाक्पावीरवी पावीरवी च दिव्या वाक्। तन्यतुस्तनित्री वाचोऽन्यस्याः। अजश्चैकपाद् दिवो धारयिता सिन्धुश्चापश्च समुद्रियाश्च सर्वे च देवाः सरस्वती च सह पुरन्ध्या स्तुत्या प्रयुक्तानि धीभिः कर्मभिर्युक्तानि शृण्वन्तु वचनानीमानीति॥

पृथिवी व्याख्याता (१।१३-१४)। तस्या एष निपातो भवत्यैन्द्राग्न्या मृचि ॥३०॥११॥

यदिन्द्राग्नी परमस्यां पृथिव्यां मध्यमस्यामवमस्यामुतस्थः। अतः परि वृषणावा हि यातमथा सोमस्य पिबतं सुतस्य॥ ऋ० १।१०८।१०॥

इति सा निगदव्याख्याता॥

समुद्रो व्याख्यातः (२।१०)। तस्यैष निपातो भवति पावमान्यामृचि ॥३१॥१२॥

पवित्रवन्तः परि वाचमासते पितैषां प्रत्नो अभिरक्षति व्रतम्। महः समुद्रं वरुणस्तिरो दधे धीरा इच्छेकुर्धरुणेष्वारभम्॥ ऋ० ९।७३।३॥

पवित्रवन्तो रश्मिवन्तो माध्यमिका देवगणाः पर्यासते माध्यमिकां वाचं पितैषां प्रत्नः पुराणोभिरक्षति व्रतं कर्म। महः समुद्र वरुणस्तिरोऽन्तर्दधात्यथ धीरा शक्नुवन्ति धरुषेवूदकेषु कर्मण आरभमारब्धुम्॥ अज एकपाद् व्याख्यातः पृथिवी व्याख्याता समुद्रो व्याख्यातः। तेषामेषा निपातो भवत्यपरस्यां बहुदेवता-यामृचि॥३२॥१३॥

उत नोऽर्हिर्बुध्न्यः शृणोत्वज एकः पात्पृथिवी समुद्रः। विश्वे देवा। ऋतावृधो हुवाना स्तुता मन्त्राः कविशस्ता अवन्तु॥ ऋ० ६।५०।१४॥

अपि च नोऽहिर्बुध्न्यःशृणोत्वजरश्चैकपात्पृथिवी च समुद्रश्च सर्वे च देवाः सत्यवृधो वा यज्ञवृधो वा हूयमाना मन्त्रैः स्तुता मन्त्राः कविशस्ता अवन्तु मेधाविशस्ताः।

दध्यङ् प्रत्यक्तो ध्यानमिति वा प्रत्यक्तस्मिन्ध्यानमिति वा। अथर्वा व्याख्यातः (११।१८)। मर्नुमननात्। तेषामेष निपातो भवत्यैन्द्र्यामृचि॥३३॥१४॥

यामथर्वा मनुष्पिता दुध्य् धियमत्नत। तस्मिन्ब्रह्माणि पूर्वथेन्द्र उक्था समग्मतार्चन्ननु स्वराज्यम्॥ ऋ० १।८०।१६॥

यामथर्वा च मनुश्च पिता मानवानां दध्यङ् च धियमतनिषत तस्मिन्-ब्रह्माणि कर्माणि पूर्वेन्द्र उक्थानि च सङ्गच्छन्तामर्चन्योऽनुपास्ते स्वा-राज्यम्॥४३॥१५॥

इति षष्ठाऽध्यायस्य तृतीयः पादः॥

अथ चतुर्थः पादः॥

अथातो द्युस्थाना देवगणाः॥ तेषामादित्याः प्रथमागामिनो भवन्ति। आदित्या व्याख्याताः (२।१३)। तेषामेषा भवति॥३५।१॥

इमा गिरं आदित्येभ्यो घृतस्नूः सनाद्राजभ्यो जुह्वा जुहोमि। शृणोतु मित्रो अर्यमा भगो नस्तुविजातो वरुणो दक्षो अंशः॥ ऋ० २।२७।१॥

घृतस्नूर्वृतवस्नाविन्यो घृतप्रस्नाविण्यो घृतसानिन्यो घृसारिण्य इति बाहुतीरादित्येभ्याश्चिरं जुह्वा जुहोमि चिरं राजभ्य इति वाश्रृणोतु न इमा गिरो मित्रश्चार्यमा च भगश्च धाता दक्षो वरुणोऽशश्च। अंशोंऽशुना व्याख्यातः।।

सप्त (४२९) ऋषयो (२।११) व्याख्यातः। तेषामेषा भवति।।३६।।२।।

सप्त ऋषयः प्रतिहिताः शरीरे सप्त रक्षन्ति सदमप्रमादम्। सप्तापः स्वपतो लोकमीयुस्तत्र जागृतो अस्वप्नजौ सत्रसदौ च देवौ॥ यजुः॥३४॥५५॥

सप्त ऋषयः प्रतिहिताः शरीरे रश्मय आदित्ये सप्त रक्षन्ति सदमप्रमादं संवत्सरमप्रमाद्यन्तः सप्तापनारत एव स्वपतो लोकमस्तमितादित्यं यन्ति तत्र जागृतोऽस्वप्नजौ सत्रसदौ च देवौ वाय्वादित्यावित्यदिधदैवतम्। अथाध्यात्मं सप्त ऋषयः प्रतिहिताः शरीरे षडिन्द्रियाणि विद्यासप्तम्यात्मनि सप्त रक्षन्ति सदमप्रमादं शरीरमप्रमाद्यन्ति सप्तानानीमान्येव स्वपतो लोकमस्तमितमात्मानं यन्ति तत्र जागृतोऽस्वप्नजौ सत्रसदौ च देवौ प्राज्ञश्चात्मा तैजसश्चेत्यात्मगति-माचष्टे। तेषामेषापरा भवति।।३७।।३।।

तिर्यग्बिलश्चमस ऊर्ध्वबुध्नो यस्मिन्यशो निहितं विश्वरूपम्। अत्रासत ऋषयः सप्त साकं ये अस्य गोपा महतो बभूवुः॥ अथ० १०।२६।९॥

तिर्यग्बिलश्चमस ऊर्ध्वबन्धन ऊर्ध्वबोधनो वा यस्मिन्यशो निहितं सर्वरूपमत्रासत ऋषयः सप्त सहादित्यरश्मयो ये अस्य गोपा महतो बभूवुरित्यधिदैवतम्। अथाध्यात्मं तिर्यग्बिलश्चमस ऊर्ध्वबन्धन ऊर्ध्वबोधनो वा यस्मिन्यशो निहितं सर्वरूपमत्रासत ऋषयः सप्त सहेन्द्रियाणि यान्यस्य गोप्तृणि महतो बभूवरित्यागतिमाचष्टे।।

देवा व्याख्याताः (७।१५)। तेषामेषा भवति।। ३८।।४।।

देवानां भद्रा सुमतिर्ऋजूयतां देवानां रातिरभि नो निवर्त्तताम्।

देवानां सख्यमुप सेदिमा वयं देवा न आयुः प्र तिरन्तु जीवसे।। ऋ० १।८९।२।।

देवानां वयं सुमतौ कल्याणयां मतावृजुगमिनामृतुगामिनामिति वा देवानां दानमभि नो निवर्त्ततां देवानां सख्यमुपसीदेम वयं देवा न आयुः प्रवर्धयन्तु चिरं जीवनाय।।

विश्वे देवाः सर्वे देवाः। तेषामेषा भवति।।३९।।५।।

ओमासश्चर्षणीधृतो विश्वे देवास आ गत।
दाश्वाँसो दाशुषः सुतम्।। ऋ० १।३।७।।

अवितारो वावनीया वा मनुष्यधृतः सर्वे च देवा इहागच्छत दत्तवन्तो दत्तवतः सुतमिति। तदेमदेकमेव वैश्वदेवं गायत्र तृचं दशतथयीषु विद्यते। यत्तु किंचिद् बहुदैवतं तद्वैश्वदेवानां स्थाने युज्यते यदेव विश्वलिङ्गमिति शाकपूणिरनत्यन्तगतस्त्वेष उद्देशो भवति बुभ्ररेक इति दश द्विपदा अलिङ्गा भूतांशः काश्यप आश्विनम् (ऋ० १०।१०६)। एकलिङ्गमभितष्टीयं सूक्तम् (ऋ० ३।३८)। एकलिङ्गम्।।

साध्या देवाः साधनात्। तेषामेषा भवति।।४०।।६।।

यज्ञेन यज्ञमयजन्त देवास्तानि धर्माणि प्रथमान्यासन्। ते ह नाकं महिमान सचन्त यत्र पूर्वे साध्याः सन्ति देवाः।। ऋ० १।१६४।५०।।

यज्ञेन यज्ञमयजन्त देवा अग्निनाग्निमयजन्त देवा **अग्निः पशुरासीत्त-मालभन्त तेनायजन्तेति** च ब्राह्मणम्। तानि धर्म्माणि प्रथमान्यासन्। ते ह नाकं महिमानः समसेवन्त यत्र पूर्वे साध्याः सन्ति देवाः साधनाः। द्युस्थानो देवगण इति नैरुक्ताः पूर्वं देवयुगमित्याख्यानम्।।

वसवो यद्विवसते सर्वम्। अग्निर्वसुभिर्वासव इति समाख्या तस्मात्पृथि-वीस्थानाः। इन्द्रो वसुभिर्वासव इति समाख्या तस्मान्मध्यस्थानाः। वसव आदित्यरश्मयो विवासनात्तस्माद् द्युस्थानाः। तेषामेषा भवति।।४१।।७।।

सुगा वों देवाः सदनमकर्म य आजग्मुः सवनमिदं जुषाणाः जक्षिवाँसः पपिवाँसश्च विश्वेऽस्मे धत्त वसवो वसूनि॥ यजुः।८।१८॥

स्वागमनानि वो देवाः सुपथान्यकर्म य आगच्छत सवनानीमानि जुषाणाः खादितवन्तः पीतवन्तश्च सर्वेऽस्मासु धत्त वसवो वसूनि। तेषामेषापरा भवति॥४२॥८॥

ज्मया अत्र वसवो रन्त देवा उरावन्तरिक्षे मर्जयन्त शुभ्राः। अर्वाक्पथ उरुज्रयः कृणुध्वं श्रोता दूतस्य जग्मुषों नो अस्य॥ ऋ० ७।३९।३॥

ज्मया अत्र वसवोऽरमन्त देवा ज्मा पृथिवी तस्यां भवा उरौ चान्तरिक्षे मर्जयन्त गमयन्त रमयन्त शुभ्राः शोभमाना अर्वाच एनान्पथो बहुजवाः कुरुध्वं शृणु त दूतस्य जग्मुषो नोऽस्याग्नेः॥।

वाजिनो व्याख्याताः (२।२८)। तेषामेषा भवति॥४३॥९॥

शं नों भवन्तु वाजिनो हवेषु देवताता मितद्रवः स्वर्काः। जम्भयन्तोऽहिं वृकं रक्षांसि सनेम्यस्मद्युयवन्नमीवाः॥ यजुः ९।१६॥

सुवा नो भवन्तु वाजिनो ह्वानेषु देवतातौ यज्ञे मितद्रवः सुमितद्रवः स्वर्काः स्वञ्चना इति वा स्वर्चन इति वा स्वर्चिष इति वा जम्भयन्तोऽहिं च वृकं च रक्षांसि च क्षिप्रमस्मद्यावयन्त्वमीवा देवाश्वा इति वा॥

देवपत्न्यो देवानां पत्न्यः। तासामेषा भवति॥४४॥१०॥

देवानां पत्नीरुशतीरंवन्तु नः प्रावन्तु नस्तुजये वाजसातये। याः पार्थिवासो या अपामपि व्रते तानोंदेवीः सुहवाशर्मंयच्छत॥ ऋ० ५।४६।७॥

देवानां पत्न्य उशत्योऽवन्तु नः प्रावन्तु नस्तुजयेऽपत्यजननाय चान्नसंसननाय च। याः पार्थिवासो या अपामपि व्रतं कर्माणि ता नो देव्यः सुहवाः शर्म यच्छन्तु शरणाम्। तासामेषापरा भवति॥४५॥११॥

उत ग्ना व्यन्तु देवपत्नीरिन्द्राणय१ंग्नाय्व्यश्विनी राट् आ रोदसी वरुणानी शृंणोतु व्यन्तु व्यन्तु देवीर्य ऋतुर्जतीनाम्॥ ऋ० ५।४६।८॥

अपि च ग्ना व्यन्तु देवपत्न्य इन्द्राणीन्द्रस्य पत्न्यग्नाय्यग्नेः पत्न्यश्विन्यश्विनोः पत्नी राड् राजते रोदसी रुद्रस्य पत्नी वरुणानी च वरुणस्य पत्नी व्यन्तु देव्यः कामयन्तां य ऋतुः कालो जायानाम्॥४६॥१२॥

इति षष्ठाऽध्यायस्य चतुर्थः पादः॥

समाप्तश्चायमध्यायः॥

निरुक्ते द्वादशाऽध्यायश्च समाप्तः॥

ओ३म्॥

अथ परिशिष्टम्॥

अथ प्रथमाध्यायः॥

अथेमा अतिस्तुतय इत्याचक्षतेऽपि वा संप्रत्यय एव स्थान्महाभाग्याद् देवतायाः। सोऽग्निमेव प्रथममाह। त्वमग्ने **द्युभिस्त्वमाशुशुक्षणिः** (ऋ० २।१।१) इति यथैतस्मिन्तसूक्ते। **नहि त्वदारे निमिषश्च नेशे** (ऋ० २।२८।६) इति वरुणस्य। अथैषेन्द्रस्य॥१॥

यद् द्याव इन्द्र ते शतं शतं भूमीरुत स्युः। नत्वा वज्रिन्त्सहस्त्र सूर्या अनु न जातमेष्ट रोदसी॥ ऋ० ८।७०।५॥

यदि त इन्द्रं शतं दिवः शतं भूमयः प्रतिमानानि स्युर्न त्वा वज्रिन्त्सहस्त्रमपि सूर्या न द्यावापृथिव्यावप्यभ्यश्नुवीतामिति। अथैषादित्यस्य॥२॥

यदुदञ्चो वृषाकपे गृहमिन्द्राजगन्तन क्व१ स्य पुल्वघो मृगः कमगञ्जनयोपनो विश्वस्मादिन्द्र उत्तरः॥ ऋ० १०।८६।२२॥

यदुदञ्चो वृषाकपे गृहमिन्द्राजगमत क्व स्य पुल्वघो मृगः क्व स बह्वादी मृगः। मृगो मार्ष्टेर्गतिकर्मणः। कमगमद् देशं जनयोपनः सर्वस्माद्य इन्द्र उत्तरस्तमेतद् ब्रूम आदित्यम्। अथैषादित्यरश्मीनाम्॥३॥

वि हि सोतोरसृक्षत नेन्द्रं देवममंसत। यत्रामदद्वृषाकपिरर्यः पुष्टेषु मत्सखा विश्वस्मादिन्द्र उत्तरः॥ ऋ० १०।८६।१॥

व्यसृक्षत हि प्रसवाय न चेन्द्रं देवममंसत यत्रामाद्यद्वृषाकपिरर्य ईश्वरः पुष्टेषु पोषेषु मत्सखा मम सखा मदनसखा ये नः सखायस्तैः सहेति वा सर्वस्माद्य इन्द्र उत्तरस्तमेतद् ब्रूम आदित्यम्। अथैषाश्विनोः॥४॥

सृण्यैव जर्भरी तुर्फरीतू नैतोशेव तुर्फरी पर्फरीका। उदन्यजेव जेमना मदेरू ता मे जराय्वजरं मरायु॥१०।१०६।६॥

सृण्येवेति द्विविधा सृणिर्भवति भर्त्ता च हन्ता च तथाश्विनौ चापि भर्तारौ जर्भरी भर्त्तारावित्यर्थस्तुर्फरीतु हन्तारौ। नैतौशेव तुर्फरीपर्फरीका। नितोशस्यापत्यं नैतोशं नैतोशेव तुर्फरी क्षिप्रहन्तारौ। उदन्यजेव जेमना मदेरू। उदन्यजेवेत्युदकजे इव रत्ने सामुद्रे चान्द्रमसे वा जेमने जयमने जेमना मदेरू। ता मे जराय्वजरं मरायु। एतज्जरायुजं शरीरं शरदमजीर्णम्। अथैषा सोमस्य॥५॥

तरत्स मन्दी धावति धारा सुतस्यान्धसः।
तरत्स मन्दी धावति॥ ऋ० ९।५८।१॥

तरति स पापं सर्वं मन्दी यः स्तौति धावति गच्छत्यूर्ध्वां गतिम्। धारा सुतस्यान्धसः। धारयाभिष्टुतस्य सोमस्य मन्त्रपूतस्य वाचा स्तुतस्य। अथैषा यज्ञस्य॥६॥

चत्वारि शृङ्गा त्रयो अस्य पादा द्वे शीर्षे सप्त हस्तासो अस्य। त्रिधा बद्धो वृषभो रोरवीति महो देवो मर्त्यां आ विवेश॥ ऋ० ४।४८।३॥

चत्वारिश्शृङ्गेति वेदा वा एत उक्तास्त्रयोऽस्य पादा इति सवनानि त्रीणि द्वे शीर्षे प्रायणीयोदयनीये सप्त हस्तासः सप्त छन्दांसि त्रिधा बद्धस्त्रेधा बद्धो मन्त्रब्राह्मणकल्पैर्वृषभो रोरवीति। रोरवणमस्य सवनक्रमेण ऋग्भिर्यजुर्भिः सामभिर्यदेनमृग्भिः शंसन्ति यजुभिर्यजन्ति सामभिः स्तुवन्ति। महो देव इत्येष हि महान्देवो यद्यज्ञो मर्त्यां आविवेशेत्येष हि मनुष्यानाविशति यजनाय। तस्योत्तरा भूयसे निर्वचनाय॥७॥

स्वर्य्यन्तो नापेक्षन्त आ द्यां रोहन्ति रोदसी।

यज्ञं ये विश्वतोधारं सुविद्वांसो वितेनिरे॥ अथ० ४।१४।४॥

स्वर्गच्छन्त ईजाना वा नेक्षन्ते तेऽमुमेव लोकं गतवन्तमीक्षन्तमिति। आ द्यां रोहन्ति रोदसी। यज्ञं ये विश्वतोधारं सर्वतोधारं सुविद्वांसो वितेनिर इति।

अथैषा वाचः प्रबल्हितेव॥८॥

चत्वारि वाक्परिमिता पदानि तानि विदुर्ब्राह्मणा ये मनीषिणः। गुहा त्रीणि निहिता नेङ्गयन्ति तुरीयं वाचो मनुष्या वदन्ति॥ ऋ० १।१६४।४५॥

चत्वारि वाचः परिमितानि पदानि तानि विदुर्ब्राह्मणा ये मेधाविनो गृहायां त्रीणि निहितानि नार्थं वेदयन्ते। गुहा गूहतेस्तुरीयं त्वरतेः। कतमानि तानि चत्वारि पदानि। ओंकारो महाव्याहृतयश्चेत्यार्षम्। नामाख्याते चोपसर्गनिपाताश्चेति वैयाकरणाः। मन्त्रः कल्पो ब्राह्मणं चतुर्थी व्यावहारिकीति याज्ञिकाः। ऋचो यजूंषि सामानि चतुर्थी व्यावहारिकीति नैरुक्ताः। सर्पाणां वाग्वयसां क्षुद्रस्य सरीसृपस्य चतुर्थी व्यावहारिकीत्येके। पशुषु तृणावेषु मृगोष्वात्मनि चेत्यात्मप्रवादाः। अथापि ब्राह्मणं भवति **सा वैवाक्सृष्टा चतुर्धा व्यभवदेष्वेव लोकेषु त्रीणि पशुषु तुरीयं या पृथिव्यां साग्नौ सा रथन्तरे यान्तरिक्षे सास वायौ सा वामदेव्ये या दिवि सादित्ये सा बृहति सा स्तनयित्नावथ पशुषु ततो या वागत्यरिच्यत तां ब्राह्मणेष्वदधुस्तस्माद् ब्राह्मणा उभयीं वाचं वदन्ति या च देवानां चा मनुष्याणामिति। अथैषाक्षरस्य॥९॥**

ऋचो अक्षरे परमे व्योमन्यस्मिन्देवा अधि विश्वे निषेदुः। यस्तन्न वेद किमृचा करिष्यति य इत्तद्विदुस्त इमे समासते॥ ऋ० १।१६४।३९॥

ऋचो अक्षरे परमे व्यवने यस्मिन्देवा अधिनिषण्णाः सर्वे यस्तत्र वेद किं स ऋचा करिष्यति य इत्तद्विदुस्त इमे समासत इति विदुष उपदिशति। कतमत्तदेतदक्षरम्। ओमित्येषा वागिति शावपूणिर्ऋचश्च ह्यक्षरे परमे व्यवने धीयन्ते नानादेवतेषु च मन्त्रेषु। **एतद्ध वा एतदक्षरं यत्सर्वां त्रयीं विद्यां प्रमिप्रतीति** च ब्राह्मणाम्॥१०॥

आदित्य इति पुत्रः शाकपूणेरेषरर्भवति यदेनमर्चन्ति प्रत्युचः सर्वाणि भूतानि तस्य यदन्यन्मन्त्रेभ्यस्तदक्षरं भवति रश्मयोऽत्र देवा उच्यन्ते य एतस्मिन्नधिनिषण्णा इत्यधि दैवतम्। अथाध्यात्मं शरीरमत्र ऋगुच्यते यदेनेनार्चन्ति प्रत्यृचः सर्वाणीन्द्रयाणि तस्य यदविनाशिधर्म्म तदक्षरं भवतीन्द्रियाणयत्र देवा उच्यन्ते यान्यस्मिन्नात्मन्येकं भवन्तीत्यात्मप्रवादाः॥११॥

अक्षरं न क्षरति न क्षीयते वाक्षरं भवति वाचोऽक्ष इति वाक्षो यानस्याञ्जनात्तत्प्रकृतीतरद्वर्तनसामान्यादिति। अयं मन्त्रार्थचिन्ताभ्यूहोऽभ्यूढोऽपिश्रतितोऽपि तर्कतो नतु पृथक्त्वेन मन्त्रा निर्वक्तव्याः प्रकरणश एव तु निवर्चक्तव्याः। न ह्येषु प्रत्यक्षमस्त्य नृषेरतपसो वा पारोवर्य्यवित्सु तु खलु वेदितुषु भूयो विद्यः प्रशस्यो भवतीत्युक्तं पुरस्तात्। मनुष्या वा ऋषिषूत्क्रामत्सु देवानब्रुवन्को न ऋषिर्भविष्यतीति तेभ्य एतं तर्कमृषिं प्रायच्छन्मन्त्रार्थचिन्ताभ्यूहमभ्यूढम्। तस्माद्यदेव किं चानूचानोऽभ्यूहत्यार्षं तद्भवति॥१२॥

हृदा तष्टेषु मनसो जवेषु यद्ब्राह्मणाः संयजन्ते सखायः। अत्राह त्वं वि जहुर्वेद्याभिरोहब्रह्माणो वि चरन्त्यु त्वे॥ ऋ० १०।७१।८॥

हृदा तष्टेषु मनसां प्रजवेषु यद् ब्राह्मणाः संयजन्ते समानख्याना ऋत्विजोऽत्राह त्वं विजहुर्वेद्याभिर्व्रेदितव्याभिः प्रवृत्तिभिरोब्रह्माण उनब्रह्माण ऊह एषां ब्रह्मेति वा। सेयं विद्या श्रुतिमतिबुद्धिः तस्यास्तपसा पारमीप्सितव्यं तदिदमायुरिच्छता न निर्वक्तव्यं तस्माच्छन्दस्सु शेषा उपेक्षितव्याः। अधागमो यां यां देवता निराह तस्यास्तस्यास्ताद्भाव्यमनुभवति॥१३॥

परिशिष्टे प्रथमोऽध्यायः॥

इति निरुक्ते त्रयोदशोऽध्यायः॥

ओ३म्

अथ द्वितीयाध्यायः॥

व्याख्यातं दैवतं यज्ञाङ्गं च। अथात ऊर्ध्वमार्गगतिं व्याख्याः। सूर्य आत्मा (ऋ० १।११५।१) इत्युदितस्य हि कर्मद्रष्टा। अथैगतदनुप्रवदन्त्यथैतं महान्तमात्मानमेषर्गगणः प्रवदन्ति। इन्द्रं मित्रं वरुणमग्निमाहुः (ऋ० १।१६४।४६) इति। अथैष महानात्मजिज्ञासयात्मानं प्रोवाचाग्निरस्मि जन्मना जातवेदा अहमस्मि प्रथमजा इत्येताभ्याम्॥१॥

अग्निरस्मि जन्मना जातवेदा घृतं मे चक्षुरमृतं म आसन्। अर्कस्त्रिधातू रजसो विमानोऽजस्त्रो धर्मो हविरस्मि नाम॥ ऋ० ३।२६।७॥

अहमस्मि प्रथमजा ऋतस्य पूर्वं देवेभ्यो अमृतस्य नाभिः। यो मा ददाति स इदेवमावा अहमन्नमन्नमदन्तमद्मि॥ तै० ब्रा० २।८।८।१॥

इति स ह ज्ञात्वा प्रादुर्बभूवैवं तं व्याजहारायतमात्यमासनमभ्यात्म-जन्तिकमन्यस्मा आचचक्ष्वेति॥२॥

अपश्यं गोपामनिपद्यमानमा च परा च पथिभिश्चरन्तम्। स सध्रीचीः स बिषूचीवसान् आ वरीवर्त्ति भुवनेष्वन्तः॥ ऋ० १।१६४।३१॥

आवरीवर्ति भुवनेष्व ..रित्यथैष महानात्मा सत्वलक्षणस्तत्परं तद् ब्रह्म तत्सत्यं तत्सलिलं तदव्यक्तं तदस्पर्शं तदरूपं तदरसं तदगन्धं तदमृतं तच्छुक्लं तन्निष्ठो भूतात्मा। सैषा भूतप्रकृतिरित्येके तत्क्षेत्रं तदज्ञानात्क्षेत्रज्ञमनुप्राप्य निरात्मजम्। अथैष महानात्मा त्रिविधो भवति सत्वं रजस्तम इति। सत्वं तु

मध्ये विशुद्धं तिष्ठत्यभितो रजस्तमसी इति। कामद्वेषस्तम् इत्यविज्ञातस्य विशुध्यतो विभूतिं कुर्वतः क्षेत्रज्ञपृथक्त्वाय कल्पते प्रतिभाति लिङ्गो महानात्मा तमोलिङ्गो विद्याप्रकाशलिङ्गस्तमोऽपि निश्चयलिङ्ग आकाशः।।३।।

आकाशगुणाः शब्द आकाशाद्वायुर्दिगुणाः स्पर्शेन वायोर्ज्योतिस्त्रिगुणं रूपेण ज्योतिष आपश्चतुर्गुणा रसेनाद्भ्यः पृथिवी पञ्चगुणा गन्धेन पृथिव्या भूतग्रामस्थावरजङ्गमास्तदेतहर्युगसहस्रं जागर्ति। तस्यान्ते सुषुप्स्यन्नङ्गानि प्रत्याहरति भूतग्रामाः पृथिवीमपि यन्ति पृथिव्यप आपो ज्योतिषं ज्योतिर्वायुं वायुराकाशमाकाशे मनो मनो विद्यां विद्या महान्तमात्मानं महानात्मा प्रतिभां प्रतिभा प्रकृतिं सा स्वपिति युगसहस्रं रात्रिः। तावेतावहोरात्रावजस्रं परिवर्त्तेते स कालस्तदेतदहर्भवति।।

युगसहस्रपर्यन्तमहर्यद् ब्रह्मणो विदुः।।[१]
रात्रिं युगसहस्रान्तां तेऽहोरात्रविदा जनाः इति।।४।।

तं परिवर्त्तमानमन्योऽनुप्रवर्त्तते स्रष्टा द्रष्टा विभक्तातिमात्रोऽहमिति गम्यते स मिथ्यादर्शनेदं पावकं महाभूतेषु चिरोण्वाकाशाद्वायोः प्राणश्चक्षुश्च वक्तारं च तेजसोऽद्भ्यः स्नेहं पृथिव्यां मूर्त्तिः। पार्थिवांस्त्वष्टौ गुणान्विद्यात्त्रीन्मातृतस्त्रीन्पितृतोऽस्थिस्नायुमज्जानः पितृतस्त्वङ्मांसशोणितानि मातृतोऽन्नपानमित्यष्टौ सोऽयं पुरुषः सर्वमयः सर्वज्ञानोऽपि क्लृप्तः।।५।।

स यद्यनुरुध्यते तद्भवति। यदि धर्ममनुध्यते तद् देवो भवति यदि ज्ञानमनुरुध्यते तदमृतो भवति यदि काममनुरुध्यते संच्यवते। इमां योनिं सन्दध्यात्तादिदमत्र मतम्। श्लेष्मा रेतसः सम्भवति श्लेष्मणो रसो रसाच्छोणितं शोणितान्मांसं मांसान्मेदो मेदसः स्नाव। स्नाव्नोऽस्थीन्यस्थिभ्यो मञ्जा मञ्जातो रेतस्तदिदं योनौ रेतः स्रिक्तं पुरुषः सम्भवति। शुक्रातिरेके पुमान् भवति शोणितातिरेके स्त्री भवति द्वाभ्यां समेन नपुंसको भवति शुक्रभिन्नेन यमो भवति शुक्रशोणितसंयोगान्मातृपितृसंयोगाच्च। तत्कथमिदं शरीरं परं संयम्यते सौम्यो भवति। एकरात्रोषितं कललं भवति पंचरात्राद् बुद्बुदाः सप्तरात्रात्पेशी द्विसप्तरात्रादर्बुदः पंचविंशतिरात्रः स्वस्थितो घनो भवति मासमात्रात्कठिणो[२]

१. किञ्चिद् भेदेन मानवे धर्मशास्त्रे (१।७३) वर्तते।

२. "कठिनो" इत्यपि क्वचित्।।

भवति द्विमासाभ्यन्तरे शिरः सम्पद्यते मासत्रयेण ग्रीवाव्यादेशो मासचतुष्केण त्वग्व्यादेशः पञ्चमे मासे नखरोमव्यादेशः षष्ठे मुखनासिकाक्षिश्रोत्रं च सम्भवति सप्तमे चलनसमर्थो भवत्यष्टमे बुद्ध्याध्यवस्यति नवमे सर्वाङ्गसम्पूर्णो भवति॥

मृतश्चाहं पुनर्जातो जातश्चाहं पुनर्मृतः।
नाना योनिसहस्राणि मयोषितानि यानि वै॥
आहारा विविधा भुक्ताः पीता नानाविधाः स्तनाः।
मातरो विविधा दृष्टाः पितरः सुहृदस्तथा॥
अवाङ्मुखः पीड्यमानो जन्तुश्चैव समन्वितः।
साङ्ख्यै योगं समभ्यस्येत्पुरुषं वा पञ्चविंशकम्॥

इति। ततश्च दशमे मासे प्रजायते जातश्च वायुना स्पृष्टस्तत्र स्मरति जन्ममरणम्। अन्त च शुभाशुभं कर्मैतच्छरीरस्य प्रामाण्यम्॥६॥

अष्टोत्तरं सन्धिशतमष्टाकपालं शिरः सम्पद्यते षोडश वपापलानि नव स्नायुशतानि सप्त शतं पुरुषस्य मर्मणामर्धचतस्रो रोमाणि कोट्यो हृदयं ह्यष्टकपालानि द्वादशकपालानि जिह्वा वृषणौ ह्यष्टसुपर्णौ तथोपस्थगुदपाय्वेतन्मूत्रपुरीषं कस्मादाहारपानसिक्तत्वादनुपचितकर्माणवन्योन्यं जयेते इति। तं विद्याकर्मणी समन्वारभेते पूर्वप्रज्ञा च महत्यज्ञानतमसि मग्नौ जरामरणाक्षुत्पिपासाशोकक्रोधलोभमोहमदमयमत्सरहर्षविषादेष्यासूयात्मकेर्द्वन्द्वैरभिभूयमानः सोऽस्मादार्ज्जवं जवीभावानां तन्निर्मुच्यते सोत्मापात्रं महाभूमिकावच्छरीरान्निमेषमात्रैः प्रक्रम्य प्रकृतिरधिपरीत्य तैजसं शरीरं कृत्वा कर्मणोऽनुरूपं फलमनुभूय तस्य संक्षये पुनरिमँल्लोकं प्रतिपद्यते॥७॥

अथ ये हिंसामाश्रित्य विद्यामुत्सृज्य महत्तपस्तेपिरे चिरेण वेदोक्तानि वा कर्माणि कुर्वन्ति ते धूममभिसम्भवन्ति धूमाद्रात्रि रात्रेरपक्षीयमाणापक्षमपक्षीयमाणापक्षादं दक्षिणायनं दक्षिणायनात्पितृलोकं पितृलोकाच्चन्द्रमसं चन्द्रमसो वायुं वायोर्वृष्टिं वृष्टेरोषधयश्चैतद्भूत्वा तस्य संक्षये पुनरेवेमँल्लोकं प्रतिपद्यते[1]॥८॥

अथ ये हिंसामुत्सृज्य विद्यामाश्रित्य महत्तपस्तेपिरे ज्ञानोक्तानि वा कर्माणि कुर्वन्ति तेऽर्चिरभिसम्भवन्त्यर्चिषऽहरह्न आपूयमाणपक्षमापूयमाणपक्षादु-

१. प्रतिपद्यन्ते।

दगयनमुदगयनाद् देवलोकं देवलोकादादित्यमादित्याद्वैद्युतं वैद्युतान् मानसं मानसः पुरुषो भूत्वा ब्रह्मलोकमभिसम्भवन्ति ते न पुनरावर्त्तन्ते। शिष्टा दन्दशूका यत इदं न जानन्ति तस्मादिदं वेदितव्यम्। अथाप्याह।।९।।

न तं विदाथ य इमा जजानान्यद्युष्माकमन्तरं बभूव। नीहारेण प्रावृता जल्प्या चासुतृप उक्थशासश्चरन्ति।। ऋ० १०।८२।७।।

न तं विद्यया विदुषो यमेवं विद्वांसो वदन्त्यक्षरं ब्रह्मणस्पतिमन्यद्युष्माकमन्तरमन्यदेषामन्तरं बभूवेति नीहारेण प्रावृतास्तमसा जल्प्या चातुसृप उक्थशासः प्राणं सूर्यं यत्पथगामिनश्चरन्ति। अविद्वांसः क्षेत्रज्ञमनुप्रवदन्ति। अथाहो विद्वांसः क्षेत्रज्ञोऽनुकल्पते तस्य तपसा सहाप्रमादमेत्थाप्तव्यो भवति तेनासन्ततमिच्छेत्तेन सख्यमिच्छेदेष हि सखा श्रेष्ठः सञ्जानाति भूतं भवद्भविष्यदिति। ज्ञाता कस्माज्जायतेः सखा कस्मात्सख्यतेः सह भूतेन्द्रियैः शेरते महाभूतानि सेन्द्रियाणि प्रज्ञया कर्म कारयतीति तस्य यदापः प्रतिष्ठाशीलमुपशम आत्मा ब्रह्मेति स ब्रह्मभूतो भवति साक्षिमात्रो व्यवतिष्ठतेऽबन्धो ज्ञानकृतः।।

अथात्मनो महतः प्रथमं भूतनामधेयान्युत्क्रमिष्यामः।।१०।।

हंसः। धर्मः। यज्ञः वेनः। मेधः। कृमिः। भूमिः। विभुः। प्रभुः। शम्भुः। राभुः। वधकर्मा। सोमः। भूतम्। भुवनम्। भविष्यत्। आपः। महत्। व्योमः। यशः। महः। स्वर्णीकम्। स्मृतीकम्। स्वृतीकम्। सतीकम्। सतीनम्। गहनम्। गभीरम्। गह्वरम्। कम्। अन्नम्। हविः। सद्म। सदनम्। ऋतम्। योनिः। ऋतस्ययोनिः। सत्यम्। नीरम्। हविः। रयिः। सत्। पूर्णम्। सर्वम्। अक्षितम्। बर्हिः। नाम। सर्पिः। अपः। पवित्रम्। अमृतम्। इन्दुः। हेम। स्वः। सर्गाः। शम्बरम्। अम्बरम्। वियत्। व्योम। बर्हिः। धन्व। अन्तरिक्षम्। आकाशम्। आपः। पृथिवी भूः। स्वयम्भूः। अध्वा। पुष्करम्। सगरः। समुद्रः। तपः। तेजः। सिन्धुः। अर्णवः। नाभिः। वृक्षः। ऊर्ध्वः। तत्। यत्। किम्। ब्रह्म। वरेण्यम्। हंसः। आत्मा। भवति। बधन्त्यध्वानम्। यद्वाहिष्या। शरीराणि। अव्ययं च संस्कुरुते। यज्ञः। आत्मा। भवति। यदेनं तन्वते।।

अथैतं महान्तमात्मानमेतानि सूक्तान्येता ऋचोऽनुप्रवदन्ति।।११।।

सोमः पवते जनिता मतीनां जनिता दिवो जनिता पृथिव्याः। जनिताग्नेर्जनिता सूर्यस्य जनितेन्द्रस्य जनितोत विष्णोः॥ ऋ० ९।९६।५॥

सोमः पवते सोमः सूर्यः प्रसवनाज्जनिता मतीनां प्रकाशकर्मणामादित्यरश्मीनां दिवो द्योतनकर्मणामादित्यरश्मीनां पृथिव्याः प्रथनकर्मणामादित्यरश्मीनामग्नेर्गतिकर्मणामादित्यरश्मीनां सूर्यस्य स्वीकरणाकर्मणमादित्यरश्मीनामिन्द्रस्यैश्वर्य्यकर्मणामादित्यरश्मीनां विष्णोर्व्याप्तिकर्मणामादित्यरश्मीनामित्यधिदैवतम्। अथाध्यात्मं सोम आत्माप्येतस्मादेवेन्द्रियाणां जनितेत्यर्थः। अपि वा सर्वाभिर्विभूतिभिर्विभूतत। आत्मेत्यात्मगतिमाचष्टे।।१२।।

ब्रह्मा देवानां पदवीः कवीनामृषिर्विप्राणां महिषो मृगाणाम्। श्येनो गृध्राणां स्वधितिर्वनानां सोमः पवित्रमत्येति रेभन्॥ ऋ० ९।९६।६॥

ब्रह्मा देवानामित्येष हि ब्रह्मा भवति देवानां देवनकर्मणामादित्यरश्मीनां पदवीः कवीनामित्येष हि पदं वेत्ति कवीनां कवीयमानानामादित्यरश्मीनामृषिर्विप्राणामित्येष हि ऋषिणो भवति विप्राणां व्यापनकर्मणामादित्यरश्मीनां महिषो मृगाणामित्येष हि महान् भवति मृगाणां मार्गणकर्मणामादित्यरश्मीनां श्येनो गृध्राणामिति श्येन आदित्यो भवति श्यायतेर्गतिकर्मणो गृध्र आदित्यो भवति गृध्यतेः स्थानकर्मणो यत एतस्मिंस्तिष्ठति स्वधितिर्वनानामित्येष हि स्वयं कर्माण्यादित्यो धत्ते वनानां वननकर्मणामादित्यरश्मीनां सोमः पवित्रमत्येति रेभन्नित्येष हि पवित्रं रश्मीनामत्येति स्तूयमान एष एवैतत्सर्वमक्षरमित्यधिदैवतम्। अथाध्यात्मं ब्रह्मा देवानामित्यमपि ब्रह्मा भवति देवानां देवनकर्मणामिन्द्रियाणां पदवीः कवीनामित्यमपि पदं वेत्ति कवीनां कवीयमानानामिन्द्रियाणामृषिर्विप्राणामित्यमयमपि ऋषिणो भवति विप्राणां व्यापनकर्मणामिन्द्रियाणां महिषो मृगाणामित्ययमपि महान्भवति मृगाणां मार्गणकर्मणामिन्द्रियाणां श्येनो गृध्राणामिति श्येन आत्मा भवति श्यायतेर्ज्ञानकर्मणो गृधाणीन्द्रियाणि गृध्यतेर्ज्ञानकर्मणो यत एतस्मिंस्तिष्ठन्ति स्वधितिर्वनानामित्यमपि स्वयं कर्माणायात्मनि धत्ते वनानां वननकर्मणामिन्द्रियाणां सोमः पवित्रमत्येति

रेभन्नित्ययमपि पवित्रमिन्द्रियाणयत्येति स्तूयमानोऽयमेवैतत्सर्वमनुभवत्यात्मगतिमाचष्टे।।१३।।

तिस्रो वाच ईरयति प्र वह्निर्ऋतस्य धीतिं ब्रह्मणो मनीषाम्। गावो यन्ति गोपतिं पृच्छमानाः सोमं यन्ति मतयो वावशानाः।। ऋ० ९।९७।३४।।

बह्निरादित्यो भवति स तिस्रो वाचः प्रेरयत्यृचो यजूंषि सामान्यृतस्यादित्यस्थ कर्माणि ब्रह्मणो मतान्येष एवैतत्सर्वमक्षरमित्यधिदैवतम्। अथाध्यात्मं बह्निरात्मा भवति स तिस्रो वाच ईरयति प्रेरयति विद्यामतिबुद्धिमतामृतस्यात्मनः कर्माणि ब्रह्मणो मतान्ययमेवैतत्सर्मनुभवत्यात्मगतिमाचष्टे।।१४।।

सोमं गावो धेनवो वावशानाः सोमं विप्रा मतिभिः पृच्छमानाः। सोमः सुतः पूयते अज्यमानः सोमे अर्कास्त्रिष्टुभः सं नवन्ते।। ऋ० ९।९७।३५।।

एत एव सोमं गावो धेनवो रश्मयो वावश्यमानाः कामयमाना आदित्यं यन्त्येवमेव सोमं विप्रा रश्मयो मतिभिः पृच्छमानाः कामयमाना आदित्यं यन्त्येवमेव सोमः सुतः पूयते अज्यमान एतमेवार्काश्च त्रिष्टुभश्च सन्नवन्ते तत एतस्मिन्नादित्य एकं भवन्तीत्यधिदैवतम्। अथाध्यात्ममेत एव सोमं गावो धेनव इन्द्रियाणि वावश्यमासनानि कामयमानान्यात्मानं यन्त्वेमेव सोमं विप्रा इन्द्रियाणि मतिभिः पृच्छमानानि कामयामानान्यात्मानं यन्त्येवमेव सोमः सुतः पूयते अज्यमान इममेवात्मा च सप्त ऋषयश्च सन्नवन्ते तान्येतस्मिन्नात्मन्येकं भवन्तीत्यात्मगतिमाचष्टे।।१५।।

अक्रान्त्समुद्रः प्रथमे विधर्मञ्जनयन्प्रजा भुवनस्य राजा। वृषा पवित्रे अधि सानो अव्ये बृहत्सोमो वावधे सुवान इन्दुः।। ऋ० ९।९७।४०।।

अत्वक्रमीत्समुद्र आदित्यः परमे व्यवने वर्षकर्मणा जनयन्प्रजा भुवनस्य राजा सर्वस्य राजा। वृषा पवित्रे अधि सानो अव्ये बृहत्सोमो वावृधे सुवान इन्दुरित्यधिदैवतम्। अयाध्यात्ममत्यक्रमीत्समुद्र आत्मा परमे व्यवने ज्ञानकर्मणा

जनयन्प्रजा भुवनस्य राजा सर्वस्य राजा। वृषा पवित्रे अधि सानो अव्ये बृहत्सोमो वावृधे सुवान इन्दुरित्यात्मगतिमाचष्टे।।१६।।

महत्तत्सोमो महिषश्चकारापां यद्गर्भोऽवृणीत देवान्। अदधादिन्द्रे पवमान ओजोऽजनयत्सूर्ये ज्योतिरिन्दुः॥ ऋ० ९।९७।४१॥

महत्तत्सोमो महिषश्चकारापां यद्गर्भोऽवृणीत देवानाधिपत्यमदधादिन्द्रे पवमान ओजोऽजनयत्सूर्ये ज्योतिरिन्दुरादित्य इन्दुरात्मा।।१७।।

विधुं दद्राणां समने बहूनां युवानं सन्तं पलितो जगार। देवस्य पश्य काव्यं महित्वाद्या समार स ह्यः समान॥ ऋ० १०।५५।५॥

विधुं विधमनशीलं दद्राणं दमनशीलं युवानं चन्द्रमसं पलित आदित्यो गिरति सद्यो म्रियते स दिवा समुदितेत्यधिदैवतम्। अथाध्यात्मं विधुं विधमनशीलं दद्राणं दमनशीलं युवान महान्तं पलित आत्म गिरति रात्रौ म्रियते रात्रिः समुदितेत्यात्मगतिमाचष्टे।।१८।।

साकञ्जानां सप्तथमाहुरेकजं षळिद्यमा ऋषयो देवजा इति। तेषामिष्टानि विहितानि धामश स्थात्रे रेजन्ते विकृतानि रूपशः॥ ऋ० १।१६४।१५॥

सहजातानां षणामृषीणामादित्यः सप्तमस्तेषामिष्टानि वा कान्तानि वा क्रान्तानि वा गतानि वा मतानि वा नतानि वाद्भिः सह सम्मोदन्ते यत्रैतानि सप्तऋषीणानि ज्योतींषि तेभ्यः पर आदित्यस्तान्येतस्मिन्नेकं भवन्तीत्यधिदैवतम्। अथाध्यात्मं सहजातानां षण्णामिन्द्रयाणामात्मा सप्तमस्तेषामिष्टानि वा कान्तानि वा क्रान्तानि वा गतानि वा मतानि व नतानि वान्नेनसह सम्मोदन्ते यत्रेमानि सप्तऋषी-णानीन्द्रियाणयेभ्यः पर आत्मा तान्येतस्मिन्नेकं भवन्तीत्यात्मगतिमाचष्टे।।१९।।

स्त्रियः सतीस्ताँ उ मे पुंस आहुः पश्यदक्षण्वान्न वि चेतदन्धः। कविर्यः पुत्रः स ईमा चिकेत यस्ता विजानात्स पितुष्पितासत्॥ ऋ० १।१६४।१६॥

स्त्रिय एवेति ताः शब्दस्पर्शरूपरसगन्धहारिण्यस्ता अमुं पुंशब्दे निराहारः प्राण इति पश्यन्तकष्टान्न विजानात्यन्धः कविर्यः पुत्रः स इमा जानाति यःस इमा जानाति स पितुष्पितासदित्यात्मगतिमाचष्टे।।२०।।

सप्तार्धगर्भा भुवनस्य रेतो विष्णोस्तिष्ठन्ति प्रदिशा विधर्मणि। तेधीतिभिर्मनसा ते विपश्चितः परि भुवः परि भवन्ति विश्वतः॥ ऋ० १।१६४।३६॥

सप्तैतासनादित्यरश्मीनयमादित्यो गिरति मध्यस्थानोर्ध्वशब्दो यत एतस्मिंस्तिष्ठति तानि धीतिभिश्च मनसा च विपर्यचन्ति परि भुवः परि भवन्ति सर्वाणि कर्माणि वर्षकर्मणेत्यधिदैवतम्। अथाध्यात्मं सप्तेमानीन्द्रियाण्ययमात्मा गिरति मध्यस्थानोर्ध्वशब्दो यान्यस्मिंस्तिष्ठति तानि धीतिभिश्च मनसा च विपर्ययन्ति परि भुवः परिभवन्ति सर्वाणीन्द्रियाणि ज्ञानकर्मणेत्यात्मगतिमाचष्टे।।२१।।

न वि जानामि यदि वेदमस्मि निण्यः सन्नद्धो मनसा चरामि। ऋ० १।१६४।३७॥

न हि विजानान्बुद्धिमतः पुत्रः परिवेदयन्तेऽयमादित्योऽयमात्मा।।२२।।

अपाङ् प्राङेति स्वधया गृभीतोऽमर्त्यो मर्त्येना सयोनिः। ता शश्वन्ता विषूचीना वियन्ता न्यश्न्यं चिक्युर्न नि चिक्युरन्यम्॥ ऋ० १।१६४।३८॥

अपाञ्चयति प्राञ्चयति स्वधया गृभीतोऽमर्त्य आदित्यो मर्त्येन चन्द्रमसा सह। तौ शश्वद् गामिनौ विश्वगामिनौ बहुगामिनौ वा पश्यत्यादित्यं न चन्द्रमसमित्यधिदैवतम्। अथाध्यात्मापाञ्चयति प्राञ्चयति स्वधया गृभीतोऽमर्त्य आत्मा मर्त्येन मनसा सह। तौ शश्वद्गामिनौ विश्वगामिनौ बहुगामिनौ वा पश्यत्यात्मानं न मन इत्यात्मगतिमाचष्टे।।२३।।

तदिदास भुवनेषु ज्येष्ठं यतो जज्ञ उग्रस्त्वेषनृम्णः। सद्यो जज्ञानो नि रिणाति शत्रूननु यं विश्वे मदन्त्यूमाः॥ ऋ० १०।१२०।१

तद्भवति भूतेषु भुवनेषु ज्येष्ठमादित्यं यतो जज्ञ उग्रस्त्वेषनृम्णो दीप्तिनृम्णः सद्यो जज्ञानो निरिणाति शत्रूनिति रिणातिः प्रीतिकर्मा दीप्तिकर्मा वानुमदन्ति यं विश्व ऊमा इत्यधिदैवतम्। अथाध्यात्मं तद्भवति भुतेषु भुवनेषु ज्येष्ठमव्यक्तं

यतो जायत उग्रस्त्वेषनृम्णोः ज्ञाननृम्णः सद्यो जज्ञानो निरिणाति शत्रूनितिरिणातिः प्रीतिकर्मा दीप्तिकर्मा वानुमदन्ति यं सर्व ऊमा इत्यात्मगतिमाचष्टे।।२४।।

को अद्य युंक्ते धुरि गा ऋतस्य शिमीवतो भामिनो दुर्हृणायून्। आसन्निषून्हृत्स्वसो मयोभून्य एषां भृत्यामृणधत्स जीवात्॥ ऋ० १।८४।१६॥

क आदित्यो धुरि गा युंक्ते रश्मीन्कर्मवतो भानुमतो दुराधर्षानसून्य-सुनवन्तीषूनिषुणवन्ति मयोभूमि य इमं सम्भृतं वेद कथं स जीवतीत्यधिदैवतम्। अथाध्यात्मं क आत्मा धुरि गा युङ्क्त इन्द्रियाणि कर्मवतो भानुमतो दुराधर्षान-सून्यसुनवन्तीषुनिषुणवन्ती मयोभूनि सुखभूनि य इमं सम्भृतं वेद चिरं जीवतीत्यात्मगतिमाचष्टे।।२५।।

क ईषते तुज्यते को बिभाय को मंसते सन्तमिन्द्रं को अन्ति। कस्तोकाय क इभायोत रायेधि ब्रवत्तन्वे३ को जनाय॥ ऋ० १।८४।१७॥

क एव गच्छति को ददति को बिभेति को मंसते सन्तमिन्द्रं कस्तोका-यापत्याय महते च नो रणाय रमणीयाय दर्शनीयाय।।२६।।

को अग्निमीट्टे हविषा घृतेन स्रुचा यजाता ऋतुभिर्ध्रुवेभिः। कस्मै देवा आवहानाशु होम को मंसते वीतिहोत्रः सुदेवः॥ ऋ० १।८४।१८॥

क आदित्यं पूरयति हविषा च घृतेन च स्रुचा यजाता ऋतुभिर्ध्रुवभिरिति। कस्मै देवा आवहानाशु होमार्थान्को मंसते वीतिहोत्रः सुदेवः कल्याणदेव इत्यधिदैवतम्। अथाध्यात्मं क आत्मानं पूरयति हविषा च घृतेन च स्रुचा यजाता ऋतुभिर्ध्रुवेभिरिति। कस्मै देवा आवहानाशुहोमार्थान्को मंसते वीतिहोत्रः सुप्रज्ञः कल्याणप्रज्ञ इत्यात्मगतिमाचष्टे।।२७।।

त्वमङ्ग प्रशंसिषो देवः शविष्ठ मर्त्यम्। न त्वदन्यो मघवन्नस्ति मर्डितेन्द्र ब्रवीमि ते वचः॥ ऋ० १।८४।१९॥

त्वमङ्ग प्रशंसीर्देवः शवष्टि मर्त्यं न त्वदन्योऽस्ति मघवन् पाता वा पालयिता वा जेता वा सुखयितावेन्द्र ब्रवीमि ते वचः स्तुतियुक्तम्।।२८।।

हंसः शुचिषद्वसुरन्तरिक्षसद्धोता वेदिषदतिथिर्दुरोणसत्। नृषद्वरसदृतसद्व्योमसदब्जा गोजा ऋतुजा अद्रिजा ऋतम्।। ऋ० ४।४०।५।।

हंस इति हंसाः सूर्यरश्मयः परमात्मा परं ज्योतिः पृथिवी व्याप्तेति व्याप्तं सर्वं व्याप्तं वननकर्मणानभ्यासेनादित्यमण्डलेनेति त्ययतीति लोको त्यतीति हंसयत्ययतीति हंसा परमहंसा परमात्मा सूर्यरश्मिभिः प्रभूत गभीर वसतीति त्रिभिर्वसतीति वा रश्मिभिर्वसतीति वा वह्निर्वसतीति वा सुवर्णरेताः पूषा गर्भा रिभेति रिभन्ता वनकुटिलानि कुटन्ता रिभन्तान्तरिक्षा चरत्पथान्तरिक्षा चरदिति दिवि भुवि गमनं वा सुभानुः सुप्रभूतो होतादित्यस्य गता भवन्त्यतिथिर्दुरोणसत्सर्वे दुरोणसद् द्रवं सर्वे रसा विकर्षयति रश्मिर्विकर्षयति वह्निकर्षयति वननं भवत्यश्वगोजा अद्रिगोजा धरत्रिगोजा सर्वे गोजा ऋतुजा बहुशब्दा भवन्ति निगमो निगमव्यति भवत्यृषे निर्वचनाय।।२९।।

द्वा सुपर्णा सयुजा सखाया समानं वृक्षं परि षस्वजाते। तयोरन्यः पिप्पलं स्वाद्वत्त्यनश्नन्नन्यो अभि चाकशीति।। ऋ० १।१६४।२०।।

द्वौ द्वौ प्रतिष्ठितौ सुकृतौ धर्मकर्त्तारौ दुष्कृतं पापं परिसारकमित्याचक्षते सुपर्णा सयुजा सखायेत्यात्मानं दुरात्मानं परमात्मानं प्रस्युत्तिष्ठति शरीर एव तज्जायते वृक्षं रक्ष शरीरं वृक्षं पक्षौ प्रतिष्ठापयति तयोरन्यद्भुक्त्वान्नमनश्नन्नन्यां सरूपतां सलोकतामश्नुते य एवं वेदान्नमनश्नन्नन्योऽभिचाकशीतीत्यात्मगतिमाचष्टे।।३०।।

आयाहीन्द्र पथिभिरीळितभिर्यज्ञमिमं नो भागधेयं जुषस्व। तृप्तां जुहुर्मातुलस्येव योषा भागस्ते पैतृष्वसेयी वपामिव।।

आगमिष्यन्ति शक्रो देवतास्तास्त्रिभिस्तीर्थेभिः शक्रप्रतरैरीलितेभिस्त्रिभिस्तीर्थैर्यज्ञमिमं नोयज्ञभागमग्नीषोमभागाविन्द्रो जुषस्व तृप्तामेवं मातुलयोगकन्या भागं सर्तृकेव सा या देवतास्तास्तत्स्थाने शक्रं निदर्शनम्।।३१।।

विप्रं विप्रासोऽवसे देवं मर्तास ऊतये।
अग्निं गीर्भिर्हवामहे॥ ऋ ८।११।६६॥

विप्रं विप्रासोऽवसे विदुर्वेद विन्दतेर्वेदितव्यं विमलशरीरेण वायुना विप्रस्तु हृत्पद्मनि लयस्थितमकारसंहितमुकारं पूरयेन्मकारनिलयं गतं विप्रं प्राणेषु विन्दुसिक्तं विकसिक्तं वह्नितेजः प्रभं कनकपद्मेष्वमृतशरीरममृतजात-स्थितममृतवाचामृतमुखे वदन्ति। अग्निं गीर्भिर्हवामहे। अग्निं सम्बोधयेद**ग्निं सर्वा देवता** (रो०ब्रा०१।२।६।२०) इति। तस्योत्तरा भूयसे निर्वचनाय।।३२।।

जातवेदसे सुनवाम सोममरातीयतो नि दहाति वेदः।
स नः पर्षदति दुर्गाणि विश्वा नावेव सिन्धुं दुरितात्यग्निः॥
ऋ० १।९९।१॥

जातवेदस इति जातमिदं सर्वं सचराचरं स्थित्युत्पत्तिप्रलन्यायेनाच्छाय सुनवाम सोममिति प्रसवेनाभिषवाय सोमं राजानमृतमरातीयतो यज्ञार्थमिति स्मो निश्चये निदहाति दहति भस्मीकरोति सोमो ददित्यर्थः। स नः पर्षदति दुर्गाणि दुर्गमनानि स्थानानि नावेव सिन्धुं यथा कश्चित्कर्णधारो नावेव सिन्धोः स्यन्दनाकन्नदीं जलदुर्गां महाकूलां तारयति दुरितात्यग्निरिति तानि तारयति। तस्यैषापरा भवति।।३३।।

इदं तेऽन्याभिरसमानमद्भिर्याः काश्च सिन्धुं प्रवहन्ति नद्यः।
सर्पो जीर्णामिव त्वचं जहाति पापं सशिरस्कोऽभ्युपेत्य॥

इदं तेऽन्याभिरसमानाभिर्या काश्च सिधुं पतिं कृत्वा नद्यो वहन्ति सर्पो जीर्णामिव सर्पस्त्वचं त्यजति पापं त्यजन्त्याप आप्नोतेः। तासामेषा भवति।।३४।।

त्र्यम्बकं यजामहे सुगन्धिं पुष्टिवर्धनम्।
उर्वारुकमिव बन्धनान्मृत्योर्मुक्षीय मा मृतात्॥
ऋ० ७।५९।१२॥

त्र्यम्बको रुद्रस्तं त्र्यम्बकं यजामहे सुगन्धिम्। सुगंधि सुष्टुगिन्ध पुष्टिवर्धनं पुष्टिकारकमिदोर्वारुकमिव फलं बन्धनादारोधनान्मृत्योः सकाशान्मुञ्चस्व मां कस्मादित्येषापरा भवति।।३५।।

शंत जीव शरदो वर्धमानः शतं हैमन्ताच्छतमु वसन्तान्। शतमिन्द्राग्नी संविता बृहस्पतिं शतायुंषा हविषेमं पुनर्दुः॥ ऋ० १०।१६१।४॥

शतं जीव शरदो वर्धमान इत्यपि निगमो भवति। शतमिति शतं दीर्घमायुर्मरुत एना वर्धयन्ति शतमेनमेव शतात्मानं भवति शतमनन्तं भवति शतमैश्वर्यं भवति शतमिति शतं दीर्घमायुः॥३६॥

मा ते राधांसि मा तं ऊतयों वसोऽस्मान्कदा चना दंभन्। विश्वा च न उपमिमीहि मानुष वसूंनि चर्षणिभ्य आ॥ ऋ० १।८४।२०॥

मा च ते धामानि मा च ते कदा चनः सरिषुः सर्वाणि प्रज्ञानान्युपमानाय मनुष्यहितोऽयमादित्योऽयमात्मा। अथैतदनुप्रवदन्त्यथैतं महान्तमात्मानमेषर्ग्गणः प्रवदति वैश्वकर्मणो देवानां नु वयं जानाना सदासीन्नो सदासीत्तदानीमिति च सैषात्मजिज्ञासा सैषा सर्वभूतजिज्ञासा ब्रह्मणाः सारिष्टं सरूपतां सलोकतां गमयति य एवं वेदे॥।

इति परिशिष्टे द्वितीयोऽध्यायः॥

समाप्तं चेदं परिशिष्टम्॥

निरुक्ते चतुर्दशोऽध्यायः॥

समाप्तं चेदं निरुक्तम्॥

अथ अकारादिवर्णक्रमेण खण्ड प्रतीक सूची

(अ)

१. "न्यथाप्यष्ठौ" संधियुक्तो मुद्रितो मूले।

२. "रयप्येवं" संधियुक्तो मुद्रितो मूले।

(ब)

---

१. मेले "वैश्वानरीयो" मुद्रितः।

इति